TORTENZEIT

Tortenzeit

—

SCHICHT FÜR SCHICHT EIN GENUSS

TESSA HUFF
Gründerin von Style Sweet CA

Für Everett James – süße Träume, mein Junge

INHALT

Einleitung
DAS SÜSSE LEBEN *8*

AUF ZU NEUEN HÖHEN! *12*
Warum eine Torte? 13
Über dieses Buch 14

HOCHGESTAPELT! *16*
Zutaten 17
Unentbehrliche Utensilien 20

TORTEN HERSTELLEN UND VERZIEREN *22*
Techniken bei der Tortenzubereitung 23
Torten füllen und überziehen 26
Einfache Dekorationen 30
Dekorationen mit Spritzbeutel 32
Spritztechniken 36
Der letzte Schliff 38

SÜSSER GRUNDSTOCK *40*
Italienische Buttercreme
mit Vanillegeschmack 41
Salzige Karamellsauce 43
Dunkle Schokoladenganache 45

Klassische Torten *46*
Neapolitaner Torte 48
Geburtstagstorte 52
Erdbeertorte 55
Red Velvet Cake 58
Boston Cream Pie 62
Die weltbeste Zitronentorte 65
Französische Opern-Torte 68
Schwarzwälder Kirschtorte 72
Brooklyn Blackout Cake 76

Schokoladentorten *80*
Schokoladen-Marshmallow-Torte 82
Mokka-Gewürz-Torte 85
Erdnuss-Whisky-Torte 88
Matcha-Schokoladen-Torte 92
Nuss-Nugat-Torte 96
Eisbombe für Erdnussfans 100
Schokoladentorte mit roten
Johannisbeeren 103
Cookies-and-Cream-Cake 106
Earl-Grey-Schokoladentorte 110
Kokos-Schokoladen-Torte 114

Lässige Torten *118*
Apfel-Honig-Torte 120
Zitronen-Zucchini-Torte 123
Honig-Feigen-Torte 125
Gâteau aux Framboises 128

Sweet Tea Cake **132**

Würzige Pfirsichtorte **136**

Aprikosen-Karotten-Torte **139**

Espresso-Walnuss-Torte **142**

Blutorangen-Thymian-Torte **146**

Hummingbird Cake **150**

Gute-Laune-Torten *156*

Regenbogentorte **156**

Zimtschneckentorte **158**

Cookie-Dough-Torte **162**

Mango-Kokoscreme-Torte **166**

Bananentorte **170**

Blaubeerpfannkuchen-Torte **173**

Orangen-Maracuja-Torte **176**

S'mores-Torte **180**

Bananensplit-Eistorte **184**

Erdbeer-Konfetti-Torte **188**

Torten für Entdecker *192*

Himbeer-Stout-Torte **194**

Lavendel-Olivenöl-Torte **197**

Butterscotch-Bourbon-Torte **200**

Rosa-Pfeffer-Kirsch-Torte **204**

Banoffee-Tiramisu-Torte **208**

Yuzu-Grapefruit-Torte **212**

Kokos-Mojito-Torte **216**

Riesling-Rhabarber-Knusper-Torte **220**

Rotwein-Brombeer-Torte **224**

Kürbis-Vanille-Chai-Torte **228**

Festtagstorten *232*

Schokoladen-Granatapfel-Torte **234**

Goldene Champagner-Festtagstorte **238**

Erdbeer-Rosen-Valentinstorte **242**

Zitronen-Karotten-Torte **246**

Karamell-Apfel-Torte **250**

Würzige Kürbis-Keks-Torte **253**

Pekannuss-Birnen-Knusper-Torte **256**

Winterliche Pfefferminztorte **260**

Lebkuchen-Kaffee-Toffee-Torte **264**

Würzige Zartbitter-Orangen-Torte **268**

EXTRA-BONBON

Dreistöckige Hochzeitstorte 272

Kreativ kombiniert 279

Ich sage Danke 281

Bezugsquellen 283

Register 284

Das süße Leben

WENN MICH JEMAND FRAGT, wie ich eigentlich zum Backen gekommen bin, gibt es immer diese Erwartungshaltung, dass ich schon als Kind mit mehlbestäubten Pausbäckchen in der nach Zimt duftenden Küche meiner Großmutter stand. So war es aber nicht. Vielmehr gab ich mein Kuchen-backdebüt erst in meinem letzten Collegejahr – mit Kuchencreme aus der Dose und einem Wegwerfspritzbeutel. Ich würde wirklich lieber eine interessantere Geschichte erzählen!

Allerdings haben Essen und Kochen in meiner Familie mit ihren vielen verschiedenen kulturellen Hintergründen immer eine große Rolle gespielt. Mein Vater kommt aus dem Mittleren Westen und hat deutsche Wurzeln, die Vorfahren meiner Mutter stammen aus Hawaii und Puerto Rico. Mein großer Bruder und ich wuchsen daher in einem bunten Haushalt auf. Und in den Geschichten und Belehrungen meiner Eltern drehte sich vieles um Gemeinschaft, Kochkunst und große Ziele.

Zwar erinnere ich mich nicht daran, als Kind mit meiner Großmutter mütterlicherseits gebacken zu haben, ihr kulinarischer Einfluss ist trotzdem in vielen meiner Rezepte spürbar. Sie war kultiviert und kreativ, hatte aber nur wenig Geld und wurde dadurch zwangsläufig zum Allroundtalent – sie kochte, nähte, polsterte Möbel auf und war gleich-zeitig berufstätige Mutter und Frau eines Mannes, der zur Abendschule ging. Sonderlich wohlhabend waren meine Großeltern nicht, doch sie waren großzügig und verwöhnten die Nachbarskinder nachmittags gern mit kleinen Leckereien. Hochwertige Zutaten sparte meine Oma für besondere Anlässe auf. Meine Mutter erzählt oft, dass meine Großmutter Kekse mit Orangenextrakt aromatisierte, weil dieser billiger als echte Vanille war. An Geburtstagen wurden jedoch extravagante Kuchen auf-getischt, denen meine Mutter und ihre Geschwister immer sehr entge-genfieberten.

Fast alle Erinnerungen an meine Großeltern mütterlicherseits drehen sich ums Essen. Passenderweise fand mein philippinischer Urgroßvater zunächst Arbeit in einer Zuckermühle, als er nach Hawaii übersiedelte. Mein Großvater wuchs in einem Dorf an der Nordküste von O'ahu auf, und obwohl er Hawaii schon im Alter von 18 Jahren verließ und in Kalifornien eine Familie gründete, reichen seine hawaiianischen Wurzeln weit zurück. Er ging zur Abendschule und machte eine Ausbildung zum Bauingenieur, um seiner fünfköpfigen Familie jeden Sommer eine Reise in seine Heimat ermöglichen zu können. Meine Eltern setzten diese Tradition fort, und auch ich möchte meinen Kindern die bunte Kultur in meiner Familie nahebringen.

Mein Bruder und ich sind zwar „Hapa" (Halbkaukasier), doch wenn wir Hawaii besuchen, geht uns der Inselrhythmus schnell in Fleisch und Blut über. Die meisten denken bei Hawaii an Palmenstrände und Cocktails mit Schirmchen, doch für mich ist Hawaii etwas ganz anderes. Ich verbinde die Insel mit Kahuku-Wassermelone am Strand, „Haupia" (Kokospudding), salziger Haut, Sonnenbrand und Potluck im Carport (niemand hatte eine Klimaanlage). Von meinen Cousinen und Cousins lernte ich Hula tanzen, von meinen Tanten, wie man Leis (Blumenkränze) bindet. Und immer war alles begleitet von viel Gelächter und dem Austausch von Familiengeschichten. Hawaii prägte meine Liebe für Maracuja- und Mangodesserts und lehrte mich den Respekt vor exotischen Aromen und unbekannten Lebensmitteln.

Meine Familie väterlicherseits ist ganz anders. Mein Vater hatte gut situierte, gebildete Eltern, die zur Blütezeit der Autoindustrie in Detroit arbeiteten. Auf Fotos wirkt immer alles wie gemalt: das Elternhaus, die extravaganten Sommerfeste und die siebenstöckige Hochzeitstorte meiner Großeltern. Doch obwohl alles so makellos erschien, hatte die Familie einen schweren Schicksalsschlag zu verkraften: Meine Großmutter starb, als mein Vater noch ein Teenager war. Sie hatte in den 1940er-Jahren an der Universität von Michigan studiert und danach ihre eigene Firma gegründet. Obwohl ich sie nie kennenlernen durfte, habe ich also anscheinend ihren Unternehmergeist geerbt – schließlich habe ich mit 24 Jahren meinen Frosted Cake Shop in Sacramento eröffnet.

Absehen von weihnachtlichen Experimenten mit Plätzchendekorationen betrat ich die Küche als Kind nur, um Pirouetten oder Stepptanzschritte auf dem Parkettboden zu üben. Ich hatte die Ausdauer, jeden Tag Stunden an der Ballettstange zu verbringen, aber keine Lust zum Backen oder Kochen. Allerdings lernte ich aufgrund der Tatsache, dass mein Vater beruflich viel herumkam und es wichtig fand, uns an fremde Kulturen heranzuführen, viele verschiedene Lebensmittel und internationale Küchen kennen. In Tokio entdeckten wir Soba-Nudeln, in Sydney aßen wir zum ersten Mal türkisches Lokum, und im Londoner Harrods bestaunten wir Marzipan in Fruchtform. Diese Einflüsse formten sich allmählich zu meiner persönlichen kulinarischen Werkzeugkiste, aus der ich mich jedoch erst in der Collegezeit bediente.

Das einzig Interessante, was damals zwischen den Collegestunden und dem Tanzunterricht im Fernsehen lief, waren Kochshows. Ich notierte mir einige Rezepte, testete sie an meinen Mitbewohnern und erntete dafür überraschend viel Lob. Die ersten Torten meines Lebens entstanden Weihnachten 2005. Wegen der anstehenden Abschlussprüfungen hatten wir zum Weihnachtsshopping weder Zeit, Geld noch Lust. Also kaufte ich mir ein Set Backformen und wollte jeden meiner Freunde mit einer individuellen Torte überraschen. Ich verwendete Backmischungen und Fertigfüllungen und schrieb mithilfe von Spritzbeuteln aus Zipp-Plastikbeuteln mit Glasur die Namen der Freunde auf die Torten. Diese Torten hatten eine ganz besondere Wirkung.

Familiär mit bunten kulinarischen Wurzeln ausgestattet und mit eiserner Ballettdisziplin im Gepäck, war es vermutlich gar nicht so abwegig, dass ich meine Leidenschaft fürs Tortenbacken entdeckte. Nachdem ich das Tanzen an den Nagel gehängt hatte, wurde das Backen mein neues kreatives Ventil. Und während viele in meinem Dunstkreis Ärzte, Therapeuten oder Krankenschwestern wurden, beschäftigte ich mich mit Buttercreme und Zucker. Auf Partys oder anderen Zusammenkünften wurde ich immer schnell zu „die mit den Cookies, Cupcakes und Kuchen". Ich übernahm die Nachtschicht in einer lokalen Bäckerei, wo ich Torten füllte und dekorierte, bis der Wunsch, selbst ins Tortengeschäft einzusteigen, überhand nahm.

2008 war es dann soweit: Ich eröffnete meinen Frosted Cake Shop im kalifornischen Sacramento. Zwar hatte ich Hilfe von meinem Mann und meiner Familie, meist musste ich aber im Alleingang Stammkunden, Hochzeiten und öffentliche Events mit süßen Kreationen versorgen. Mein Geschäft war klein und intim, doch genauso wollte ich es haben. Ich genoss es, gemeinsam mit den Kunden an Konzept und Ausführung zu arbeiten und zu sehen, wie viel Freude man mit einer Torte verbreiten kann. Die großen Augen der Bräute, wenn sie ihre Hochzeitstorte zum ersten Mal sahen, werde ich sicher nie vergessen.

Durch meine Reisen entdeckte ich außergewöhnliche Zutaten, die später meine Rezepte bereicherten – wie eine Dose mit Matcha-Pulver aus Tokio. Momentan wohne ich in Vancouver – eine internationale Stadt mit vielen verschiedenen Landesküchen und Feinkostgeschäften, die alle in meiner Nähe liegen. Ganz gleich, ob ich für meine Familie koche oder an einem neuen Tortenrezept feile, die vielen verschiedenen Gewürze und frischen Zutaten aus aller Welt inspirieren mich immer wieder zu neuen Kreationen. Und ich hoffe, mit meinem Buch auch Sie dazu inspirieren zu können, Ihre ganz persönlichen Tortenwunder zu schaffen.

Auf zu neuen Höhen!

Torten sind ideal für alle, die Kreativität mit Genuss verbinden möchten. Mit diesem Buch möchte ich sowohl erfahrene Hobbybäcker als auch Backneulinge ansprechen und ihnen neben köstlichen Rezepten viel Inspiration und wichtige Tipps und Tricks liefern, die die Herstellung von Torten erleichtern.

WARUM EINE TORTE?
Eine Torte besteht aus mehreren Tortenbodenschichten, einer Füllung und einem Überzug, alles wird kunstvoll zusammengesetzt und verziert. Mit ihr kann man verschiedene Texturen und Geschmackskomponenten in einem einzigen Kuchen vereinen und zudem noch die eigene Kreativität und Kunstfertigkeit zum Ausdruck bringen. Buttercreme und Co. bilden die perfekte Leinwand für aufwendige oder schlichte Verzierungen, die aus jeder Torte ein kleines Kunstwerk machen. Und bei all den verschiedenen Buttercremes, Ganaches und Tortenböden sind die Kombinationsmöglichkeiten schier unendlich!

Torten sind jedoch nicht nur Ausdruck von Kunstfertigkeit und Genuss, sie sind auch Sinnbild für einen ganz besonderen Anlass. Ein Kindergeburtstag ist ohne eine Torte mit Kerzen zum Auspusten unvorstellbar, und auch auf einer Hochzeit ist die Torte ein Muss. Schließlich ist es einer der Höhepunkte des Tages, wenn diese angeschnitten wird. Und ein Kaffeeklatsch, auf dem man seine besten Tortenkreationen präsentieren kann, ist glücklicherweise auch noch nicht ganz aus der Mode.

Wem läuft beim Anblick einer ausladenden Torte nicht das Wasser im Mund zusammen? Besonders, wenn es hoch hinausgeht und die Torte viele Schichten oder mehreren Etagen hat, kann man sich vieler bewundernder Blicke sicher sein. Es macht einfach Spaß, sie anzuschauen, sie serviert zu bekommen, sie zu essen und natürlich auch, sie herzustellen. Und das schaffen auch unerfahrene Tortenbäcker und -bäckerinnen. Das nötige Rüstzeug dafür liefert Ihnen dieses Buch – mit ausführlichen Anleitungen, verführerischen Rezeptideen sowie Tipps und Tricks rund um die richtigen Techniken. Ich hoffe, dass Ihnen mein Buch, das sowohl Klassiker als auch innovative Neuschöpfungen beinhaltet, viele schöne und köstliche Erlebnisse bescheren wird und Sie sich anschließend wünschen werden, mehr als nur einmal im Jahr Geburtstag zu haben!

ÜBER DIESES BUCH

Mit diesem Buch möchte ich sowohl begeisterten Tortenneulingen Erfolgs-
erlebnisse bescheren als auch erfahrenen Hobbybäckern neue Heraus-
forderungen bieten. In meinen Rezepten habe ich Tortenböden und
Füllung/Überzug zwar geschmacklich fein aufeinander abgestimmt, ich
möchte aber dennoch jeden Leser dazu ermutigen, meine Rezepte als
Inspirationsquelle zu betrachten und munter eigene Kombinationen zu
kreieren (siehe S. 279 für einige Anregungen). Zwar ist es bei der
Zubereitung eines Tortenbodens wichtig, sich an die Mengenangaben
und Zubereitungsschritte zu halten, doch in Bezug auf die Geschmacks-
richtung, die Verzierung und auch die Kombination mit Füllungen und
Überzügen sind der Fantasie keine Grenzen gesetzt. Trauen Sie sich ruhig
zu experimentieren, um für jeden Anlass die passende Torte zu kreieren.

Im ganzen Buch finden Sie zudem eingestreute Tipps und Tricks,
die ich in meinen Jahren als Tortenbäckerin gesammelt habe, sowie
wissenswerte Hinweise, Dekorationsideen und Variationsvorschläge, die
Ihnen die Arbeit erleichtern sollen.

Mit meinen erprobten Rezepten und ein bisschen Übung wird
Ihnen das Tortenbacken garantiert sehr viel Spaß machen und Sie hoffentlich zu eigenen Meisterwerken inspirieren. Denn die Möglichkeiten
sind wirklich endlos. Es geht in diesem Buch aber nicht nur um hübsche
Fotos und köstliche Torten, sondern auch um die Geschichten, die sie
erzählen. Es geht darum, für jeden Anlass und jeden Menschen die passende Torte herauszusuchen, ein mit Herzblut hergestelltes persönliches
Geschenk zu machen und einen gewöhnlichen Tag mit einer Torte in
etwas ganz Besonderes zu verwandeln. Eine Torte ist nicht nur Genuss
pur, sie ist auch ein Zeichen dafür, wie sehr man eine bestimmte Person
oder eine Gruppe von Menschen schätzt. Schließlich hat man einige
Stunden investiert und mit einigem Aufwand ein kleines Tortenwunder
geschaffen. Eine Torte sagt mehr als viele Worte und zeigt Zuneigung
ohne große Gesten.

Als mein Mann (der sich im Laufe der Jahre auch zu einem Back-
experten entwickelt hat) die ersten Rezeptentwürfe für mein Buch überflog,
blickte er mich überrascht an und fragte: „Woher kommen nur all diese
Ideen?" „Ja, woher?", fragte ich mich daraufhin auch selbst. Ich durch-
forstete meine Erinnerungen und schrieb für jedes Rezept eine kleine
Entstehungs- oder Einleitungsgeschichte, die Ihnen hoffentlich noch mehr
Lust auf meine Tortenrezepte machen wird. Viel Spaß beim Nachbacken!

Hochgestapelt!

ZUTATEN

Bevor Sie zur Tat schreiten und eine Torte herstellen, sollten Sie sich die Zutatenliste im jeweiligen Rezept genau durchlesen. Das falsche Mehl oder eiskalte anstelle von weicher Butter kann nämlich zu einer ganz anderen Teigtextur führen oder die Struktur des Tortenbodens generell gefährden. Im Folgenden können Sie sich einen Überblick über die wichtigsten Zutaten verschaffen, die in meinen Rezepten zum Einsatz kommen. Sie erfahren, was Sie vor der Verwendung beachten müssen, wann sich der Kauf von Qualitätsschokolade und echter Vanille lohnt und warum ich immer ein Glas mit Instant-Espresso-Pulver und frische Zitronen auf Vorrat habe.

AROMEN

Wenn nicht anders angegeben, sollten Sie stets hochwertige, natürliche Extrakte und frisch gepresste Zitrussäfte verwenden. Besonders wichtig ist dies bei Vanille-, Mandel- oder Pfefferminzextrakten, deren künstlich hergestellte Varianten ein deutlich eingeschränkteres Aromaprofil aufweisen.

Zitrusschale (nur der farbige, nicht der bittere weiße Teil der Schale) verleiht jedem Rezept ein wenig Spritzigkeit. Ihre ätherischen Öle lösen sich gut, wenn man die Schale mit Zucker verreibt. In manchen Rezepten empfehle ich die Verwendung von Vanillepaste, die dem Vanilleextrakt geschmacklich überlegen ist. Sie enthält echtes Vanillemark und ist eine meiner Lieblingszutaten, da sie einen sehr runden Vanillegeschmack verleiht. Mit Kaffee oder Espresso lässt sich das Aroma von Schokolade hervorheben, und ich habe deshalb immer etwas Instant-Espresso-Pulver auf Lager. Falls kein Instant-Espresso-Pulver erhältlich ist, lässt sich stattdessen auch Instant-Kaffee verwenden. Dessen Aroma ist jedoch weniger intensiv, und man sollte die angegebene Menge daher um 25–50 % erhöhen.

BACKTRIEBMITTEL

Damit die Böden schön aufgehen, braucht man das passende Backtriebmittel. Backpulver und Natron sind nicht einfach austauschbar. Natron wird meist in Rezepten mit Schokolade, Buttermilch oder Zitrussaft eingesetzt und mildert dort die sauren Anteile der jeweiligen Zutaten.

BUTTER

Verwenden Sie zum Backen stets ungesalzene Butter, da sich die Salzmenge viel einfacher dosieren lässt, wenn man das Salz separat zufügt. In den meisten Rezepten wird weiche Butter auf Zimmertemperatur verwendet, die formbar, aber nicht flüssig sein sollte. Nehmen Sie die Butter dafür je nach der Temperatur in Ihrer Küche 30–60 Minuten vor dem Gebrauch aus dem Kühlschrank.

EIER

Wenn in meinen Rezepten von Eiern die Rede ist, sind immer große Eier gemeint. Ich empfehle Bio-Eier oder Eier von frei laufenden Hühnern.

In vielen Rezepten kommen nur die Eiweiße oder Eigelbe zum Einsatz; bewahren Sie das übrig gebliebene Eiweiß oder Eigelb immer für eine andere Verwendung auf. Und achten Sie bei der Herstellung von Eischnee darauf, dass beim Trennen der Eier keinerlei Eigelb ins Eiweiß gelangt, sonst wird es nicht steif.

Ebenso wie die anderen Zutaten für einen Tortenboden sollten auch Eier Zimmertemperatur angenommen haben.

FLÜSSIGKEITEN

Flüssigkeiten sind für den Aufbau einer guten Teigstruktur sehr wichtig, denn mit ihrer Hilfe bildet das Gluten im Mehl ein Teiggerüst aus Klebereiweiß. Wenn in den Rezepten Milch angegeben wird, ist immer Vollmilch gemeint.

Häufig verwende ich auch Buttermilch, deren Säure für die Entwicklung bestimmter Zutaten wichtig ist. Sie sollte daher möglichst nicht durch normale Milch ersetzt werden.

In manchen Rezepten verhilft saure Sahne zum richtigen Gleichgewicht zwischen Fett und Säure. Sowohl Milch als auch Buttermilch und saure Sahne sollten Zimmertemperatur haben, bevor sie in den Teig gegeben werden.

Sahne wird häufig für die Zubereitung von Überzügen oder Füllungen verwendet. Für Schlagsahne sollte die Sahne mindestens 35 Prozent Fett enthalten und vor dem Schlagen gut gekühlt sein.

FRISCHKÄSE

Ebenso wie Butter sollte Frischkäse stets auf Zimmertemperatur verarbeitet werden, hier reicht es jedoch, ihn 10–15 Minuten vor der Verwendung aus dem Kühlschrank zu nehmen. Wenn nicht anders angegeben, sollte die Vollfettvariante verwendet werden.

MEHL

Steht Mehl in der Zutatenliste meiner Rezepte, ist Weizenmehl Type 405 gemeint. Es eignet sich besonders für etwas schwerere Teige wie Schokoladen-, Karotten- oder ölbasierte Teige. Bei feineren Teigen oder Biskuit wird zusätzlich zum Mehl noch Speisestärke hinzugefügt, die den Boden schön locker und luftig macht.

In manchen meiner Rezepte kommen auch Vollkornmehl, Dinkelmehl oder gemahlene Mandeln zum Einsatz, die dem Teig ein zusätzliches Geschmackselement verleihen. Meist können sie allerdings problemlos durch gewöhnliches Weizenmehl ersetzt werden.

ÖLE

In manchen Rezepten kommt anstelle von Butter Öl zum Einsatz, um die im Mehl enthaltenen Proteine zu binden. Das Ergebnis sind besonders saftige Böden. Zwar wird in meinen Rezepten immer Traubenkernöl verwendet, doch andere neutrale Pflanzenöle wie Maiskeimöl oder Distelöl sind ebenfalls geeignet. Das aromatische Olivenöl sollte in den Rezepten jedoch nicht ausgetauscht werden, da andernfalls nicht der gewünschte Geschmack erzielt wird.

SALZ UND GEWÜRZE

Salz ist ein Geschmacksverstärker und daher auch in süßen Speisen eine wichtige Zutat. Geben Sie feines Salz (Stein- oder Meersalz) in den Teig und verwenden Sie Meersalzflocken zum Verzieren.

Wenn nicht anders angegeben, kommen Gewürze gemahlen in den Teig. Kaufen Sie möglichst ungemahlene Gewürze und mahlen Sie diese erst kurz vor der Verwendung, denn dann ist das Aroma am intensivsten. Fertig Gemahlenes ist zwar lange haltbar, doch wenn es über Jahre geöffnet im Gewürzregal gestanden hat, ist jegliches Aroma verflogen.

SCHOKOLADE

Hochwertige Schokolade ist beim Tortenbacken das A und O. Zartbitterschokolade und Milchschokolade in Form von Tropfen oder Tafeln habe ich immer auf Vorrat und bevorzuge die belgische Marke Callebaut.

Bei Überzügen oder Glasuren empfehle ich für einen besonders schokoladigen Geschmack ungesüßtes, alkalisiertes Kakaopulver, in dem die natürliche Säure des Kakaos neutralisiert wurde. Wenn nicht anders angegeben, wird in meinen Rezepten für Schokoladenböden allerdings natürliches, nicht alkalisiertes, ungesüßtes Kakaopulver verwendet.

Auch bei weißer Schokolade sollte man nach einem Qualitätsprodukt greifen, insbesondere bei einer Ganache, wie meiner Mango-Ganache oder Matcha-Ganache (siehe S. 166 und 93).

SÜSSUNGSMITTEL

Neben Zucker gibt es noch diverse andere Süßungsmittel, die in meinen Rezepten zur Anwendung kommen, wie Zuckerrübensirup, Honig, heller Sirup, Ahornsirup und brauner Reissirup. Sie bereichern eine Torte nicht nur um die gewünschte Süße, sondern zusätzlich um ein ganz besonderes Aroma.

ZUCKER

Gewöhnlicher weißer Haushaltszucker kommt in meinen Rezepten am häufigsten zum Einsatz. Überzüge werden oft mit Puderzucker hergestellt, der vor der Verwendung immer gesiebt werden sollte, um eventuelle Klümpchen zu entfernen. Auch braunen Zucker verwende ich sehr gern, zum Beispiel in Schokoladen-, Gewürz- und Buttermilchböden oder in Buttercremes. Muskovado-Zucker ist unraffinierter Rohrzucker, der aufgrund seines hohen Feuchtigkeitsgehalts und dem intensiven, nussartigen Karamellaroma nur für bestimmte Rezepten geeignet ist.

UNENTBEHRLICHE UTENSILIEN

Neben der Backgrundausstattung, wie Backutensilien, Rührschüsseln und einem Backofen, gibt es einige Spezialgerätschaften, mit denen die Torten in meinem Buch leichter gelingen. Nicht alle sind absolut notwendig, doch sie ebnen Ihnen den Weg zum Ziel.

BACKFORMEN

Für die Tortenböden in diesem Buch benötigen Sie drei verschiedene runde Backformen mit jeweils 15, 20 und 25 cm Durchmesser und einer Höhe von 5 cm. Quadratische Formen mit derselben Seitenlänge haben einen größeren Volumeninhalt und sind daher als Ersatz für eine runde Form ungeeignet. Einige meiner Böden werden in einer rechteckigen Form mit 25 x 38 cm Seitenlänge gebacken. Auch eine Form mit 23 x 33 cm Seitenlänge ist ausreichend, doch dann verlängert sich die Backzeit. Der Rand einer rechteckigen Backform sollte mindestens 5 cm hoch sein, also deutlich höher als beispielsweise bei einem Standardbackblech.

BACKPAPIER

Es ist nicht nur als Backunterlage für Tortenböden geeignet, man kann darauf auch Zutaten trocknen oder Spritztüten daraus basteln.

BACKPINSEL

Mit einem Backpinsel aus Silikon oder mit natürlichen Borsten lassen sich Tortenböden mit Sirup oder Sauce bestreichen, um ihnen mehr Aroma oder noch mehr Feuchtigkeit zu verleihen.

DREHTELLER

Zum Dekorieren einer Torte ist ein Tortenteller mit drehbarem Fuß sehr praktisch. Mit seiner Hilfe wird es deutlich einfacher, den Tortenüberzug glatt zu streichen.

GELFARBE

Lebensmittelfarben in Gelform sind konzentrierter als die Flüssigvariante, man benötigt also viel weniger Farbe, um einen intensiven Farbton zu erzeugen. Besonders beim Einfärben von Teig oder Überzügen sollte man daher Gelfarben verwenden, um möglichst wenig zusätzliche Flüssigkeit zuzuführen.

HAUSHALTSWAAGE

Zum präzisen Abwiegen von Zutaten ist eine Waage, insbesondere mit Tara- oder Zuwiegefunktion, unerlässlich.

MEHLSIEB

Trockene Zutaten wie Mehl und Puderzucker müssen vor der Verwendung gesiebt werden. Ich verwende dafür meist ein feinmaschiges Sieb, doch ein Einhand-Mehlsieb ist ebenfalls eine lohnenswerte Anschaffung.

MESSBECHER

Ein Messbecher mit Milliliter- und Litermaßeinteilung ist wichtig, um Flüssigkeiten präzise abzumessen.

OFENTHERMOMETER

Damit lässt sich prüfen, ob der Backofen korrekt kalibriert wurde und die Temperatur richtig angezeigt wird. Zudem lässt sich testen, ob es im Ofen unterschiedlich heiße Zonen gibt oder wie viel Temperatur verlorengeht, wenn die Ofentür geöffnet wird. Beim Backen ist Wissen Macht, und mit diesem Wissen lässt sich die Temperatur oder die Backzeit leichter anpassen.

RÜHRMASCHINE

Fast alle Teige in diesem Buch werden in einer Rührmaschine hergestellt. Ein Handmixer ist ebenfalls geeignet, doch dann müssen Rührzeiten oder Rührgeschwindigkeit gegebenenfalls angepasst werden. Zudem ist zum Beispiel die Herstellung von Baiser in einer Rührmaschine einfacher, da die Hände frei sind, um während des Rührens andere Zutaten hinzuzufügen.

SÄGEMESSER

Ein langes Sägemesser, also ein Messer mit Wellenschliff, ist sehr hilfreich, um Tortenböden in mehrere Schichten zu zerteilen. Ich nutze sie auch zum Hacken von großen Schokoladentafeln.

SCHNEEBESEN

Dieses vielseitige Utensil ist ideal zum Aufschlagen von Sahne, Eiern, zur Herstellung einer Tortenfüllung und für viele andere Rührtätigkeiten.

SIEBE

Zum Absеihen oder Passieren von aromatisiertem Sirup, Cremes oder Pürees benötigen Sie ein feinmaschiges Metallsieb. Zum Sieben von trockenen Zutaten verwende ich gerne ein etwas gröberes feinmaschiges Sieb.

SPARSCHÄLER

Dieses Werkzeug dient bei mir nicht nur zum Schälen von Karotten oder Ähnlichem, sondern auch zur Herstellung von Schokoladenlocken.

SPRITZBEUTEL

Sie sind in einer Kunststoff- und Textilvariante erhältlich, die beide ihre Vor- und Nachteile haben. Ich verwende kleine Wegwerfspritzbeutel aus Plastik für sehr klebrige oder feine Arbeiten, wie aufgespritzte Bordüren; Textilbeutel zum Füllen von Torten oder für aufwendige Buttercremeverzierungen. Aufgrund ihres recht großen Fassungsvermögens muss man sie bei der Arbeit nicht so oft auffüllen. Auf diese Weise lassen sich auch Lufteinschlüsse auf ein Minimum reduzieren.

TEIGSCHABER ODER TEIGKARTE

Zum Glätten von Überzügen und für knackig scharfe Buttercremekanten sind ein Teigschaber oder eine Teigkarte (auch Teigspachtel genannt) aus Edelstahl ein absolutes Muss. Manche Teigschaber sind auch mit einer gezahnten Seite (Tortenkamm) ausgestattet – wenn Sie also ein solches Werkzeug finden, schlagen sie gleich zwei Fliegen mit einer Klappe.

TEIGSPATEL

Der Teigspatel ist bei mir ständig im Gebrauch, denn mit ihm lassen sich die unterschiedlichsten Aufgaben erledigen: Teigschüssel auskratzen, Zutaten unter einen Teig heben und Rühren aller Art. Teigspatel mit hitzebeständigem Silikonaufsatz sind auch bei der Zubereitung von heißen Zutaten im Topf perfekt.

TORTENKAMM

Mit einem Tortenkamm lassen sich Buttercremetorten mit verschiedenen grafischen Mustern verzieren. Sie bestehen aus Kunststoff oder Metall und sind in gut sortierten Haushaltswarengeschäften erhältlich.

TORTENRING

Ein Tortenring besteht meist aus Metall und ist beim Aufbau mancher Torten unentbehrlich. In einigen Rezepten verwende ich einen Tortenring (15 cm Durchmesser) auch zum Ausstechen von Tortenböden.

TORTENSCHEIBEN

Tortenscheiben in unterschiedlichen Größen sind zum Aufbau einer mehrstöckigen Torte unerlässlich, denn sie geben ihr den erforderlichen Halt – auch für einen eventuellen Transport. Sie bestehen aus beschichteter Pappe oder aus Aluminium, können aber auch aus einem feuchtigkeitsbeständigen, lebensmittelgeeigneten Material selbst zugeschnitten werden.

TÜLLEN

Mit diesen kleinen Hilfsmitteln, die in vielen verschiedenen Größen und Formen erhältlich sind, kommen Ihre Torten ganz groß raus. Kleine Tüllen nutzt man meist, um Bordüren aufzuspritzen, während große zum Füllen von Torten oder zur Herstellung besonderer Buttercremeverzierungen dienen. In diesem Buch werden runde Tüllen, Sterntüllen und Rosentüllen in verschiedenen Größen verwendet.

WINKELPALETTE

Die Winkelpalette ist in meinen Haushalt in verschiedenen Größen eingezogen. Mit der kleinen Palette lassen sich Tortenböden schön gleichmäßig mit Füllung bestreichen oder kleine Torten überziehen. Die mittelgroße Version ist perfekt zum Überziehen von größeren Torten. Und mit einer großen Winkelpalette kann man fertige Torten leicht von einem Drehteller oder einer Tortenscheibe heben, um sie auf einen Tortenteller zu setzen.

ZESTENREIBE

Um wirklich nur die farbige Haut von Zitrusfrüchten abzuhobeln und die bittere weiße Schale auszusparen, sind ein hochwertiger Zestenreißer oder eine Zestenreibe ideal. Ich persönlich schwöre auf die Microplane-Produkte und nutze sie für süße und herzhafte Zutaten.

ZUCKERTHERMOMETER

Ein Zuckerthermometer ist beim Kochen von Zucker und Erhitzen von Eiermassen sehr wichtig. Ein geübtes Auge und Erfahrung sind bisweilen ausreichend, doch in manchen Rezepten ist die Verwendung eines Zuckerthermometers unerlässlich.

Torten herstellen und verzieren

—

Natürlich lernt man beim Backen nie aus; die folgenden grundlegenden Techniken sollten Sie jedoch beherrschen. Dabei geht es nicht nur um das Anrühren von Teig und Füllung, sondern auch um das Zusammensetzen und die Dekoration von Torten. Viele der beschriebenen Techniken kommen in meinen Rezepten immer wieder zum Einsatz. Lesen Sie sich dieses Kapitel am besten gründlich durch, bevor Sie zur Tat schreiten, damit Ihnen alle Begriffe und Methoden vertraut sind.

TECHNIKEN BEI DER TORTENZUBEREITUNG

—

Cremig rühren

MEINER MEINUNG NACH ist das Cremigrühren von Butter und Zucker der wichtigste Zubereitungsschritt in einem Rührteigrezept. Dabei werden weiche Butter und Zucker so lange aufgeschlagen, bis der Zucker geschmolzen und eine cremig-weiche Masse entstanden ist. Diese Masse ist die Voraussetzung für einen luftigen, saftigen Rührteigboden.

Zunächst einmal müssen alle Zutaten und Gerätschaften (auch Rührschüssel und Flachrührer) Zimmertemperatur angenommen haben. Für viele meiner Tortenbodenrezepte muss erst einmal die Butter in der Rührmaschine mit dem Flachrührer auf mittlerer Stufe etwa 2 Minuten glatt gerührt werden. Dann wird der Zucker zugefügt, die Maschine auf mittlere bis hohe Stufe gestellt und 3–5 Minuten weitergeschlagen, bis eine luftige, helle Masse entstanden ist.

Anfangs schneiden die Zuckerkristalle beim Cremigrühren regelrecht in die Butter hinein, und es wird Luft eingearbeitet. Aufgrund der Reibung löst sich der Zucker auf, die Butter wird noch weicher und lässt sich später noch gleichmäßiger im Teig verteilen.

Unterheben

DAS UNTERHEBEN IST EINE besondere Art des Rührens, die eingesetzt wird, um zwei Teige oder Zutaten mit sehr unterschiedlichem Gewicht und verschiedener Dichte miteinander zu vermengen. Meist wird die Technik eingesetzt, um empfindliche Massen wie Eischnee unter einen Teig zu mengen, ohne dass seine Luftigkeit verlorengeht.

Das Werkzeug der Wahl ist ein Teigspatel mit Gummiaufsatz. Im Falle von Eischnee gilt: Den Eischnee auf den Teig geben und den Teigspatel am hinteren Rührschüsselrand eintauchen, bis er den Boden berührt. Den Spatel über den Boden bis nach vorn ziehen und dabei den Teig vom Boden nach oben bringen. Die Schüssel um 90 Grad drehen und dasselbe wiederholen. Die Bewegungen sanft ausführen, bis eine glatte Masse entstanden ist. Diese Technik auch zum Unterheben von Schlagsahne anwenden. In manchen Rezepten werden Zutaten wie Nüsse oder Schokoladentropfen am Ende nur kurz untergehoben, um die Konsistenz des Teigs nicht durch zu langes Rühren zu beeinträchtigen.

Eischnee schlagen

EIWEISS MUSS IMMER mit einem ganz sauberen, trockenen Quirl aufgeschlagen werden. Zudem ist es wichtig, dass kein Fett oder Eigelb in das Eiweiß gelangt und dass das Rührgerät fettfrei ist. Ansonsten wird das Eiweiß nicht steif. Das Eiweiß aufschlagen, bis sich feste Spitzen bilden. Wird zu lange geschlagen, kann der Eischnee klumpig werden oder sich trennen. Eischnee fällt mit der Zeit zusammen und sollte daher direkt nach dem Aufschlagen verwendet oder erneut aufgeschlagen werden.

Sahne schlagen

WIE SCHON IM ZUTATEN-KAPITEL (siehe S. 17) bemerkt, sollte man für Schlagsahne stets gut gekühlte Sahne mit mindestens 35 % Fett verwenden. Je nachdem, was im Rezept angegeben ist, die Sahne in der Rührmaschine mit dem Quirl aufschlagen, bis sich weiche oder mittelfeste Spitzen bilden. Wird Sahne zu lange geschlagen, kann sie ausflocken, körnig werden und sich schließlich in Butter verwandeln.

Wird Schlagsahne für eine Füllung oder einen Überzug genutzt, sollte sie erst kurz vor der Verwendung aufgeschlagen werden. Alternativ die geschlagene Sahne bis zur Verwendung in einem luftdicht verschlossenen Behälter im Kühlschrank lagern und kurz nochmals sanft von Hand aufschlagen. Eine Sahnetorte verdirbt bei Zimmertemperatur leicht und sollte bis mindestens 30 Minuten vor dem Servieren im Kühlschrank bleiben.

Zubereitung im Wasserbad

UM HITZEEMPFINDLICHE ZUTATEN sanft zu erwärmen, benötigt man ein Wasserbad. Hierzu ein wenig Wasser in einem mittelgroßen Topf zum Köcheln bringen und darauf eine hitzebeständige Schüssel platzieren. Die Schüssel sollte dicht am Topfrand anliegen und darf nicht in Kontakt mit dem Wasser im Topf kommen. Während des Erwärmens der Zutat muss das Wasser gleichbleibend sanft köcheln und darf nicht kochen. Ein Wasserbad wird meist zum Schmelzen von Schokolade eingesetzt, kann aber auch zum Erhitzen von Massen dienen, die Eier enthalten. Beim sanften Erhitzen stocken diese nicht.

Zwei-Stufen-Teig

DIESE METHODE WIRD ZUR Zubereitung von sehr luftigen Tortenböden mit feinporiger Krume eingesetzt. Das Ergebnis ist ähnlich wie beim Cremigrühren, hier werden die trockenen Zutaten jedoch zuerst mit der Butter vermengt, wobei das Fett die Mehlpartikel umschließt. Dann wird das Eiweiß untergerührt. Wenn wie bei der Neapolitaner Torte (siehe S. 48) nur wenig Flüssigkeit im Spiel ist, erzielt man durch das schrittweise Zufügen von Eiweiß und Milch einen glatten Teig mit einer stabilen Struktur. Bei dieser Methode ist es besonders wichtig, den Teig nicht zu lange zu rühren. Fügen Sie stattdessen die Flüssigkeiten nur sehr langsam zu.

Temperieren

DIESE METHODE DIENT DAZU, zwei Massen mit unterschiedlichen Temperaturen miteinander zu verbinden. In meinen Rezepten geht es dabei meist um das Verrühren von heißer Sahne und Eiern auf Zimmertemperatur. Damit Letztere beim Vermengen nicht zu rasch stocken oder zu „Rührei" werden, muss eine kleine Menge der heißen Flüssigkeit unter das verquirlte Ei gerührt werden, um die Temperatur der Eier sanft zu erhöhen, bevor man sie mit den heißen Zutaten verbindet.

Garprobe machen

DIE BACKZEIT IST in meinen Rezepten immer als Zeitspanne angegeben, denn je nach Backofen, der Platzierung des Kuchens im Ofen, der vorherrschenden Feuchtigkeit usw. kann die Garzeit variieren. Um zu prüfen, ob der Boden schon durchgebacken ist, gibt es folgende Methoden:
ZAHNSTOCHERTEST: Einen Holzspieß in die Mitte des Bodens einstechen und herausziehen. Wenn kein Teig oder nur ein paar Krümel am Spieß anhaften, ist der Boden durchgebacken.
OPTIK PRÜFEN: Wenn der Tortenboden beginnt, sich vom Formrand zu lösen, ist er wahrscheinlich gar. Bei hellen Böden gilt: Sie sind fertig, wenn die Oberseite sich goldbraun verfärbt hat.
FINGERPROBE: Ein Biskuit ist gar, wenn er nach Druck mit der Fingerspitze wieder in seine alte Form zurückfedert.

Sieben

ALLE TROCKENEN ZUTATEN, auch Puderzucker, sollten vor der Verwendung durch ein feinmaschiges Sieb gesiebt werden (siehe S. 20), damit möglichst viel Luft in den Teig gerät und eventuelle Klumpen vermieden werden. Zu den Zutaten, die für ein Rezept gesiebt werden müssen (wenn nicht anders angegeben), gehören Mehl, Salz, Gewürze, Triebmittel und Kakaopulver. Haushaltszucker und brauner Zucker wird üblicherweise nicht gesiebt.

Buttercreme färben

UM SWISS MERINGUE BUTTERCREAM mit Vanillegeschmack (siehe S. 41) einzufärben, empfiehlt es sich, ein paar Tropfen Gel-Lebensmittelfarbe (siehe S. 20) zur fertigen Buttercreme zu geben. Gründlich unterrühren und mehr Farbe zufügen, bis der gewünschte Farbton erzielt ist. Das Färben ist ein optionaler Schritt, der bei jeder Torte mit Vanille-Buttercreme möglich ist.

Backformen vorbereiten

UM EIN ANHAFTEN DES Tortenbodens in der Backform zu verhindern, muss diese zunächst innen mit Butter oder Cooking-Spray eingefettet werden. Dann etwas Mehl in die Form geben und diese schwenken, bis die Innenseite von einer dünnen Mehlschicht bedeckt ist. Die Form wenden und das überschüssige Mehl durch Klopfen an die Formaußenseite entfernen.

Mise en Place

DAMIT DIE ZUBEREITUNG einer Torte reibungslos gelingt, sollten Sie alle nötigen Zutaten und Gerätschaften abgemessen und gesäubert bereitlegen. Der Fachbegriff dafür ist „mise en place", Französisch für „an den rechten Ort gestellt". So manchem wird dies vielleicht übertrieben erscheinen, doch es erspart einem während der Zubereitung eine Menge Stress. Bei der Zubereitung von Karamell zum Beispiel, bei der das richtige Timing sehr wichtig ist, besteht die Gefahr, dass der Zucker auf dem Herd verbrennt, wenn man erst noch die weiteren Zutaten abwiegen muss. Zudem können Sie so sicher sein, dass alle Zutaten vorhanden sind und laufen nicht Gefahr, mitten in der Vorbereitung feststellen zu müssen, dass etwas Wichtiges fehlt.

Darüber hinaus kann ich mich durch das Mise en Place im Vorfeld eingehend mit dem Rezept beschäftigen und die Anleitung bis ins Detail verinnerlichen, sowie dafür sorgen, dass alle Zutaten die gewünschte Temperatur haben. Zum Beispiel muss die Butter weich (nicht flüssig) sein, um sie mit dem Zucker schön cremig rühren zu können. Wenn alle Zutaten die gleiche Temperatur haben, bindet der Teig besser und wird glatter.

Torte zerteilen

ZERTEILEN SIE IHRE SCHÖNE TORTE nicht einfach auf gut Glück, sondern markieren Sie zunächst die exakte Tortenhälfte mit einem Messer. Dann eine der Hälften vierteln oder dritteln, je nachdem wie groß Ihre Torte ist. Diese wiederum halbieren, bis alle Tortenstücke markiert sind. Falls die Verzierung dabei im Weg ist, kann sie kurz entfernt oder verschoben werden. Zerteilt wird die Torte dann mit einem großen Kochmesser. Ausnahme sind Torten mit frischen Früchten oder harten Bestandteilen, die in einer sanften Sägebewegung mit einem langen Sägemesser zerteilt werden sollten. Eine Torte lässt sich leichter aufschneiden, wenn sie ein wenig bei Zimmertemperatur gestanden hat. Falls Sie Schwierigkeiten haben, eine Torte mit gekühlter Buttercreme oder Ganache zu zerteilen, können Sie die Messerklinge unter heißem Wasser anwärmen, damit sie besser durch die Torte gleitet. Die einzelnen Tortenstücke mit einem Tortenheber oder einer Winkelpalette anheben.

Aufbewahrung

TORTENBÖDEN LASSEN SICH gut im Voraus zubereiten und sollten getrennt von der Füllung oder dem Überzug gelagert werden. Einzeln in eine doppelte Lage Frischhaltefolie gepackt, halten sie sich im Kühlschrank bis zu fünf Tage, im Tiefkühler bis zu einen Monat. Gefrorene Böden in der Frischhaltefolie im Kühlschrank auftauen lassen.

Zusammengesetzte Torten, die im Kühlschrank aufbewahrt werden müssen, sollten nur locker in Frischhaltefolie oder eine Tortenbox verpackt und nicht gemeinsam mit stark riechenden Lebensmitteln gelagert werden. Torten, deren Rand nicht überzogen ist, sollten ohne Verzierung und Glasur aufbewahrt werden. Den Rand mit Frischhaltefolie vor dem Austrocknen schützen. Bei Tortenresten die Schnittfläche direkt mit Frischhaltefolie oder Backpapier abdecken, damit sie nicht austrocknet. Torten schmecken in den ersten 48 Stunden am besten, halten sich im Kühlschrank aber durchaus ein paar Tage (siehe die jeweiligen Angaben in den Rezepten). Eine Torte aus dem Kühlschrank sollte vor dem Servieren 30–90 Minuten Zimmertemperatur annehmen. Viele Torten können auch eingefroren werden (siehe auch hier die Angaben im Rezept), doch meist nicht ohne Abstriche bei der Optik. Wer Reste einfrieren möchte, sollte sie 20–30 Minuten im Tiefkühler anfrieren lassen und dann eng mit doppelt gelegter Frischhaltefolie umwickeln. Wenn nicht anders angegeben, halten sie sich eingefroren bis zu zwei Monate.

TORTEN FÜLLEN UND ÜBERZIEHEN

Eine spiegelglatte Torte mit scharfen Kanten bekommen nicht nur Profi-Bäcker hin. Mit ein paar simplen Tricks kreieren auch Sie echte Tortenmeisterwerke.

DAZU BENÖTIGEN SIE:

gebackene, abgekühlte Tortenböden nach Wahl

Überzug nach Wahl

Füllung nach Wahl

großen Spritzbeutel

runde Tülle (12 mm–2 cm Ø)

Drehteller

langes Sägemesser

große und kleine Winkelpaletten

Teigspatel

Teigschaber oder Teigkarte

Tortenböden vorbereiten

Zur Herstellung einer stabilen, gleichmäßigen Torte benötigt man köstliche Tortenböden mit feiner Struktur, die gleich groß und gleich dick sind. Die meisten Böden muss man daher noch ein wenig beschneiden oder begradigen, bis die gewünschte Einheitlichkeit erreicht ist.

Vor dem Bearbeiten der Tortenböden müssen diese völlig ausgekühlt sein. Wickeln Sie die Böden, nachdem Sie sie aus den Formen gelöst haben, am besten in Frischhaltefolie ein und legen Sie sie ein paar Stunden in den Kühlschrank. Denn ein kalter Boden krümelt beim Zerteilen weniger.

Nach der Kühlzeit sollten Böden, die sich beim Backen aufgewölbt haben, mit einem Messer begradigt werden. Hierzu den Boden auf einen sauberen Drehteller oder eine Tortenscheibe legen. Ein langes Sägemesser parallel zur Arbeitsfläche halten und dort positionieren, wo die Wölbung beginnt. Mit rotierendem Drehteller langsam gerade durch den kompletten Boden schneiden, bis sich die Wölbung von der Unterseite löst. Dieselbe Technik anwenden, um mehrere Böden in derselben Höhe zuzuschneiden.

In vielen Rezepten müssen Tortenböden in mehrere Schichten zerteilt werden. Zum Halbieren eines Bodens dessen Höhe ausmessen und durch zwei teilen. Den Bodens an der Hälfte mit einem Sägemesser einritzen oder mit Zahnstochern markieren und auf dem rotierenden Drehteller vorsichtig mit dem Sägemesser horizontal halbieren. Dabei das Messer so gerade wie möglich halten und immer nur schrittweise nach vorn bewegen.

Vor dem Zusammensetzen der Torte den stabilsten Boden für die Unterseite auswählen. Manchmal zerbrechen oder zerbröseln Böden beim Zerteilen, diese sollten auf keinen Fall als Unterseite ausgewählt werden. Weniger perfekte Böden möglichst für die Mitte der Torte und den zweitbesten Boden als Oberseite verwenden. Die Oberseite, wenn möglich, mit der Schnittseite nach unten platzieren, damit beim Überziehen der Torte möglichst wenig Krümel einzuarbeiten sind.

Torte füllen

Auch bei der schönsten Torte gilt: Es sind die inneren Werte, die zählen. Je nach Torten- oder Füllungsrezept ist das Füllen der Torte jedoch nicht so einfach. All meine Torten werden auf verschiedene Art zusammengesetzt, aber für Torten mit weichen Füllungen ist die folgende Herangehensweise ideal.

Eine Tortenscheibe mittig auf einen Drehteller legen und den untersten Boden darauf platzieren. Einen Spritzbeutel mit einer runden Tülle ausstatten und die Hälfte oder drei Viertel der Buttercreme oder der Füllung hineingeben. Am Rand des Bodens einen 12 mm bis 2 cm hohen Buttercremering oder „Damm" aufspritzen und diesen mit Füllung nach Wahl füllen. Die Füllung bei Bedarf mit einer kleinen Winkelpalette glatt streichen. Den zweiten Boden aufsetzen, dasselbe wiederholen, bis der letzte Boden aufgesetzt ist. Nun prüfen, ob die Torte gerade ist. Falls sie sich zur Seite neigt, die Schichten leicht mit den Händen verschieben, um die Neigung auszugleichen.

Crumb-Coat – Einstreichen

Der erste dünne Überzug auf einer Torte, mit dem man die Krümel der Böden bindet, nennt man Einstreichen, neudeutsch wird dieser Krümelmantel auch Crumb-Coat genannt. Er verhindert, dass im endgültigen Überzug unliebsame Krümel zu sehen sind. Hierzu eine mittelgroße Portion des Überzugs auf die Torte geben und mit einer Winkelpalette verstreichen. Auch den Tortenrand mit einer dünnen Schicht des Überzugs einstreichen. Die Torte sollte außen glatt sein, muss aber noch nicht vollständig mit dem Überzug bedeckt sein. Die Torte 10–15 Minuten unabgedeckt in den Kühlschrank stellen und dann die abschließende Überzugschicht auftragen.

Torte überziehen und glatt streichen

Ganz gleich, ob Torten mit Italienischer Buttercreme (siehe S. 41) oder anderen Massen überzogen werden sollen, die Technik ist immer dieselbe. Auch wenn die Torte später eine rustikale Spachteloptik (siehe S. 31) erhalten soll, muss sie zuvor auf diese Weise bestrichen werden.

Zunächst eine großzügige Portion des Überzugs auf die Oberseite des Crumb-Coats geben, mit einer Winkelpalette verteilen und glatt streichen. Dabei gleichzeitig den Drehteller drehen, um eine gleichmäßig dicke Schicht zu erzeugen. Überschüssigen Überzug über die Tortenkante hinausschieben, sodass sie an der Kante übersteht.

Den überstehenden Überzug mit der Winkelpalette am Tortenrand verteilen. Zunächst nur den oberen Teil des Tortenrands mit dem Überzug einstreichen. Die Masse muss nicht ganz glatt, sollte aber gleichmäßig aufgetragen sein. Dann auch den unteren Bereich des Tortenrands bestreichen. Wenn die Torte rundum gleichmäßig überzogen ist, folgt der erste Schritt des Glättens. Hierzu den Überzug bei rotierendem Drehteller mit der Winkelpalette glatt streichen. Überschüssigen Überzug entfernen oder bei Bedarf weiteren Überzug auftragen.

Danach kommt der Teigschaber oder die Teigkarte zum Einsatz. Die Teigkarte aufrecht mit der Kante zur Torte aufstellen, sodass die lange Seite den Tortenrand berührt und die untere Seite auf dem Drehteller aufliegt. Den Drehteller langsam rotieren lassen, während man die Teigkarte festhält. Nach ein paar Umdrehungen anhalten und eventuelle Vertiefungen im Überzug mit einer kleinen Winkelpalette füllen. Auch prüfen, ob der Tortenrand wirklich gerade ist. Dann mit der Teigkarte weiterarbeiten, bis das gewünschte Ergebnis erzielt ist.

Nach dem Tortenrand ist nun die Oberseite der Torte an der Reihe. Den überstehenden Überzug an der Oberseite vorsichtig mit der Kante einer Winkelpalette in die Mitte der Torte schieben. Die Palette so gerade wie möglich halten und den bereits geglätteten Tortenrand dabei möglichst nicht beeinträchtigen. Den Überzug gleichmäßig bis zur Tortenkante verstreichen. Abschließend die Kante der Teigkarte vorsichtig auf der Torte platzieren, die Drehscheibe rotieren lassen und der Oberseite den letzten Schliff verleihen.

TIPPS UND TRICKS

- Nach dem Einstreichen des Crumb-Coats dürfen Überzugreste, die Krümel enthalten, nicht mit dem restlichen Überzug vermengt werden.

- Die Teigkarte jedes Mal reinigen, wenn eine Schicht des Überzugs aufgetragen ist.

- Bei der Arbeit mit der Winkelpalette auf die Spitze der Palette konzentrieren und nicht auf die Mitte. So behält man besser die Kontrolle.

- Für ein kontrolliertes Arbeiten ist es von Vorteil, immer nur kleine Mengen des Überzugs aufzutragen. Das gilt besonders für Anfänger.

- Nutzen Sie die Rotationsbewegung des Drehtellers für sich, um den Überzug zu glätten.

- Wer keinen Drehteller besitzt, kann Torte samt Tortenscheibe auf eine umgedrehte Rührschüssel setzen und die Tortenscheibe vorsichtig drehen.

- Ausreichend Überzug am Tortenrand auftragen, damit die Böden nicht durchscheinen. Man trägt stets mehr Creme auf als benötigt, da sie beim Glätten teilweise wieder abgenommen wird.

- Falls Böden oder Überzug zu weich sind, sollten Sie sie kurz in den Kühlschrank stellen.

- Falls es in der Buttercreme Lufteinschlüsse gibt oder sie zu fest ist, schlagen Sie sie nochmals auf, bis sie seidenglatt ist.

- Noch glatter wird der Überzug, wenn man einen Metallspatel oder eine Metall-Teigkarte zwischendurch unter heißes Wasser hält und abtrocknet. Dadurch schmilzt der Überzug leicht, was bei gekühlten Torten von Nutzen ist.

- Um eine 3-Schichten-Torte mit 15 cm Durchmesser zu überziehen, benötigt man 720 ml Buttercreme; für eine 3-Schichten-Torte mit 20 cm Durchmesser 1 l Buttercreme.

EINFACHE DEKORATIONEN

Nach dem Glätten des Tortenüberzug kann man ihn mit verschiedenen schönen Mustern weiter verzieren. Man benötigt nur eine Winkelpalette oder einen Torten-kamm, und schon kann man die Optik der Torte komplett verändern.

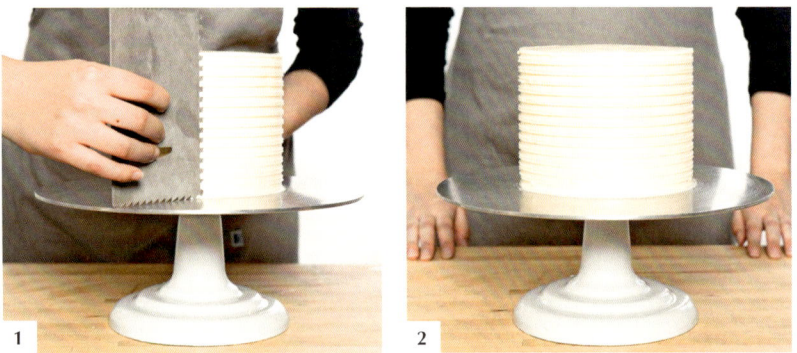

Streifenmuster

Mit einem Tortenkamm lässt sich ein sehr ansprechendes horizontales Streifenmuster in den Torten-rand ziehen. Dazu die geglättete Torte auf einem Drehteller stellen. Halten Sie den Tortenkamm senkrecht zum Tortenrand und drücken Sie ihn leicht in den Überzug. Den Kamm festhalten und den Drehteller einmal um 360 Grad drehen, bis man wieder an der Anfangsposition angekommen ist. Am besten gelingt diese Technik mit Buttercreme. Wissenswertes: Die Buttercreme muss frisch aufgetragen werden und darf nicht gekühlt sein.

Spiralmuster

Auch beim Spiralmuster sollte die Torte fertig geglättet auf dem Drehteller stehen. Die Spitze einer Winkelpalette senkrecht flach an der unteren Tortenkante platzieren. Vorsichtig in den Überzug drücken und dann beginnen, den Teller zu drehen. Weiterdrehen und die Palette dabei langsam gerade nach oben führen, bis die obere Kante erreicht ist. Für die Tortenoberseite die Palettenspitze an der Tortenkante ansetzen und bei rotierendem Teller langsam bis zur Tortenmitte führen. Diese Methode eignet sich für Buttercreme, Fudge-Überzug und Frischkäsecreme.
Wissenswertes: Die Buttercreme muss frisch aufgetragen werden und darf nicht gekühlt sein.

Spachtelmuster

Ein rustikales Spachtelmuster wirkt vielleicht simpel, es ist aber dennoch etwas Fingerfertigkeit gefragt. Die Torte muss nicht perfekt geglättet sein, sollte aber gleichmäßig überzogen sein. Die Winkelpalette in schwingenden Bewegungen kreuz und quer über den Überzug führen, bis ein hübsches Spachtelmuster entstanden ist. Diese Methode eignet sich für verschiedenste Massen, wie Buttercreme, Schlagsahne, Frischkäse und mehr!

DEKORATIONEN MIT SPRITZBEUTEL

Mit einem Spritzbeutel lassen sich nicht nur Bordüren und kleine Details aufspritzen, man kann auch die gesamte Torte mit einem besonderen Muster dekorieren. Ein paar verschiedene Tüllen genügen, und schon kann man wunderschöne Muster mit zum Beispiel Schleifen- oder Schuppenoptik kreieren.

Lockenmuster

Für dieses schöne Muster beginnt man mit einem etwas dickeren Crumb-Coat (siehe S. 27) oder einem dünnen Überzug. Die Torte auf eine Tortenscheibe oder einen Tortenteller setzen und auf einen Drehteller stellen. Die Oberseite wie gewohnt überziehen. Damit das Muster möglichst gerade wird, mit der Kante eines Metallspatels oder mit einem Schälmesser senkrechte Linien mit gleichmäßigem Abstand im Überzug markieren. Einen Spritzbeutel mit mittelgroßer Sterntülle mit der Überzugmasse füllen. Den Beutel im 45-Grad-Winkel zur Torte ansetzen und senkrechte Lockenreihen aufspritzen. Hierzu am unteren Tortenrand beginnend mit lockerer Hand Kreise ziehen, die sich leicht überlappen, bis der obere Rand erreicht ist. Dabei möglichst nicht absetzen. Die Kreise zählen und daneben eine Reihe mit derselben Anzahl aufspritzen. Dies wiederholen, bis die gesamte Torte mit Locken verziert ist. Am besten eignet sich hier Buttercreme.

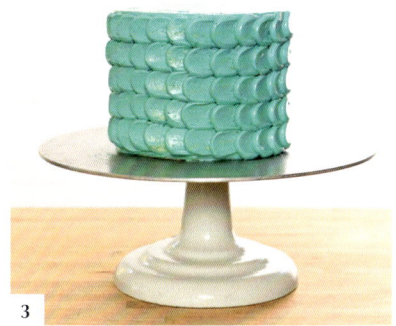

Schuppenmuster

Für dieses Muster benötigen Sie eine runde Tülle (12 mm–2 cm) und eine kleine Winkelpalette. Auch hier beginnt man mit einem etwas dickeren Crumb-Coat (siehe S. 27) oder einem dünnen Überzug. Er muss die Torte nicht komplett bedecken, sollte aber glatt und ebenmäßig sein. Die Oberseite wie gewohnt überziehen.

Den Spritzbeutel mit der Überzugmasse füllen und am Tortenrand eine senkrechte Reihe mit Tupfen aufspritzen. Die Tupfen sollten einander berühren, aber nicht überlappen, und sollten alle gleich groß sein. Die Spitze der Winkelpalette quer in der Mitte des obersten Tupfens ansetzen, leicht eindrücken und sanft nach rechts ziehen, um eine flache „Schuppe" zu kreieren. Nach unten fortsetzen, bis der letzte Tupfen verstrichen ist. Dann eine weitere Reihe Tupfen aufspritzen und nach rechts ziehen, bis die gesamte Torte bedeckt ist. Am besten gelingt dies mit einem Buttercreme- oder Fudge-Überzug.

Schleifenmuster

Dieses Muster wirkt sehr aufwändig, ist aber überraschend einfach herzustellen. Die Torte steht dabei auf einer Tortenscheibe und auf einem Drehteller. Wie beim Schuppenmuster (siehe oben) beginnt man mit einem etwas dickeren Crumb-Coat (siehe S. 27) oder einem dünnen Überzug. Damit das Muster möglichst gleichmäßig wird, die Breite der einzelnen Schleifenreihen mit der Kante eines Metallspatels oder mit einem Schälmesser an der Torte markieren. Einen Spritzbeutel mit Rosentülle mit dem Überzug füllen, und den Spritzbeutel mit der schmalen Seite der Tülle nach außen senkrecht zur Tortenscheibe ansetzen. An der unteren Tortenkante beginnend mit einer Zick-Zack-Bewegung eine 2,5 cm breite, senkrechte Schleifenreihe aufspritzen. Die Anzahl der Falten zählen und möglichst für jede folgende Reihe beibehalten. Immer mit demselben Druck arbeiten und fortsetzen, bis die ganze Torte bedeckt ist. Für die Tortenoberseite die schmale Seite der Tülle nach außen wenden und am Rand der Torte eine Schleifengirlande (siehe S. 36) aufspritzen. In konzentrischen Kreisen weitere Girlanden aufspritzen, die sich leicht überlappen, bis die Mitte der Torte erreicht ist. Buttercreme ist hier am besten geeignet. Auf dem Foto links sieht man ein Beispiel für eine mit dieser Technik dekorierte Torte.

Glattes Ombré-Muster

Für einen Tortenrand mit hübschem Farbverlauf zunächst einen schönen Crumb-Coat (siehe S. 27) auftragen. Eine Rezeptmenge Buttercreme auf drei bis fünf Schalen verteilen und mit Gel-Lebensmittelfarbe in verschiedenen Farben nach Wahl einfärben (man kann eine Portion auch weiß lassen). Die Reihenfolge des Farbverlaufs festlegen und etwas Buttercreme in der letzten Farbe der festgelegten Reihenfolge auf die Oberseite geben. Mit einer Winkelpalette auf der Oberseite verteilen und glatt streichen.

Einen Spritzbeutel mit runder Tülle (12 mm–2 cm) mit Buttercreme in der ersten Farbe füllen und damit am unteren Tortenrand einen Ring aufspritzen. Wie im Farbverlauf festgelegt, die einzelnen Farben übereinander am Tortenrand aufspritzen, bis die obere Kante erreicht ist. Dabei sollte ein klarer Farbverlauf zu erkennen sein. Je nachdem, wie hoch die Torte ist und wie viele verschiedene Farben man wählt, spritzt man pro Farbe ein bis drei Ringe auf.

Wenn der Tortenrand mit den Ringen bedeckt ist, eine Winkelpalette von oben senkrecht an den Tortenrand halten, die Ringe glatt streichen und dabei überschüssige Buttercreme entfernen. Dann eine Teigkarte zur Hilfe nehmen, um die Torte weiter zu glätten. Eventuelle Lücken in der Buttercreme mit der entsprechenden Farbe füllen und die obere Tortenkante glatt streichen (siehe S. 28). Für diese Technik ist Buttercreme am besten geeignet. Auf der Seite 177 finden Sie ein Foto der fertigen Torte.

Aquarell-Ombré-Muster

Für einen etwas verschwommeneren Farbverlauf die einzelnen Farben mit einer Winkelpalette, nicht mit dem Spritzbeutel auftragen. Nach dem Crumb-Coat (siehe S. 27) etwas Buttercreme auf die Tortenoberseite geben und glatt streichen. Dann am unteren Tortenrand beginnend mit der Winkelpalette eine Farbe nach der anderen auftragen, bis die obere Kante erreicht ist. Mit der Winkelpalette verstreichen, bis der gewünschte Look erzielt ist (auf den Seiten 170–172 erfahren Sie mehr über die Torte auf den Fotos links und rechts).

SPRITZTECHNIKEN

ROSENTÜLLE

RUNDE TÜLLE

KLEINE STERNTÜLLE

GROSSE STERNTÜLLE

Rosentülle

SCHLEIFENBORDÜRE: Den Spritzbeutel im 45-Grad-Winkel zur Tortenoberfläche ansetzen, die schmale Seite der Tülle nach außen. Mit gleichbleibendem Druck durch Auf- und Abbewegungen rund um die Torte Schleifen aufspritzen.

SCHLEIFENGIRLANDE: Den Spritzbeutel im 45-Grad-Winkel zur Tortenoberfläche ansetzen, die schmale Seite der Tülle nach außen. Den Druck erhöhen, wenn die Tülle zur Seite bewegt wird, und bei der Bewegung zurück mit weniger Druck arbeiten. Durch den veränderten Druck wölben sich die Ränder der Girlande nach oben. Schleifengirlanden eignen sich für den Tortenrand oder als Bordüre an der unteren Tortenkante.

RUNDE SCHLEIFENGIRLANDE: Für die Tortenoberseite dieselbe Technik wie bei der Schleifengirlande (siehe oben) anwenden, dabei zwischen den einzelnen Schleifen den Winkel der Tülle leicht ändern. Der Rundung an der Tortenkante folgen und die Mitte mit konzentrischen Kreisen aus Schleifen füllen.

WISSENSWERTES: *Für Schleifen empfehle ich die Spritztüllen Nr. 104 und Nr. 125 von Wilton (Internethandel).*

Runde Tülle

LINIEN, STREIFEN UND SCHRIFT: Den Spritzbeutel im 45-Grad-Winkel zur Tortenoberfläche ansetzen. Die Tülle etwas über die Tortenoberfläche halten und mit kontinuierlichem, gleichmäßigem Druck das gewünschte Muster aufspritzen. Zum Absetzen Druck lösen und den Beutel anheben.

TUPFEN: Den Spritzbeutel senkrecht leicht über die Tortenoberfläche halten und mit gleichmäßigem Druck einen Tupfen in der gewünschten Größe aufspritzen. Zum Absetzen Druck lösen und den

Beutel anheben. Falls sich eine kleine Spitze gebildet hat, diese mit einem feuchten, sauberen Farbpinsel oder einer angefeuchteten Fingerspitze sanft glätten.

PERLENBORDÜRE: Den Spritzbeutel im 45-Grad-Winkel zur Tortenoberfläche ansetzen. Mit Druck einen kleinen Tupfen aufspritzen. Dann den Druck erhöhen und die Tülle so abziehen, dass ein kleiner „Schwanz" entsteht. Die nächste Perle so ansetzen, dass sie den Schwanz leicht überlappt.

ZOPFBORDÜRE: Dieselbe Technik wie bei der Perlenbordüre anwenden, jedoch jeweils zwei Tupfen so nebeneinander spritzen, dass sich ihre „Schwanzspitzen" treffen.

WISSENSWERTES: *Für Schrift und Bordüren empfehle ich die Spritztüllen Nr. 3, 5 und 8 von Wilton. Für große Tupfen oder einen Buttercremedamm (siehe S. 27) empfehle ich die Tülle Nr. 808 von Ateco (Internethandel).*

Kleine Sterntülle

STERNE: Dieselbe Technik wie bei den Tupfen anwenden (siehe oben), aber mit der kleinen Sterntülle.

MUSCHELBORDÜRE: Dieselbe Technik wie bei der Perlenbordüre anwenden (siehe oben), aber mit der kleinen Sterntülle.

UMGEKEHRTE MUSCHELBORDÜRE: Den Spritzbeutel im 45-Grad-Winkel zur Tortenoberfläche ansetzen. Mit gleichmäßigem Druck eine enge Spirale aufspritzen. Dann den Druck erhöhen und die Tülle so abziehen, dass ein kleiner „Schwanz" entsteht. Die nächste Muschel so ansetzen, dass sie den Schwanz leicht überlappt, die Spirale diesmal aber in die entgegengesetzte Richtung drehen. So rund um die Torte fortsetzen.

WISSENSWERTES: *Für Sterne empfehle ich die Spritztüllen Nr. 19 und 21, für Bordüren die Nr. 1M von Wilton (Internethandel).*

Große Sterntülle

SPIRALE: Den Spritzbeutel im 45-Grad-Winkel zur Tortenoberfläche ansetzen. Mit gleichmäßigem Druck Spiralbewegungen machen und langsam weiterbewegen. Enge Spiralen aufspritzen, um die Oberfläche ganz zu bedecken; alternativ lockerer ausführen, sodass einzelne Schleifen sichtbar bleiben.

ROSETTE: Den Spritzbeutel senkrecht zur Tortenoberfläche halten und mit gleichmäßigem Druck einen engen Kreis aufspritzen. Am Ende des Kreises vor dem Abziehen des Beutels den Druck lösen, damit sich der „Schwanz" schön an den Kreis anschmiegt.

WISSENSWERTES: *Für Spiralen und Rosetten empfehle die Spritztülle Nr. 824 von Ateco (Internethandel).*

TIPPS UND TRICKS

- Schriftzüge zunächst auf Backpapier üben, dann erst auf der Torte arbeiten.

- Die Tülle nie direkt auf der Torte ansetzen, da die Füllung sonst keinen Raum zum Ausbreiten hat.

- Den Spritzbeutel zuerst mit der passenden Tülle ausstatten. Dann den Beutel mittig mit einer Hand umschließen und das Beutelende um die Hand stülpen, um den Beutel zu öffnen. Die Füllung mit einem Teigspatel in den Beutel füllen, indem man ihn (zwischen Daumen und Zeigefinger) am Rand abstreift. Wenn der Beutel ausreichend gefüllt ist, mit der Hand über die Füllung greifen und den oberen Teil des Beutels wieder nach oben stülpen. Den Beutel direkt über der Füllung zusammendrehen und die Füllung sanft bis zur Tülle drücken, damit die Luft entweicht. Den Beutel möglichst nur halb oder zu drei Vierteln füllen, damit die Füllung nicht oben aus dem Beutel herausquillt.

- Zum Spritzen den Beutel in der Schreibhand halten. Den Beutel umfassen und die Finger sanft um den verzwirbelten Bereich legen. Den Beutel vorsichtig zusammendrücken, bis die Füllung aus der Tülle tritt. Mit der anderen Hand die Tülle führen. Wenn Sie keine Füllung mehr herauspressen können, loslassen und die Hand ausschütteln. Den Beutel dann an der Stelle, wo sich die restliche Füllung befindet, erneut zusammendrehen und weiterspritzen.

DER LETZTE SCHLIFF

Nun haben wir gelernt, eine Torte zusammenzusetzen und mit einem schönen Überzug zu versehen. Fehlt nur noch die angemessene Präsentation! Und dabei geht es
nicht nur um beispielsweise kandierte Nüsse, die als letztes i-Tüpfelchen auf die Torte
gestreut werden, sondern auch um die Tischdekoration für den jeweiligen Anlass.

Essbare Garnituren

Mit essbaren Dekorationen, wie kandierten Zitrusfrüchten oder gehackten Nüssen, können Sie Ihrer Torte ganz ohne zusätzliche Gerätschaften den letzten Schliff verleihen. Sie bereichern die Torte um eine neue Textur und eine schöne Optik, aber sie können auch als Hinweis auf die Füllung dienen. In meinem Buch finden Sie zahlreiche Rezepte für essbare Garnituren, wie Schokoladenlocken, hausgemachte Streusel, kandierte Nüsse, Zuckernester und vieles mehr, von denen Sie sich inspirieren lassen können.

In manchen Rezepten wird der gesamte Überzug einer Torte mit einer bestimmten Zutat bedeckt, wie Kokosraspel, Streusel oder Kristallzucker. Dazu ein Backblech auf die Arbeitsfläche stellen und die jeweilige Garnitur in eine Schüssel füllen. Die überzogene Torte auf eine Tortenscheibe oder einen Tortenteller setzen und in einer Hand halten. Mit der anderen Hand die Zutat großzügig über die Torte verteilen und leicht andrücken. Dabei über dem Backblech arbeiten, heruntergefallene Zutaten aufsammeln und erneut andrücken. Diese Art von Garnitur möglichst immer auf die frisch überzogene Torte auftragen. Damit die Torte bei der Arbeit nicht von der Unterlage rutscht, sollten Sie zwischen Torte und Unterlage ein wenig Überzugmasse geben.

Frische Blumen

Mit frischen Blüten verleihen Sie einer Torte auf eine einfache Weise Farbe und Eleganz. Selbstverständlich sind als Tortendekoration nur ungespritzte, ungiftige Blumen geeignet. Essbare Blumen sind zum Beispiel Rosen, Orchideen, Hibiskus, Ringelblumen, Nelken, Veilchen, Lavendel, Flieder und Sonnenblumen. Stecken Sie den Blütenstiel nie direkt in die Torte, sondern wickeln Sie ihn zuvor in Floristenband oder platzieren Sie nur die Blüten auf der Tortenoberseite oder am Tortenrand. Kräuter wie Minze, Thymian und Rosmarin bereichern eine Torte um einen frischen, natürlichen Look.

Weitere Dekorationen und Tischdeko

Beim Servieren einer Torte spielt auch die Art der Präsentation eine wichtige Rolle. Neben Überzug, Glasur und essbaren Garnituren lässt sich eine Torte mit weiteren Hinguckern dekorieren. Man kann beispielsweise ein Schleifenband um die Torte binden oder kleine Flaggen oder Kerzen einstecken. Auch der Tortenteller ist wichtiger Teil der Präsentation – soll es ein gemustertes, flaches Exemplar sein oder möchten Sie Ihre Torte auf einen Sockel heben? Wählen Sie die Tischdecke passend zur Torte aus, bestreuen Sie den Tortenteller mit Konfetti oder stellen Sie den Tortenteller auf eine besondere Unterlage.

Süßer Grundstock

Die folgenden Grundrezepte kommen im gesamten Buch immer wieder zum Einsatz. Manchmal werden die Mengen angepasst oder andere Zutaten zugefügt, doch die Basis ist stets dieselbe.

Italienische Buttercreme mit Vanillegeschmack

—

ICH LIEBE ITALIENISCHE BUTTERCREME, eine samtweiche Buttercreme auf Eiweiß-Basis, die nicht so schrecklich süß ist und sich leicht aromatisieren lässt. Sie veredelt viele verschiedene Torten, ohne diese unnötig zu beschweren, und lässt sich zudem leicht auftragen. Zu meinen absoluten Lieblingen gehören Varianten mit Maracuja, Pfefferminze oder Earl Grey, die wir im Laufe des Buches noch näher kennenlernen werden.

KLEINE MENGE

Ergibt etwa 780 ml; ausreichend für den Überzug einer 3-Schichten-Torte mit 15 cm Ø

120 ml Eiweiß

200 g Zucker

340 g weiche Butter, gewürfelt

1 ½ TL Vanilleextrakt von echter Vanille

MITTELGROSSE MENGE

Ergibt etwa 1000 ml; ausreichend für den Überzug einer 3-Schichten-Torte mit 20 cm Ø oder für die Füllung und den Überzug einer 3-Schichten-Torte mit 15 cm Ø

150 ml Eiweiß

250 g Zucker

450 g weiche Butter, gewürfelt

2 TL Vanilleextrakt von echter Vanille

GROSSE MENGE

Ergibt etwa 1500 ml; ausreichend für die Füllung und den Überzug einer 3-Schichten-Torte mit 20 cm Ø

240 ml Eiweiß

400 g Zucker

675 g weiche Butter, gewürfelt

1 EL Vanilleextrakt

1. Eiweiß und Zucker in einer hitzebeständigen Schüssel der Rührmaschine von Hand verquirlen. Einen mittelgroßen Topf ein paar Zentimeter mit Wasser befüllen und auf mittlerer bis hoher Stufe erhitzen. Die Schüssel auf den Topf setzen; sie darf mit dem Wasser nicht in Kontakt kommen.

2. Die Eiweißmischung unter gelegentlichem Rühren erhitzen, bis ein Zuckerthermometer 70 °C anzeigt oder das Eiweiß sich heiß anfühlt. Die Schüssel vorsichtig in die Rührmaschine setzen.

3. Das Eiweiß mit dem Quirl 8–10 Minuten auf hoher Stufe aufschlagen bis sich mittelfeste Spitzen bilden. Das Baiser ist fertig, wenn die Außenseite der Schüssel Zimmertemperatur aufweist und aus der Schüssel keinerlei Restwärme mehr aufsteigt. Den Quirl durch den Flachrührer ersetzen.

4. Unter Rühren auf kleiner Stufe esslöffelweise die Butter zufügen, gefolgt vom Vanilleextrakt. Dann auf mittlerer bis hoher Stufe 3–5 Minuten zu einer samtweichen Buttercreme aufschlagen.

AUFBEWAHRUNG

Verpackt in einen luftdicht verschlossenen Behälter hält sich Buttercreme im Kühlschrank bis zu 10 Tage und im Tiefkühler bis zu 2 Monate. Gefrorene Buttercreme im Kühlschrank auftauen und vor der Verarbeitung Zimmertemperatur annehmen lassen.

TIPPS UND TRICKS

- Die Rührschüssel sollte vor der Verwendung stets vollkommen sauber und trocken sein. Wenn Spuren von Fett oder Eigelb ins Eiweiß gelangen, wird es nicht richtig steif.

- Eiweiß und Zucker müssen vor dem Erhitzen verrührt werden, da das Eiweiß sonst beim Erhitzen stocken kann.

- Stellen Sie die Temperatur der Herdplatte so ein, dass das Wasser im Wasserbad stets nur köchelt.

- Zum Prüfen der Temperatur nach dem Aufschlagen die Unterseite des Handgelenks an die Schüssel halten; dies ist exakter als mit der Handfläche.

- Sollte die Buttercreme gegen Ende der Zubereitung gerinnen oder ausflocken, liegt es vermutlich daran, dass die Butter bei der Zugabe zu kalt war. Dann einfach weiterschlagen, denn bei einem Temperaturunterschied zwischen den Zutaten dauert es länger, bis sie sich miteinander verbinden. Klappt dies nicht, erhitzen Sie eine kleine Menge der Buttercreme in der Mikrowelle, bis sie geschmolzen, aber nicht heiß ist. Unter Rühren langsam zur restlichen Buttercreme gießen, bis die gesamte Masse dieselbe Temperatur hat.

- Falls die Buttercreme nicht wie geronnen, sondern eher suppenartig wirkt, stellen Sie die Rührschüssel samt Inhalt 5–10 Minuten in den Kühlschrank. Dann nochmals aufschlagen.

- Zum Überziehen einer Torte muss die Buttercreme immer so glatt und samtig wie möglich sein. Bei Bedarf ein paar Minuten auf kleiner Stufe rühren, bis alle Luftbläschen verschwunden sind.

Salzige Karamellsauce

—

ERGIBT ETWA 240 ML

SELBST GEMACHTE KARAMELLSAUCE ist gar nicht so schwierig herzustellen und schmeckt um Längen besser als alles, was Sie in den Supermarktregalen finden. Testen Sie selbst! Ich mag meine Karamellsauce mit etwas Salz, Sie können die Menge aber natürlich an Ihren Geschmack anpassen. In vielen meiner Rezepte wird nicht die gesamte Menge Karamellsauce benötigt, doch Reste können gut im Kühlschrank aufbewahrt und für die nächste Torte, als Sauce zu Eiscreme oder als Kaffeesüße verwendet werden.

150 g Zucker

2 EL heller Sirup

120 g Sahne auf Zimmertemperatur

2 EL Butter, gewürfelt

¾ TL feines Meersalz

1 TL Vanilleextrakt von echter Vanille

1. Zucker, Sirup und 2 Esslöffel Wasser in einem kleinen oder mittelgroßen Topf mit dickem Boden verrühren.

2. Bei hoher Hitze 8–10 Minuten kochen und den Topf gelegentlich schwenken, bis ein goldbrauner Karamell entstanden ist. Anfangs kocht die Zuckermischung stark, dies lässt aber nach, wenn sie sich langsam braun verfärbt. Den Topf vom Herd nehmen, wenn die gewünschte Farbe erreicht ist und die Bläschenbildung nachlässt.

3. Nach und nach behutsam die Sahne unterrühren.

4. Vorsicht beim Rühren, denn die heiße Masse schäumt auf und kann spritzen.

5. Die Butter zufügen und unter Rühren schmelzen. Salz und Vanilleextrakt unterrühren. Die Karamellsauce in einem hitzebeständigen Behälter abkühlen lassen, bis die gewünschte Konsistenz erreicht ist, oder bis zur Verwendung in den Kühlschrank stellen. Die Sauce dickt beim Abkühlen ein.

AUFBEWAHRUNG

In einem luftdicht verschlossenen Schraubglas hält sich Karamellsauce bis zu 10 Tage.

TIPPS UND TRICKS

- Bei der Beurteilung des richtigen Karamellfarbtons bedenken, dass der Karamell im Topf in der Mitte heller ist und zum Rand dunkler wird. Den Topf schwenken – nicht rühren –, um eine einheitliche Farbe zu erreichen.

- Je länger der Zucker kocht, desto geschmacksintensiver wird der Karamell.

- Die Sahne sollte Zimmertemperatur haben, da sie ansonsten bei der Zugabe zum heißen Zucker verklumpen kann.

- Vor der Zubereitung alle Zutaten abmessen und bereitstellen, da alles sehr schnell gehen muss, sobald der Zucker vom Herd genommen wird.

- Die Sauce sollte bei Zimmertemperatur verwendet werden dickflüssig sein. Im Kühlschrank aufbewahrte Karamellsauce kann in der Mikrowelle aufgeweicht werden.

- Für eine gleichmäßige Hitzeverteilung sollte der Topf genauso groß sein wie die Herdplatte.

SALZIGE KARAMELLSAUCE

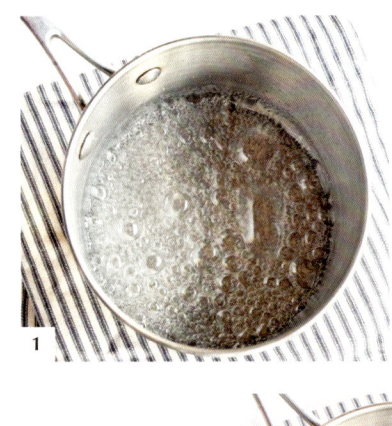

DUNKLE SCHOKOLADENGANACHE

Dunkle Schokoladenganache

ERGIBT ETWA 240 ML

EINE GANACHE IST DIE FEINSTE und luxuriöseste aller Tortenfüllungen. Sie ist sehr leicht herzustellen und besteht nur aus zwei Zutaten! Verwenden Sie auf jeden Fall eine gute Schokolade, denn je hochwertiger die Schokolade, desto besser der Geschmack. Verdoppeln Sie das Rezept einfach, wenn Sie die Ganache als Überzug verwenden möchten.

170 g Zartbitterschokolade
   (60–85 % Kakaoanteil),
   gehackt

120 g Sahne

1. Die Schokolade in eine hitzebeständige Schüssel füllen und beiseitestellen.

2. Die Sahne in einem Topf auf mittlerer bis kleiner Stufe sanft bis zum Siedepunkt erhitzen. Sofort vom Herd nehmen und über die gehackte Schokolade gießen.

3. und 4. 30 Sekunden schmelzen lassen, dann glatt rühren.

5. Die fertige Ganache je nach Verwendungszweck (Glasur, Füllung oder Überzug) bis zur gewünschten Konsistenz abkühlen lassen. Für Glasuren sollte sie flüssig, aber nicht heiß sein. Für Füllungen und Überzüge sollte die Ganache abgekühlt und streichbar, aber nicht zu fest sein.

AUFBEWAHRUNG

Eine Ganache hält sich in einem luftdicht verschlossenen Schraubglas bis zu 1 Woche. Um eine flüssigere Konsistenz zu erreichen, die Ganache in der Mikrowelle aufwärmen (in Intervallen von ungefähr 20 Sekunden, je nach Gerät) und zwischendurch umrühren. Alternativ die Ganache über einem Wasserbad erhitzen.

TIPPS UND TRICKS

- Die Schokolade bei Verwendung eines großen Blocks oder einer Tafel mit einem langen Sägemesser hacken.

- Sahne brennt leicht an – besonders bei kleinen Mengen. Daher auf kleiner Stufe langsam erwärmen.

- Achten Sie darauf, dass kein Wasser oder andere Flüssigkeiten in die Schokolade gelangen – insbesondere beim Erhitzen im Wasserbad – denn das kann die Schokolade verderben. Falls die Schokolade in der Sahne nicht schmilzt, das Ganze nochmals im Wasserbad oder in kurzen Intervallen in der Mikrowelle erhitzen.

- Sollte die Schokolade klumpen oder körnig werden, kann man versuchen, sie mit einem Stabmixer wieder zu binden. Hat dies keinen Erfolg, eine kleine Menge Sahne (etwa die Hälfte der im Rezept angegebenen Menge) erhitzen und unter Rühren langsam in die Schokolade gießen, bis sie wieder glatt ist und glänzt.

- Dieses Rezept gilt nur für die Zubereitung mit Zartbitterschokolade. Milchschokolade und weiße Schokolade weisen einen anderen Fettgehalt auf und müssen mit anderen Mengen zubereitet werden.

- Um die Ganache schneller abzukühlen, kann man sie in den Kühlschrank stellen, man sollte sie jedoch ab und zu umrühren.

KLASSISCHE TORTEN

Es gibt Anlässe, zu denen ein klassischer Kuchen unverzichtbar ist. Immerhin sind es genau diese Kreationen, an die man denkt, wenn es um Torten geht. Sie sind natürlich im ursprünglichen Sinn traditionell, haben aber auch immer einen modernen Ansatz. Vom bewährten Brooklyn Blackout Cake bis zum traditionellen French Opera Cake – dieses Buch präsentiert Ihnen eine umfangreiche Auswahl an beliebten Desserts und Konditoreiklassikern. Auch wenn dieses Buch besonderen Wert auf ausgefallene Zutaten und Aromen legt, dürfen die Klassiker aus diesem Kapitel nicht fehlen.

Neapolitaner Torte

ERGIBT EINE 4-SCHICHTEN-TORTE MIT 20 CM Ø; FÜR 14–16 PORTIONEN

WIE FAST ALLE MEINE TORTEN begann auch diese mit einer Vision. Ich stellte mir eine köstliche Schokoladenglasur vor, die sinnlich am Tortenrand hinunterläuft und die mit ebenso appetitlichen schokolierten Erdbeeren dekoriert ist. Ich wollte all die Zutaten einer klassischen Neapolitaner Torte verwenden – sprich Schokolade, Vanille und Erdbeeren – diese aber ganz besonders präsentieren.

Die Vanille- und Erdbeerböden des Ursprungsrezepts habe ich durch samtweiche weiße und dunkle Schokoladenböden ersetzt, die mit Erdbeerkonfitüre bestrichen werden. Der Kontrast zwischen weißer und dunkler Schokolade ist beim Aufschneiden ein echter Hingucker, und die Konfitüre hält die Torte schön saftig. Der seidenweiche, weiße Buttercremeüberzug ist darüberhinaus die perfekte Leinwand für die Schokoladenglasur und die schokolierten Erdbeeren.

Für den
WEISSEN SCHOKOLADENBODEN

Butter oder Cooking-Spray zum Einfetten

5 große Eiweiß

180 ml Vollmilch

300 g Mehl Type 405 plus etwas mehr zum Bestäuben

60 g Speisestärke

250 g Zucker

1 EL plus ½ TL Backpulver

½ TL Salz

170 g weiche Butter

1 ½ TL Vanilleextrakt von echter Vanille

170 g weiße Schokolade, geschmolzen und abgekühlt

Für den
KLASSISCHEN SCHOKOLADENBODEN

Butter oder Cooking-Spray zum Einfetten

315 g Mehl Type 405 plus etwas mehr zum Bestäuben

95 g Kakaopulver

2 ½ TL Backpulver

1 TL Salz

¾ TL Natron

150 ml Traubenkernöl

400 g Zucker

2 große Volleier

1 großes Eigelb

2 TL Vanilleextrakt von echter Vanille

½ TL Mandelextrakt von echten Mandeln

360 ml Vollmilch

240 ml sehr starker Kaffee

Für die
SCHOKOLIERTEN ERDBEEREN

225 g milde Zartbitterschokolade, gehackt

12 mittelgroße frische Erdbeeren, gewaschen und trocken getupft

Zum
ZUSAMMENSETZEN DER TORTE

240 g Erdbeerkonfitüre

1 mittlere Menge Italienische Buttercreme mit Vanillegeschmack (siehe S. 41)

Für die
SCHOKOLADENGLASUR

115 g milde Zartbitterschokolade, gehackt

120 g Sahne

60 ml heller Sirup

1 TL Vanilleextrakt von echter Vanille

⅛ TL Salz

Zubereitung des
**WEISSEN
SCHOKOLADENBODENS**

1. Den Backofen auf 175 °C vorheizen. Zwei runde Backformen (20 cm Ø) einfetten und mit Mehl bestäuben.

2. Eiweiße und 60 ml der Milch in einer Schale verquirlen; beiseitestellen.

3. Mehl, Speisestärke, Zucker, Backpulver und Salz in die Schüssel einer Rührmaschine sieben. Auf kleiner Stufe mit dem Flachrührer mischen. Butter, Vanilleextrakt und die verbliebenen 120 ml Milch zufügen und auf kleiner Stufe rühren, bis die trockenen Zutaten durchfeuchtet sind. 1 Minute auf mittlerer bis hoher Stufe gründlich vermengen. Die Maschine ausschalten und an den Schüsselseiten anhaftenden Teig nach unten schieben.

4. Die Rührmaschine auf mittlere Stufe stellen, die Eiweißmischung in drei Portionen zufügen und jeweils etwa 20 Sekunden einarbeiten. Die Maschine ausschalten und an den Schüsselseiten anhaftenden Teig nach unten schieben. Die weiße Schokolade zufügen und kurz unterrühren.

5. Den Teig gleichmäßig auf die vorbereiteten Formen verteilen. 25–28 Minuten backen, bis an einem in die Mitte eingestochenen Spieß nichts mehr haften bleibt. 10–15 Minuten in den Formen abkühlen lassen, dann zum Auskühlen auf Kuchengitter stürzen.

Zubereitung des
**KLASSISCHEN
SCHOKOLADENBODENS**

6. Während die weißen Schokoladenböden backen, zwei runde Backformen (20 cm Ø) einfetten und mit Mehl bestäuben.

7. Mehl, Kakao, Backpulver, Salz und Natron in eine Schüssel sieben und beiseitestellen.

8. Öl und Zucker in der Rührmaschine auf mittlerer Stufe 2 Minuten mit dem Flachrührer aufschlagen. Eier, Eigelb, Vanille- und Mandelextrakt unterrühren. Die Maschine ausschalten und an den Schüsselseiten anhaftenden Teig nach unten schieben.

9. Die Maschine auf kleine Stufe stellen und die Mehlmischung in drei Portionen abwechselnd mit der Milch zufügen. Dabei mit Mehl beginnen und enden. Die Maschine ausschalten und an den Schüsselseiten anhaftenden Teig nach unten schieben. Auf kleine Stufe stellen und den Kaffee eingießen. 30 Sekunden auf kleiner bis mittlerer Stufe untermengen, keinesfalls länger.

10. Den Teig gleichmäßig auf die vorbereiteten Formen verteilen. 25–28 Minuten backen, bis an einem mittig eingestochenen Spieß nichts mehr haften bleibt. 10–15 Minuten in den Formen abkühlen lassen, dann zum Auskühlen auf Kuchengitter stürzen.

Zubereitung der
SCHOKOLIERTEN ERDBEEREN

11. Die Schokolade in eine hitzebeständige Schüssel geben und über einem Wasserbad mit leicht siedendem Wasser schmelzen. Derweil ein Backblech mit Backpapier auslegen. Die Schüssel vom Topf heben. Die Erdbeeren vorsichtig einzeln in die Schokolade tauchen und auf dem Backpapier aushärten lassen.

TORTE ZUSAMMENSETZEN

12. Die abgekühlten Böden mit einem Messer begradigen, den Boden für die Tortenunterseite auswählen und auf einen Tortenteller legen. Etwa 80 ml Erdbeerkonfitüre auf dem Boden verstreichen. Den zweiten Boden aufsetzen (immer helle und dunkle Böden im Wechsel), mit Konfitüre bestreichen und dies mit dem dritten Boden wiederholen. Den letzten Boden aufsetzen. Die Torte mit der Buttercreme überziehen und unabgedeckt 15–20 Minuten im Kühlschrank fest werden lassen.

Zubereitung der
SCHOKOLADENGLASUR

13. Schokolade, Sahne und Sirup in einem kleinen Topf auf kleiner bis mittlerer Stufe erhitzen, bis die Sahne zu dampfen beginnt und die Schokolade schmilzt. Vom Herd nehmen, Vanilleextrakt und Salz unterrühren. Etwa 10 Minuten auf Zimmertemperatur abkühlen lassen, bis eine sirupartige Konsistenz erreicht ist.

14. Die Glasur in Portionen von je etwa 120 ml vorsichtig in die Mitte der Torte gießen, mit einer Winkelpalette auf der Oberseite verteilen und am Rand hinunterlaufen lassen. So viel Glasur zufügen, bis die gewünschte Optik erzielt ist. Mit der verbliebenen Buttercreme und den schokolierten Erdbeeren dekorieren.

Die verbliebene Buttercreme in einen Spritzbeutel mit Sterntülle füllen und damit an der Tortenkante Rosetten (siehe S. 37) auf die ausgehärtete Glasur spritzen. Die Erdbeeren auf die Rosetten setzen, sobald die Schokolade fest geworden ist. Alternativ die Erdbeeren separat zur Torte servieren.

Um zu prüfen, ob die Schokoladenglasur die richtige Temperatur hat, kann man an der Seite, die später nach hinten gewendet wird, probeweise ein paar Tropfen hinunterlaufen lassen. Im Kühlschrank verliert die Schokoladenglasur unter Umständen ihren Glanz. Gekühlt hält sich die Torte bis zu 4 Tage; sie kann auch eingefroren werden (siehe S. 25). Die schokolierten Erdbeeren separat aufbewahren.

Zu Eiscreme schmeckt die Schokoladenglasur herrlich.

STELLEN SIE SICH EINMAL FOLGENDES VOR: In Ihrer Familie gibt es eine alte Rezeptkladde, die schon Ihre Großmutter angelegt hat. Unter der Überschrift „Torten" ist ein langes, mit Teig bekleckertes Rezept abgeheftet, das schon für Dutzende von Geburtstagen und andere Feste hervorgeholt wurde, obwohl man es vielleicht schon auswendig kannte. Ich selbst besitze leider keine solche Kladde, würde meine eigene Sammlung aber auf jeden Fall mit dem folgenden Rezept beginnen: einer Geburtstagstorte. Behalten Sie es im Kopf und geben Sie es weiter. Ihre Enkelkinder werden es Ihnen danken!

Für den
FEINEN RÜHRTEIGBODEN

Butter oder Cooking-Spray, zum Einfetten

350 g Mehl Type 405 plus etwas mehr zum Bestäuben

75 g Speisestärke

1 EL Backpulver

¾ TL Salz

225 g weiche Butter

400 g Zucker

1 EL Vanillepaste

6 große Eigelb

360 ml Vollmilch

Für die
SCHOKOLADENCREME

340 g weiche Butter

690 g Puderzucker, gesiebt

50 g Kakaopulver

1 ½ TL Vanilleextrakt von echter Vanille

⅛ TL Salz

60 g Sahne oder Vollmilch

225 g Zartbitterschokolade, geschmolzen und abgekühlt

Geburtstagstorte

—

ERGIBT EINE VIERSTÖCKIGE TORTE MIT 20 CM Ø; FÜR 12–15 STÜCKE

Zubereitung des RÜHRTEIGBODENS

1. Den Backofen auf 175°C vorheizen. Zwei runde Backformen (20 cm Ø) einfetten und mit Mehl bestäuben.

2. Mehl, Speisestärke, Backpulver und Salz in eine Schüssel sieben.

3. Die Butter in der Rührmaschine auf mittlerer Stufe mit dem Flachrührer cremig rühren. Den Zucker zufügen und beides 3–5 Minuten auf mittlerer bis hoher Stufe zu einer hellen, lockeren Masse aufschlagen. Die Maschine ausschalten und an den Schüsselseiten anhaftende Masse nach unten schieben.

4. Die Maschine auf mittlere bis kleine Stufe stellen und die Vanillepaste zufügen. Dann die Eigelbe einzeln einarbeiten. Die Maschine ausschalten und an den Schüsselseiten anhaftenden Teig nach unten schieben.

5. Die Maschine auf kleine Stufe stellen und die Mehlmischung in drei Portionen abwechselnd mit der Milch zufügen; dabei mit Mehl beginnen und enden. Kurz (nicht länger als 30 Sekunden) auf mittlerer Stufe rühren, bis alle trockenen Zutaten eingearbeitet sind.

6. Den Teig gleichmäßig auf die vorbereiteten Formen verteilen. 25–28 Minuten backen, bis an einem mittig eingestochenen Spieß nichts mehr haften bleibt. 10–15 Minuten in den Formen abkühlen lassen, dann zum Auskühlen auf Kuchengitter stürzen.

Zubereitung der SCHOKOLADENCREME

7. Die Butter in der Rührmaschine auf mittlerer Stufe mit dem Flachrührer cremig rühren. Auf kleine Stufe stellen; nach und nach Puderzucker, Kakao, Vanilleextrakt und Salz zufügen. Sahne oder Milch eingießen und unterrühren. Auf hohe Stufe stellen und alles zu einer luftigen Creme aufschlagen. Die Maschine ausschalten und an den Schüsselseiten anhaftende Creme nach unten schieben. Die Schokolade zufügen und unterziehen.

TORTE ZUSAMMENSETZEN

8. Die ausgekühlten Böden vorsichtig horizontal halbieren, sodass vier gleich dicke Böden entstehen (siehe Wissenswertes). Die Böden begradigen und den Boden für die Tortenunterseite auswählen. Diesen auf einen Tortenteller legen und mithilfe einer Winkelpalette mit 180 ml Schokoladencreme bestreichen. Den zweiten Boden aufsetzen und mit der Schokoladencreme bestreichen, dann den letzten Boden aufsetzen. Die Torte rundum mit der verbliebenen Creme überziehen.

DEKORATION

Mit ein paar bunten Zuckerperlen bestreuen oder mit Geburtstagskerzen dekorieren.

WISSENSWERTES

Wenn Sie eine zweistöckige Torte herstellen möchten, zerteilen Sie die Böden nicht und verstreichen Sie 240–360 ml Schokoladencreme zwischen den beiden Schichten. Im Kühlschrank hält sich die Torte bis zu 4 Tage. Sie kann auch eingefroren werden (siehe S. 25).

Erdbeertorte

—

ERGIBT EINE VIERSTÖCKIGE TORTE MIT 20 CM Ø; FÜR 10-12 STÜCKE

MEIN DEBÜT ALS TORTENBÄCKERIN war ein komplettes Desaster! Ich war in meinem letzten Collegejahr und wollte meiner Mitbewohnerin zum Geburtstag eine Torte schenken, deren Hauptbestandteile nicht aus der Dose oder dem Glas stammten. Mein Plan: ein Fertigbiskuit, frische Erdbeeren und selbst gemachte Buttercreme sollten sich in eine köstliche Erdbeertorte verwandeln. Zwar besaß ich kein einziges Backbuch, doch damals entstanden gerade die ersten Food-Blogs und ich entdeckte dort ein Buttercremerezept. Da ich die riesige Zuckermenge in dem Rezept jedoch für einen Fehler hielt, änderte ich sie kurzerhand ab. Das Ergebnis: Die Buttercreme wurde viel zu flüssig, und die Erdbeerscheiben rutschten immer wieder zwischen den Tortenböden heraus. „Torte" konnte man das Ganze leider nicht nennen, aber immerhin hatten wir deswegen viel zu lachen. Übrigens habe ich nur wenige Jahre später für eben diese Freundin eine Hochzeitstorte gemacht.

      Die folgende köstliche Erdbeertorte besteht aus einem superluftigen Biskuit in Kombination mit Basilikumsahne, die ganz toll zu sonnenreifen Erdbeeren passt. Perfekt für ein sommerliches Picknick oder ein Sommerfest!

Für den **CHIFFON-BISKUIT**	*Für die* **BASILIKUMSAHNE**	*Zum* **ZUSAMMENSETZEN**
Butter oder Cooking-Spray, zum Einfetten	600 g Sahne plus etwas mehr bei Bedarf	580 g frische Erdbeeren
220 g Mehl Type 405	40–60 g frische Basilikumblätter, gehackt	
40 g Speisestärke	2 TL Zucker	
2 TL Backpulver	½ TL Vanilleextrakt von echter Vanille	
½ TL Salz		
120 ml Traubenkernöl		
275 g Zucker		
2 TL Vanilleextrakt von echter Vanille		
6 große Eigelb		
120 ml Vollmilch		
8 große Eiweiß		
¾ TL Weinstein		

Zubereitung des
CHIFFON-BISKUITS

1. Den Backofen auf 175°C vorheizen. Zwei runde Backformen (20 cm Ø) einfetten und die Böden mit Backpapier auslegen.

2. Mehl, Speisestärke, Backpulver und Salz in eine Schüssel sieben.

3. Öl und 250 g Zucker in der Rührmaschine auf mittlerer Stufe 1 Minute mit dem Flachrührer aufschlagen. Vanilleextrakt und die Eigelbe einzeln zufügen und etwa 3 Minuten einarbeiten. Dabei vergrößert sich das Volumen und die Masse wird hell. Die Maschine ausschalten und an den Schüsselseiten anhaftenden Teig nach unten schieben.

4. Die Maschine auf kleine Stufe stellen und die Mehlmischung in drei Portionen abwechselnd mit der Milch zufügen; dabei mit Mehl beginnen und enden. Kurz (nicht länger als 30 Sekunden) auf mittlerer Stufe weiterrühren, bis alle trockenen Zutaten eingearbeitet sind. Den Teig in eine große Schüssel geben und beiseitestellen.

5. Die Rührschüssel reinigen und gut abtrocknen. Die Eiweiße in die Schüssel geben und auf mittlerer bis kleiner Stufe mit dem Quirl schaumig aufschlagen. Die verbliebenen 2 Esslöffel Zucker und den Weinstein einrieseln lassen und das Eiweiß auf hoher Stufe steif schlagen.

6. Den Eischnee behutsam unter den Teig heben. Den Teig gleichmäßig auf die vorbereiteten Formen verteilen. 25–28 Minuten backen, bis an einem mittig eingestochenen Spieß nichts mehr haften bleibt. In den Formen auf einem Kuchengitter

abkühlen lassen, dann mit einem Schälmesser oder Metallspatel am Rand der Form entlangfahren und die Böden aus der Form lösen.

Zubereitung der
BASILIKUMSAHNE

7. 480 g Sahne in einem mittelgroßen Topf auf mittlerer bis kleiner Stufe langsam erhitzen, bis sie zu sieden beginnt.

8. Derweil die Basilikumblätter in einem Mörser sacht zerstoßen.

9. Die Sahne vom Herd nehmen, sobald sie zu dampfen beginnt, und das Basilikum hineingeben. 30 Minuten abgedeckt durchziehen lassen. In einen Behälter füllen und in den Kühlschrank stellen.

10. Die Sahne abseihen, abmessen und bei Bedarf mehr Sahne zufügen, bis eine Menge von 480 g Sahne erreicht ist.

11. Die Sahne in einer Rührmaschine auf mittlerer Stufe mit dem Quirl aufschlagen, bis sie beginnt anzudicken. Zucker und Vanilleextrakt zufügen und auf hoher Stufe weiterschlagen, bis sich mittelfeste Spitzen bilden. Für das beste Endergebnis die geschlagene Sahne in den Kühlschrank stellen und die Torte erst kurz vor dem Servieren zusammensetzen.

TORTE ZUSAMMENSETZEN

12. Die Erdbeeren putzen und in 6 mm dicke Scheiben schneiden; Sie benötigen etwa 660 g Erdbeerscheiben. Nach Belieben ein paar ganze Erdbeeren für die Dekoration beiseitelegen.

13. Die ausgekühlten Böden vorsichtig horizontal halbieren, sodass vier gleich dicke Böden entstehen. Die Böden begradigen und den Boden für die Tortenunterseite

auswählen. Diesen auf einen Tortenteller legen, mit einem Viertel (180–240 g) der Basilikumsahne bestreichen und mit 165 g Erdbeeren belegen. Einen zweiten Boden aufsetzen und ebenfalls mit Sahne bestreichen und Erdbeeren belegen; dies mit den letzten beiden Böden wiederholen. Die beiseitegelegten Erdbeeren entweder ganz oder halbiert als Deko oben auf die Torte legen.

WISSENSWERTES

Man kann Sahne bis zu 8 Stunden im Voraus aufschlagen und gut abgedeckt separat im Kühlschrank aufbewahren. Die zusammengesetzte Torte am besten sofort verzehren. Andernfalls lässt sie sich bis zu 2 Tage im Kühlschrank lagern, sollte allerdings 30 Minuten vor dem Servieren herausgenommen werden, um Zimmertemperatur anzunehmen (siehe S. 25).

Red Velvet Cake

——

ERGIBT EINE SECHSSTÖCKIGE TORTE MIT 15 CM Ø; FÜR 10–12 STÜCKE

DER RED VELVET CAKE (ROTER SAMTKUCHEN) ist eine Torte, die aus den Südstaaten stammt, der breiten Öffentlichkeit jedoch durch das New Yorker Waldorf Astoria Hotel bekannt wurde. Während sie heute meist mit einer Frischkäsecreme überzogen wird, hüllte man sie im Ursprungsrezept in eine Creme auf Basis einer Mehlschwitze namens Ermine- oder Heritage-Überzug. Dieser Überzug ist nicht so süß und viel cremiger und luftiger als Frischkäsecreme. Ehrlich gesagt war Red Velvet Cake lange Zeit nicht wirklich mein Fall. Meist bestand er aus einem langweiligen Boden mit Tonnen von roter Lebensmittelfarbe, der mit einer furchtbar süßen Frischkäsecreme umhüllt war. Doch nach zahllosen Kundenanfragen in meiner Bäckerei gab ich schließlich nach und entwickelte vor sechs Jahren das folgende Rezept, das bei mir nun ein Dauerbrenner geworden ist. Die Torte ist supersaftig und der Hauch Kakao verleiht der reichhaltigen, samtigen Torte ein leichtes Schokoladenaroma.

Für den
RED-VELVET-BODEN

Butter oder Cooking-Spray, zum Einfetten

235 g Mehl Type 405 plus etwas mehr zum Bestäuben

3 EL Kakaopulver

¾ TL Backpulver

½ TL Salz

180 ml Traubenkernöl

300 g Zucker

2 große Volleier

2 TL Vanilleextrakt von echter Vanille

1–2 EL rote Lebensmittelfarbe (Gel, siehe Wissenswertes S. 60)

240 ml Buttermilch

1 TL Natron

1 TL Branntweinessig

Für den
HERITAGE-ÜBERZUG

240 ml Milch

30 g Mehl Type 405

⅛ TL Salz

225 g weiche Butter

200 g Zucker

1 TL Vanilleextrakt von echter Vanille

Für die
WEISSEN SCHOKOLADENLOCKEN

170–280 g weiße Schokolade als Tafel

Zubereitung des RED-VELVET-BODENS

1. Den Backofen auf 175°C vorheizen. Drei runde Backformen (15 cm Ø) einfetten und mit Mehl bestäuben.

2. Mehl, Kakao, Backpulver und Salz in eine Schüssel sieben und beiseitestellen.

3. Öl und Zucker in der Rührmaschine 2 Minuten auf mittlerer Stufe mit dem Flachrührer aufschlagen. Auf mittlere bis kleine Stufe stellen, die Eier einzeln zufügen, einarbeiten, dann auf mittlerer Stufe Vanilleextrakt und Lebensmittelfarbe unterrühren. Die Maschine ausschalten und an den Schüsselseiten anhaftenden Teig nach unten schieben.

4. Die Maschine auf kleine Stufe stellen und die Mehlmischung in drei Portionen abwechselnd mit der Buttermilch zufügen; dabei mit Mehl beginnen und enden. Die Maschine ausschalten, sobald alle trockenen Zutaten eingearbeitet sind, und an den Schüsselseiten anhaftenden Teig nach unten schieben.

5. Natron und Essig in einer Schale glatt rühren. Die Rührmaschine auf mittlere bis kleine Stufe stellen, die Natronmischung zufügen und 30 Sekunden unterrühren.

6. Den Teig gleichmäßig auf die vorbereiteten Formen verteilen. 23–25 Minuten backen, bis an einem mittig eingestochenen Spieß nichts mehr haften bleibt. 10–15 Minuten in den Formen abkühlen lassen, dann zum Auskühlen auf Kuchengitter stürzen.

Zubereitung des HERITAGE-ÜBERZUGS

7. Milch, Mehl und Salz in einem kleinen Topf glatt rühren. Unter Rühren mit einem Holzlöffel die Mehlmischung bei mittlerer Hitze zu einer dicken Paste einköcheln. Vom Herd nehmen und in eine Schüssel füllen. Abgedeckt im Kühlschrank abkühlen lassen.

8. Wenn die Mehlpaste abgekühlt ist, Butter und Zucker 2–4 Minuten in der Rührmaschine auf mittlerer bis hoher Stufe mit dem Flachrührer cremig rühren. Auf mittlere bis kleine Stufe stellen, Mehlpaste und Vanilleextrakt zufügen. Auf mittlerer bis hoher Stufe weiterrühren, bis eine luftige Creme entstanden ist.

Zubereitung der WEISSEN SCHOKOLADENLOCKEN

9. Die Schokolade in der Mikrowelle auf mittlerer Stufe ganz leicht aufweichen. Hierzu zunächst 20 Sekunden erhitzen, dann in 5–10-Minuten-Intervallen fortfahren, bis die gewünschte Konsistenz erreicht ist. Dies nimmt je nach Mikrowellentyp etwa 35 Sekunden in Anspruch. Die Konsistenz prüfen, indem man mit einem Sparschäler an der langen Kante der Schokoladentafel entlangfährt. Wenn sich Schokoladenlocken aufrollen, ohne zu brechen, ist die Schokolade warm genug. Die Schokolade nicht zu stark erhitzen, dann rollt sie sich nicht auf. Auf diese Weise 55–110 g Schokoladenlocken herstellen und auf ein Stück Backpapier fallen lassen. Die Schokolade bei Bedarf nochmals erhitzen (siehe Wissenswertes).

TORTE ZUSAMMENSETZEN

10. Die ausgekühlten Böden vorsichtig horizontal halbieren, dass man sechs gleich dicke Böden erhält. Die Böden begradigen, den Boden für die Tortenunterseite auswählen und auf einen Tortenteller legen. Mithilfe einer Winkelpalette mit 80 ml Überzug bestreichen. Einen zweiten Boden aufsetzen, bestreichen und ebenso fortfahren, bis alle Böden verarbeitet sind. Die Torte rundum mit dem verbliebenen Überzug bestreichen und mit einer Spiral- oder Spachteloptik verzieren (siehe S. 31). Die weißen Schokoladenlocken vorsichtig auf den noch weichen Überzug setzen und leicht andrücken, falls sie nicht haften bleiben. Die Locken wie auf dem Foto am unteren Tortenrand verteilen oder eine andere Optik wählen.

WISSENSWERTES

Die Schokoladentafel bei der Herstellung der Locken in ein Stück Backpapier wickeln, damit sie durch die Handwärme nicht schmilzt. Eine frisch abgehobelte Locke lässt sich verformen, solange sie noch weich ist. Ausgehärtete Schokoladenlocken so wenig wie möglich berühren. Wer möchte, kann anstelle der Gelfarbe auch flüssige Lebensmittelfarbe verwenden. Im Kühlschrank hält sich die Torte bis zu 3 Tage (siehe S. 25).

DER BOSTON CREAM PIE wurde bereits 1856 im Parker House Hotel in Boston, Massachusetts, serviert und ist der Lieblingsnachtisch meines Onkels. Als Kinder hatten meine Mutter und ihre Geschwister jeder eine Lieblingstorte, die meine Oma ihnen zum Geburtstag backte: Angel-Food-Torte mit Streuseln für meine Mutter, Sahnetorte mit haufenweise Maraschino-Kirschen für meine Tante und besagter Boston Cream Pie für meinen Onkel. Ich selbst liebe alles mit Vanillecreme – diese Torte ist für mich also ein wahrer Traum. Die samtweichen Buttermilchböden, die verführerische Vanillecreme und die seidenglatten Schokoladenglasur machen diesen Klassiker einfach unwiderstehlich.

Für die
VANILLECREME

1 Vanilleschote, Mark herausgekratzt

480 ml Vollmilch

135 g Zucker

5 große Eigelb

45 g Speisestärke

2 EL Butter, gewürfelt

Für den
BUTTERMILCHBODEN

Butter oder Cooking-Spray zum Einfetten

330 g Mehl Type 405 plus etwas mehr zum Bestäuben

60 g Speisestärke

2 TL Backpulver

½ TL Natron

½ TL Salz

225 g weiche Butter

400 g Zucker

1½ TL Vanillepaste

3 große Volleier

2 große Eigelb

300 ml Buttermilch

Für die
**SAMTIGE
SCHOKOLADENGLASUR**

120 g Sahne

1 EL heller Sirup

170 g milde Zartbitter-schokolade, gehackt

⅛ TL Salz

½ TL Vanilleextrakt von echter Vanille

190 g Puderzucker, gesiebt

Boston Cream Pie

ERGIBT EINE 2-SCHICHTEN-TORTE MIT 20 CM Ø; FÜR 10–12 PORTIONEN

Zubereitung der
VANILLECREME

1. Vanilleschote, -mark und Milch in einem mittelgroßen Topf auf mittlerer bis kleiner Stufe erhitzen. Langsam bis zum Siedepunkt bringen und dabei achtgeben, dass die Milch nicht anbrennt. Vom Herd nehmen, Vanilleschote entsorgen.

2. Unterdessen Zucker, Eigelbe und Speisestärke in einer Schüssel mit einem Schneebesen glatt rühren.

3. Ein wenig Milch unter die Eimasse rühren, um die Temperatur der Eimasse leicht zu erhöhen. Zur restlichen Milch in den Topf gießen und auf kleiner Stufe unter Rühren mit einem Schneebesen erhitzen, bis Blasen aufsteigen und die Creme andickt. Vom Herd nehmen und die Butter unterrühren.

4. In eine Schüssel füllen und direkt auf der Creme mit Frischhaltefolie abdecken, damit sich keine Haut bildet. Mindestens 2 Stunden oder über Nacht in den Kühlschrank stellen, bis die Creme fest geworden ist.

Zubereitung des
BUTTERMILCHBODENS

5. Den Backofen auf 175 °C vorheizen. Zwei runde Backformen (20 cm Ø) einfetten und mit Mehl bestäuben.

6. Mehl, Speisestärke, Backpulver, Natron und Salz in eine Schüssel sieben und beiseitestellen.

7. Die Butter in einer Rührmaschine auf mittlerer Stufe mit dem Flachrührer 2 Minuten cremig rühren. Den Zucker zufügen und die Butter 3–5 Minuten auf mittlerer bis hoher Stufe luftig aufschlagen. Die Maschine ausschalten und an den Schüsselseiten anhaftende Butter nach unten schieben.

8. Die Maschine auf mittlere bis kleine Stufe stellen und Vanillepaste sowie Eier und Eigelbe einzeln einarbeiten. Ausschalten und an den Schüsselseiten anhaftenden Teig nach unten schieben.

9. Die Maschine auf kleine Stufe stellen und die Mehlmischung in drei Portionen abwechselnd mit der Buttermilch zufügen; dabei mit Mehl beginnen und enden. Kurz (nicht länger als 30 Sekunden) auf mittlerer Stufe rühren, bis alle trockenen Zutaten eingearbeitet sind.

10. Den Teig gleichmäßig auf die vorbereiteten Formen verteilen. 25–28 Minuten backen, bis an einem mittig eingestochenen Spieß nichts mehr haften bleibt. 10–15 Minuten in den Formen abkühlen lassen, dann zum Auskühlen auf Kuchengitter stürzen.

TORTE ZUSAMMENSETZEN

11. Die abgekühlte und gestockte Creme bei Bedarf mit einem Schneebesen auflockern. In einen Spritzbeutel mit großer runder Tülle füllen.

12. Die abgekühlten Böden mit einem Messer begradigen, den Boden für die Tortenunterseite auswählen und auf einen Tortenteller legen. Die Creme in einer Spirale aufspritzen und dabei von außen nach innen arbeiten. Den zweiten Boden mit der Schnittseite nach oben aufsetzen.

Zubereitung der
SAMTIGE SCHOKOLADENGLASUR

13. Sahne, Sirup und Schokolade in einem Topf auf mittlerer bis kleiner Stufe erhitzen, bis die Sahne zu dampfen und die Schokolade zu schmelzen beginnt. Vom Herd nehmen und rühren, bis die Schokolade geschmolzen ist. Salz und Vanilleextrakt unterrühren. Den Puderzucker kurz unterziehen. Die Glasur sofort über die Torte gießen oder warten, bis die Glasur leicht abgekühlt ist.

WISSENSWERTES

Die Creme lässt sich bis zu 3 Stunden im Voraus zubereiten und sollte separat und gut abgedeckt im Kühlschrank aufbewahrt werden. Am besten schmeckt die Torte, wenn man sie innerhalb von 30 Minuten nach dem Zusammensetzen isst. Cremereste halten sich im Kühlschrank bis zu 3 Tage (siehe S. 25). Übrigens kann die samtweiche Schokoladenglasur im Kühlschrank ihren Glanz verlieren.

Die weltbeste Zitronentorte

—

ERGIBT EINE 3-SCHICHTEN-TORTE MIT 15 CM Ø; FÜR 8–10 PORTIONEN

MEINE GROSSMUTTER HAT EINE ausgesprochene Schwäche für alle zitronigen Kuchen und Süßspeisen. Ich weiß noch, dass meine Mutter vor einem Besuch meiner Oma immer einen Lemon Meringue Pie im Supermarkt besorgt hat. Damals habe ich nicht verstanden, was sie an diesem Zitronenkuchen so mochte, denn das, was ich als Kind kennenlernte, waren Pies mit künstlichem Zitronenaroma und industriell hergestelltem, schaumartigem Baiser. Ich trage es meiner Mutter nicht nach, dass sie damals auf Fertigware zurückgegriffen hat, immerhin hat mich das dazu inspiriert, auch einmal frische Zutaten und echte Zitrone auszuprobieren.

2006, als ich mein Debut als Tortenbäckerin gab, habe ich meiner Großmutter eine durch und durch hausgemachte Zitronentorte serviert. Ich glättete die Torte so gut ich konnte und schnitt für die Deko winzige Kirschblüten aus Fondant aus. Seitdem habe ich das Rezept ein wenig abgeändert, es ist aber noch immer genauso erfrischend und zitronig wie die erste Version. Das Lemon Curd ist supercremig und passt perfekt zum luftigen Zitronen-Buttermilch-Boden.

Für das
LEMON CURD

70 g Butter, gewürfelt

150 g Zucker

75 ml frisch gepresster Zitronensaft

2 große Eigelb

1 großes Vollei

Für den
LUFTIGEN ZITRONENBODEN

Butter oder Cooking-Spray zum Einfetten

255 g Mehl Type 405 plus etwas mehr zum Bestäuben

40 g Speisestärke

1 ½ TL Backpulver

¾ TL Natron

¼ TL Salz

300 g Zucker

1 EL fein abgeriebene Zitronenschale

170 g weiche Butter

2 EL frisch gepresster Zitronensaft

1 TL Vanilleextrakt von echter Vanille

3 große Volleier

2 Eiweiß

240 g Buttermilch

Für den
ZITRONENSIRUP

100 g Zucker

2 EL frisch gepresster Zitronensaft

2 TL fein abgeriebene Zitronenschale

Zum
ZUSAMMENSETZEN DER TORTE

1 kleine Menge Italienische Buttercreme mit Vanille-geschmack (siehe S. 41)

Gel-Lebensmittelfarbe *(nach Belieben)*

Zuckerperlen *(nach Belieben)*

Zubereitung des
LEMON CURD

1. Die Butter in eine hitzebeständige Schüssel geben und beiseitestellen.

2. Zucker, Zitronensaft, Eigelbe und Ei in einem mittelgroßen Topf auf mittlerer Stufe unter ständigem Schlagen erhitzen, damit das Ei nicht gerinnt. 6–8 Minuten unter Schlagen weiterköcheln, bis ein Zuckerthermometer 70 °C anzeigt oder die Masse dick genug ist, um einen Löffelrücken zu überziehen.

3. Vom Herd nehmen, durch ein feinmaschiges Sieb in die Schüssel mit der Butter passieren und glatt rühren. Direkt auf der Creme mit Frischhaltefolie abdecken, damit sie keine Haut bildet, und mindestens 4 Stunden oder über Nacht im Kühlschrank fest werden lassen.

Zubereitung des
ZITRONENBODENS

4. Den Backofen auf 175 °C vorheizen. Drei runde Backformen (15 cm Ø) einfetten und mit Mehl bestäuben.

5. Mehl, Speisestärke, Backpulver, Natron und Salz in eine Schüssel sieben und beiseitestellen.

6. Zucker und Zitronenschale in einer Schale mit den Fingerspitzen verreiben, bis der Zucker den Zitrusgeschmack angenommen hat.

7. Die Butter in der Rührmaschine auf mittlerer Stufe mit dem Flachrührer 2 Minuten cremig rühren. Den Zitronenzucker zufügen und auf mittlerer bis hoher Stufe 3–5 Minuten luftig aufschlagen. Die Maschine ausschalten und an den Schüsselseiten anhaftende Butter nach unten schieben.

8. Die Maschine auf mittlere bis kleine Stufe stellen, Zitronensaft, Vanilleextrakt, Eier und Eiweiße einzeln einarbeiten. Die Maschine ausschalten und an den Schüsselseiten anhaftenden Teig nach unten schieben.

9. Die Maschine auf kleine Stufe stellen und die Mehlmischung in drei Portionen abwechselnd mit der Buttermilch zufügen; dabei mit Mehl beginnen und enden. Kurz (nicht länger als 30 Sekunden) auf mittlerer Stufe rühren, bis alle trockenen Zutaten eingearbeitet sind.

10. Den Teig gleichmäßig auf die vorbereiteten Formen verteilen. 22–24 Minuten backen, bis an einem mittig eingestochenen Spieß nichts mehr haften bleibt. 10–15 Minuten in den Formen abkühlen lassen, dann zum Auskühlen auf Kuchengitter stürzen.

Zubereitung des
ZITRONENSIRUPS

11. Zucker, Zitronensaft und -schale sowie 60 ml Wasser in einem Topf bei mittlerer bis hoher Hitze aufkochen. Auf geringe Hitze reduzieren und 10 Minuten köcheln, bis ein Sirup entstanden ist. Vom Herd nehmen und abkühlen lassen.

TORTE ZUSAMMENSETZEN

12. Nach Belieben Buttercreme mit der Lebensmittelfarbe Ihrer Wahl einfärben. Einen Spritzbeutel mit großer runder Tülle mit etwa 240 ml Buttercreme füllen.

13. Die abgekühlten Böden mit einem Messer begradigen, den Boden für die Tortenunterseite auswählen. Alle Böden großzügig mit dem Zitronensirup beträufeln. Den untersten Boden auf einen Tortenteller legen. An der Kante einen Ring aus Buttercreme aufspritzen (siehe S. 27) und diesen mit der Hälfte des Lemon Curds füllen. Einen weiteren Boden aufsetzen und ebenfalls mit Buttercreme und Lemon Curd füllen. Im Spritzbeutel verbliebene Buttercreme mit der restlichen Buttercreme vermengen. Die Krümel an der Tortenaußenseite mit einer dünnen Schicht Buttercreme einstreichen (Crumb-Coat, siehe S. 27), die Torte danach mit Buttercreme überziehen und nach Belieben mit Zuckerperlen dekorieren.

WISSENSWERTES

Wenn die Butter im Lemon Curd nicht schmilzt, das Ganze über einem Wasserbad unter Rühren erhitzen, bis die Butter vollständig eingearbeitet ist. Lemon Curd lässt sich im Voraus zubereiten und kann in einem luftdicht verschlossenen Behälter bis zu einen Monat im Kühlschrank gelagert werden. Gekühlt hält sich die Torte bis zu 3 Tage (siehe S. 25).

SCHNELLER ZUM ZIEL

Verwenden Sie 300 ml Lemon Curd aus dem (gut sortierten) Supermarkt.

Die Torte vorsichtig mit der Buttercreme überziehen und am unteren Teil des Tortenrands zufällig angeordnete Zuckerperlen befestigen, indem Sie nacheinander eine kleine Handvoll Perlen behutsam in die Creme drücken. Alternativ die Perlen auf der Tortenoberseite verteilen und auch am Tortenrand „herunterkullern" lassen.

Französische Opern-Torte

ERGIBT EINE 3-SCHICHTEN-TORTE MIT 15 CM Ø; FÜR 8–10 PORTIONEN

EIGENTLICH IST ES EIN KLEINES WUNDER, dass es mich in die Welt der Patisserie verschlagen hat. Wer mein bekleckertes Back-Notizbuch oder meinen chaotischen Schreibtisch sieht, könnte sich durchaus fragen, wie um alles in der Welt ich in einem Bereich gelandet bin, in dem es in so großem Maße auf Planung, Geduld und Detailgenauigkeit ankommt. Wahrscheinlich war es mein fast 20-jähriges Balletttraining, durch das ich gelernt habe, hart und diszipliniert zu arbeiten. Wenn man in seiner Kindheit immer und immer wieder die perfekte Pirouette übt, gelingt es einem auch, bei der Zubereitung einer Opern-Torte die nötige Präzision an den Tag zu legen.

Diese Torte ist berühmt für ihre vielen dünnen Schichten aus mit Kaffeesirup getränkten Biskuitböden, Ganache und Buttercreme. Sie wurde vermutlich im frühen 20. Jahrhundert in Paris erfunden und dort in Form von Stückchen serviert. Meine Version der Opern-Torte ist etwas benutzerfreundlicher und kommt mit nur drei geschichteten Tortenböden aus. Dennoch gibt es reichlich zu tun, bis das eindrucksvolle Kunstwerk vollendet auf dem Tisch steht. Das köstliche Endergebnis entlohnt aber tausendfach für alle Mühen.

Für den
KAFFEE-MANDEL-BISKUIT

Butter oder Cooking-Spray
    zum Einfetten

85 g Puderzucker, gesiebt

4 große Volleier

1 TL Vanilleextrakt von echter
    Vanille

115 g gemahlene Mandeln

65 g Mehl Type 405

2 EL Instant-Espresso-Pulver

1 TL Backpulver

⅛ TL Salz

2 EL Butter, zerlassen

4 große Eiweiß

50 g Zucker

1 TL Weinstein

Für den
KAFFEESIRUP

50 g Zucker

2 TL Instant-Espresso-Pulver

2 EL Kaffeelikör

Für die
FRANZÖSISCHE MOKKABUTTERCREME

200 g Zucker

6 große Eigelb

2 TL Instant-Espresso-Pulver

3 EL heißes Wasser

2 TL Vanilleextrakt von echter
    Vanille

280 g weiche Butter, in
    esslöffelgroßen Stücken

Zum
ZUSAMMENSETZEN DER TORTE

1 Menge dunkle Schokoladen-
    ganache (siehe S. 45)

Zubereitung des KAFFEE-MANDEL-BISKUIT

1. Den Backofen auf 190 °C vorheizen. Eine eckige Backform mit 25 x 38 cm Seitenlänge (siehe Wissenswertes) mit Backpapier auslegen und das Papier an den Kanten ein paar Zentimeter überstehen lassen.

2. Puderzucker, Eier und Vanilleextrakt in einer großen Schüssel aufschlagen, bis ein sehr feinporiger, hellgelber Schaum entstanden ist, der beim Anheben des Quirls Fäden zieht. Mandeln, Mehl, Espressopulver, Backpulver und Salz hineinsieben und unterrühren. Die Butter einarbeiten.

3. Die Eiweiße in eine saubere Schüssel der Rührmaschine geben und auf mittlerer bis kleiner Stufe mit dem Quirl schaumig aufschlagen. Zucker und Weinstein zufügen und auf hoher Stufe weiterschlagen, bis sich feste Spitzen bilden.

4. Den Eischnee behutsam und bewusst unter den Teig heben.

5. Den Teig in die vorbereitete Form füllen und mit einer Winkelpalette glatt streichen. 5–10 Minuten backen, bis der Biskuit bei leichtem Fingerdruck zurückfedert. 5–10 Minuten in der Form abkühlen lassen, dann zum Auskühlen auf ein Kuchengitter stürzen.

Zubereitung des KAFFEESIRUPS

6. Zucker, Espressopulver und 60 ml Wasser in einem Topf bei mittlerer bis hoher Hitze aufkochen, dann bei reduzierter Hitze abgedeckt 5 Minuten köcheln lassen. Vom Herd nehmen und den Kaffeelikör einrühren. Vor der Verwendung etwa 5 Minuten leicht abkühlen lassen.

Zubereitung der FRANZÖSISCHEN MOKKABUTTERCREME

7. Zucker und 60 ml Wasser in einem mittelgroßen Topf verrühren. Auf hoher Stufe erhitzen, bis ein Zuckerthermometer 114 °C anzeigt.

8. Derweil die Eigelbe in einer sauberen hitzebeständigen Schüssel der Rührmaschine mit dem Quirl aufschlagen, bis eine hellgelbe Masse entstanden ist, deren Volumen sich mindestens verdoppelt hat.

9. Die Zuckermischung vom Herd nehmen, sobald sie 114 °C erreicht hat, und bei langsam laufender Maschine in einem dünnen Strahl von der Schüsselwand ins Eigelb fließen lassen. Auf hohe Stufe stellen, sobald die Zuckermischung eingerührt ist, und weiterschlagen, bis die Außenseite der Schüssel Zimmertemperatur hat.

10. Derweil das Espressopulver in einer Schale mit dem heißen Wasser zu einem sämigen Espresso verrühren.

11. Die Maschine ausschalten und den Quirl durch den Flachrührer ersetzen. Bei langsam laufender Maschine esslöffelweise Vanilleextrakt und Butter zufügen. Den Espresso eingießen und die Rührmaschine auf mittlere bis hohe Stufe stellen. Etwa 20 Sekunden rühren, bis eine glatte Buttercreme entstanden ist.

TORTE ZUSAMMENSETZEN

12. Den abgekühlten Biskuit mithilfe des Backpapiers vorsichtig aus der Form heben und auf ein großes Schneidebrett oder eine saubere Arbeitsfläche stürzen. Das Backpapier ablösen. Mit einem Tortenring (15 cm Ø) drei Böden aus dem Biskuit ausstechen. Die Böden wenden und mithilfe eines Backpinsels mit dem Kaffeesirup bestreichen.

13. Auf zwei der Böden mit einer Winkelpalette je 80 ml Ganache verteilen. Die Böden 5–10 Minuten in den Kühlschrank stellen, bis die Ganache ausgehärtet ist. Auf der Ganache beider Böden je 120 ml Buttercreme verstreichen.

14. Einen der bestrichenen Böden auf einen Tortenteller legen, den zweiten gefüllten Boden aufsetzen. Den letzten Boden aufsetzen.

15. Die Oberseite der Torte vorsichtig mit der verbliebenen Ganache bedecken. Falls nötig, im Kühlschrank fest werden lassen. Den Tortenrand mit der Mokkabuttercreme überziehen und die Torte mit der restlichen Buttercreme verzieren.

Wenn Sie eine Backform mit 25 x 38 cm Seitenlänge verwenden, lassen sich daraus exakt drei runde Böden mit 15 cm Ø ausstechen. Falls Sie eine Backform mit anderen Maßen verwenden, können Sie einen der Böden in Form von Halbkreisen ausstechen und zusammensetzen oder Reststücke kreisförmig zusammenlegen (15 cm Ø). Diesen Boden als mittlere Schicht verwenden. Im Kühlschrank hält sich die Torte bis zu 3 Tage (siehe S. 25).

DEKORATION

Die verbliebene Buttercreme in einen Spritzbeutel mit kleiner runder Tülle füllen. Am unteren Rand der Torte eine Perlenbordüre aufspritzen. Auf der Torte eine Zopfbordüre (siehe S. 37) aufspritzen, um die Nahtstelle zwischen Ganache und Buttercreme zu verdecken.

MEINE DEUTSCHEN LESER mögen es mir verzeihen, doch kulinarisch habe ich Deutschland früher immer nur mit Schnitzel, Bratwurst und Apfelstrudel in Verbindung gebracht. Eines meiner größten lukullischen Erlebnisse war eine riesige Schweinshaxe mit bayrischem Bier im Münchner Hofbräuhaus, die ich zusammen mit einer alten Mitbewohnerin inmitten Hunderter anderer Touristen, Einheimischer und dirndltragender Bedienungen genoss. Zwar bin ich väterlicherseits halbe Deutsche, doch seine Vorfahren sind schon vor Generationen in die USA ausgewandert und das einzig Deutsche, mit dem ich hier in Berührung komme, ist das alljährliche German Christmas Festival in Vancouver.

Ich habe auch erst vor Kurzem herausgefunden, dass der Black Forest Cake eigentlich eine deutsche Erfindung ist und Schwarzwälder Kirschtorte heißt. Asche auf mein Haupt! Außerdem bitte ich um Nachsicht dafür, dass ich das Originalrezept stark abgewandelt und in eine Buttercremetorte mit Heritage-Überzug verwandelt habe. Geben Sie meiner Version aber bitte dennoch eine Chance, es lohnt sich!

Für den
SAUERRAHM-SCHOKOLADEN-BODEN

Butter oder Cooking-Spray zum Einfetten

220 g Mehl Type 405 plus etwas mehr zum Bestäuben

60 g Kakaopulver

1 ¼ TL Backpulver

½ TL Natron

½ TL Salz

90 ml Traubenkernöl

100 g Zucker

110 g brauner Zucker

1 großes Vollei

1 großes Eigelb

1 TL Vanilleextrakt von echter Vanille

½ TL Mandelextrakt von echten Mandeln

120 g saure Sahne

180 ml heißer Kaffee

Für die
KIRSCHGANACHE

170 g Zartbitterschokolade, gehackt

120 g Schlagsahne

125 g frische Kirschen, gewaschen, trocken getupft, entsteint und gehackt

Für die
MILCHSCHOKOLADEN-BUTTERCREME

1 kleine Menge Italienische Buttercreme mit Vanillegeschmack (siehe S. 41)

70 g Milchschokolade, geschmolzen und abgekühlt

Für die
SCHOKOLADENLOCKEN

1 Tafel (55–115 g) milde oder kräftige Zartbitterschokolade

ZUM ZUSAMMENSETZEN DER TORTE

½ Menge Heritage-Überzug (siehe S. 58)

6–8 frische Kirschen *(nach Belieben)*

Schwarzwälder Kirschtorte

—

ERGIBT EINE 4-SCHICHTEN-TORTE MIT 15 CM Ø; FÜR 6–8 PORTIONEN

Zubereitung des SAUERRAHM-SCHOKOLADEN-BODENS

1. Den Backofen auf 175°C vorheizen. Zwei runde Backformen (15 cm Ø) einfetten und mit Mehl bestäuben.

2. Mehl, Kakao, Backpulver, Natron und Salz in eine Schüssel sieben und beiseitestellen.

3. Öl und beide Zuckersorten in der Rührmaschine 2 Minuten auf mittlerer Stufe mit dem Flachrührer aufschlagen. Bei laufender Maschine Ei, Eigelb, Vanilleextrakt und Mandelextrakt zufügen. Die Maschine ausschalten und an den Schüsselseiten anhaftenden Teig nach unten schieben.

4. Die Maschine auf kleine Stufe stellen und die Mehlmischung in drei Portionen abwechselnd mit der sauren Sahne zufügen; dabei mit Mehl beginnen und enden. Die Maschine ausschalten und an den Schüsselseiten anhaftenden Teig nach unten schieben. Auf kleine Stufe stellen und den Kaffee eingießen. 30 Sekunden auf kleiner bis mittlerer Stufe untermengen, keinesfalls länger.

5. Den Teig gleichmäßig auf die vorbereiteten Formen verteilen. 24–26 Minuten backen, bis an einem mittig eingestochenen Spieß nichts mehr haften bleibt. 10–15 Minuten in den Formen abkühlen lassen, dann zum Auskühlen auf Kuchengitter stürzen.

Zubereitung der KIRSCHGANACHE

6. Die Schokolade in eine hitzebeständige Schüssel füllen und beiseitestellen. Die Sahne in einem Topf auf mittlerer Stufe sanft bis zum Siedepunkt erhitzen. Sofort vom Herd nehmen und über die gehackte Schokolade gießen. 30 Sekunden schmelzen lassen, dann glatt rühren. Die Kirschen unterrühren und etwa 20 Minuten abkühlen lassen, bis eine streichbare Konsistenz erreicht ist.

Zubereitung der MILCHSCHOKOLADEN-BUTTERCREME

7. Die Buttercreme in der Rührmaschine mit dem Flachrührer glatt rühren. Die abgekühlte Schokolade zufügen und unterziehen.

Zubereitung der SCHOKOLADENLOCKEN

8. Mit einem scharfen Schälmesser oder Sparschäler kräftig am Rand der Schokoladentafel entlangfahren. Die dabei entstehenden Schokoladenlocken auf Backpapier fallen lassen und beim Platzieren an der Torte so wenig wie möglich berühren. Ausreichend Locken herstellen, um den Tortenrand und/oder die Tortenoberseite dekorieren zu können.

TORTE ZUSAMMENSETZEN

9. Die ausgekühlten Böden vorsichtig horizontal halbieren und so vier gleich dicke Böden herstellen. Die Böden begradigen, den Boden für die Tortenunterseite auswählen und auf einen Tortenteller legen. Mithilfe einer Winkelpalette mit 180 ml Heritage-Überzug bestreichen. Den Überzug in der Mitte mit dem Rücken eines großen Löffels ein wenig aushöhlen und diese Vertiefung mit 80 ml Kirschganache füllen. Einen zweiten Boden aufsetzen, bestreichen und ebenso verfahren. Auf diese Weise alle Böden verarbeiten.

10. Die Krümel an der Tortenaußenseite mit einer ersten dünnen Buttercremeschicht einstreichen (Crumb-Coat, siehe S. 27) und die Torte danach rundum mit Buttercreme überziehen. Mit Schokoladenlocken, der verbliebenen Buttercreme und nach Belieben mit frischen Kirschen dekorieren.

DEKORATION

Die verbliebene Buttercreme in einen Spritzbeutel mit mittelgroßer Sterntülle füllen. Damit Rosetten (siehe S. 37) auf die Tortenkante spritzen und mit je 1 frischen Kirsche dekorieren. Den unteren Tortenrand mit den Schokoladenlocken verzieren. Dabei über einem Backblech arbeiten und kleine Mengen Schokoladenlocken ganz vorsichtig in den Überzug drücken, damit sie nicht zerbrechen. Alternativ auf der Tortenoberseite verteilen, bevor die Kirschen aufgesetzt werden.

WISSENSWERTES

Außerhalb der Kirschsaison kann man auch auf Sauerkirschen aus dem Glas zurückgreifen. Diese müssen allerdings abgegossen und trocken getupft werden. Wenn die Herstellung der Schokoladenlocken nicht gelingt, die Tafel auf mittlerer Stufe in der Mikrowelle leicht aufweichen (in Intervallen von etwa 10 Sekunden). Im Kühlschrank hält sich die Torte bis zu 3 Tage (siehe S. 25).

Brooklyn Blackout Cake

—

ERGIBT EINE 3-SCHICHTEN-TORTE MIT 20 CM Ø; FÜR 12-15 PORTIONEN

WER BIS ANFANG DER 1970ER-JAHRE in Brooklyn gelebt hat, ist vielleicht noch in den Genuss des Originals dieser herrlichen Schokoladentorte gekommen. Und wir beneiden ihn! Benannt ist das dekadente Meisterwerk nach dem Blackout (der Verdunkelung) im Zweiten Weltkrieg, der bei Fliegeralarm vorgeschrieben war, und erfunden wurde sie von Elbinger's Bakery. Der Brooklyn Blackout Cake war jahrzehntelang in Brooklyn fest verankert, bis die Bäckerei im Jahr 1972 leider Insolvenz anmelden musste.

Es war das Ende einer Ära. Seitdem haben viele versucht, diese schokoladige Sünde nachzuahmen, doch nichts kam dem Original gleich. Hoffentlich kann meine Version die Kenner von damals zumindest ein wenig zufriedenstellen. Die Füllung ist zwar etwas heikel und schwer zu verarbeiten, hält die Böden aber wunderbar saftig, sodass jeder Bissen zum Hochgenuss wird. Typische Fallstricke im Rezept können Sie mit meinen Variationen und Tipps vermeiden, doch ganz gleich, welche Version Sie wählen, das Ergebnis ist immer wunderbar. Schließlich ist eine Torte mit Schokoladenboden, Schokoladencreme und dazu noch einer Decke aus Kuchenkrümeln ein echtes Juwel, oder?

Für den
DEVIL'S-FOOD-BODEN

Butter oder Cooking-Spray
  zum Einfetten

70 g Kakaopulver

120 ml heißes Wasser

240 g saure Sahne

330 g Mehl Type 405 plus
  etwas mehr zum Bestäuben

60 g Speisestärke

1 TL Natron

¾ TL Backpulver

½ TL Salz

225 g weiche Butter

120 ml Traubenkernöl

300 g Zucker

110 g brauner Zucker

2 TL Vanilleextrakt von
  echter Vanille

4 große Volleier

Für die
SCHOKOLADENCREME

500 g Zucker

120 g Kakaopulver

1 EL heller Sirup

¼ TL Salz

120 ml warmes Wasser

60 g Speisestärke

55 g Butter

1 TL Vanilleextrakt von
  echter Vanille

Zubereitung des
DEVIL'S-FOOD-BODENS

1. Den Backofen auf 175 °C vorheizen. Drei runde Backformen (20 cm Ø) einfetten und mit Mehl bestäuben.

2. Kakao und heißes Wasser in einer Schüssel glatt rühren. Die saure Sahne unterrühren und beiseitestellen.

3. Mehl, Speisestärke, Natron, Backpulver und Salz in eine separate Schüssel sieben und beiseitestellen.

4. Butter, Öl und beide Zuckersorten in der Rührmaschine 3–5 Minuten auf mittlerer Stufe mit dem Flachrührer cremig rühren. Die Maschine auf mittlere bis kleine Stufe stellen und Vanilleextrakt und Eier einzeln einarbeiten. Die Maschine ausschalten und an den Schüsselseiten anhaftenden Teig nach unten schieben.

5. Die Maschine auf kleine Stufe stellen und die Mehlmischung in drei Portionen abwechselnd mit der Kakaomischung zufügen; dabei mit Mehl beginnen und enden. Kurz (nicht länger als 30 Sekunden) auf mittlerer Stufe rühren, bis alle trockenen Zutaten eingearbeitet sind.

6. Den Teig gleichmäßig auf die vorbereiteten Formen verteilen. 25–28 Minuten backen, bis an einem mittig eingestochenen Spieß nichts mehr haften bleibt. 10–15 Minuten in den Formen abkühlen lassen, dann zum Auskühlen auf Kuchengitter stürzen.

Zubereitung der
SCHOKOLADENCREME

7. Zucker, Kakao, Sirup, Salz und 480 ml Wasser in einem mittelgroßen Topf bei mittlerer bis hoher Hitze unter gelegentlichem Rühren zum Kochen bringen.

8. Derweil warmes Wasser und Speisestärke in einer Schale glatt rühren. Mit einem Stabmixer oder Handmixer aufschlagen, bis eine pastenartige, klumpenfreie Masse entstanden ist.

9. Die Kakaomischung vom Herd nehmen und die Stärkepaste unterrühren. Zurück auf den Herd stellen und unter ständigem Rühren aufkochen. Dann bei mittlerer Hitze 5–8 Minuten eindicken lassen.

10. Den Topf vom Herd nehmen, Butter und Vanilleextrakt unterrühren. Die Schokoladencreme in einen flachen, hitzebeständigen Behälter gießen und direkt auf der Creme mit Frischhaltefolie abdecken, damit sie keine Haut bildet. Im Kühlschrank völlig auskühlen lassen und etwa 2 Stunden oder über Nacht stocken lassen.

TORTE ZUSAMMENSETZEN

11. Die abgekühlten Böden bei Bedarf begradigen. Auch wenn dies nicht nötig sein sollte, etwa 6 mm von jeder Bodenoberseite abschneiden und die Abschnitte in einer Küchenmaschine zu mittelfeinen Bröseln verarbeiten. Alternativ die Abschnitte in einer großen Schüssel von Hand zerbröseln. Beiseitestellen.

12. Den Boden für die Unterseite der Torte auswählen und auf einen Tortenteller legen. So gleichmäßig wie möglich mit etwa 180 ml Creme bestreichen. Einen zweiten Boden aufsetzen, mit Creme bestreichen, den letzten Boden aufsetzen. Die Torte mit einer Winkelpalette rundum mit der verbliebenen Creme überziehen. Das ist leider nicht so einfach, aber es muss auch nicht perfekt sein. Nun die gesamte Torte mit den Kuchenkrümeln bedecken. Die Torte beim Andrücken der Krümel immer gut stabilisieren. Locker in Frischhaltefolie wickeln und vor dem Servieren eine Stunde in den Kühlschrank stellen.

WISSENSWERTES

Leider ist die Herstellung der Brooklyn Blackout Cake alles andere als einfach und eine ziemliche Sauerei. Die Creme ist recht flüssig und kann einem beim Zusammensetzen der Torte so manche Kopfschmerzen bereiten. Es gibt aber einen Trick: 240 ml Schokoladencreme mit 1 kleinen Menge Italienischer Buttercreme mit Vanillegeschmack (siehe S. 41) verrühren und auf jeden Boden einen Ring aus Buttercreme (siehe S. 27) spritzen, der mit reiner Schokoladencreme gefüllt wird. Die Torte rundum mit der Schokoladenbuttercreme bestreichen und mit den Kuchenkrümeln bedecken. Alternativ die Torte mit der dunklen Schokoladenganache (siehe S. 45) überziehen. Wer dem Originalrezept treu bleiben will, muss sich einfach durchkämpfen und auftretende Lücken in der Bröseldecke immer wieder aufs Neue füllen. Im Kühlschrank hält sich die Torte bis zu 3 Tage (siehe S. 25).

Tortenflaggen lassen sich leicht selbst herstellen, indem man kurze Stücke Schleifenband um Holzspieße bindet.

SCHOKOLADENTORTEN

Ein Stück Schokoladentorte ist wirklich Balsam für die Seele, insbesondere wenn es aus einem saftigen Schokoladenboden und cremiger Fudge-Füllung besteht. Schokolade ist eine sehr vielseitige Zutat, die großartig mit verschiedensten Gewürzen und Nüssen harmoniert und sogar mit Tee und Bier kombiniert werden kann – wie meine Earl-Grey-Schokoladentorte und die Erdnuss-Porter-Torte beweisen. Das folgende Kapitel ist für alle Schokoholics ein wahres Schlaraffenland – garantiert!

Schokoladen-Marshmallow-Torte

—

ERGIBT EINE 2-SCHICHTEN-TORTE MIT 20 CM Ø; FÜR 12–15 PORTIONEN

ICH KOMBINIERE GERNE VERSCHIEDENE SÜSSE SACHEN miteinander oder verleihe Klassikern einen modernen Touch. Dieses sündhaft leckere Rezept ist zum Beispiel die Kombination aus Torte und Schokoriegel – zwei Schokoladenböden, die mit einer fluffigen Karamell-Marshmallow-Schicht gefüllt sind. Besonders die weiche Füllung hat es mir angetan, die jeder nach seinem persönlichen Geschmack mit einer zusätzlichen, knusprigen Zutat aufpeppen kann. Ich habe Waffelkekse verwendet, doch gehackte Schokoriegel, Nüsse, Toffifees oder Ähnliches sind ebenso geeignet. Diese Torte ist ein tolles Experimentierfeld!

Für den
KLASSISCHEN SCHOKOLADENBODEN

Butter oder Cooking-Spray zum Einfetten

315 g Mehl Type 405 plus etwas mehr zum Bestäuben

95 g Kakaopulver

2 ½ TL Backpulver

¾ TL Natron

1 TL Salz

150 ml Traubenkernöl

400 g Zucker

2 große Volleier

1 großes Eigelb

2 TL Vanilleextrakt von echter Vanille

½ TL Mandelextrakt von echten Mandeln

360 ml Vollmilch

240 ml heißer, starker Kaffee

Für die
KARAMELL-MARSHMALLOW-FÜLLUNG

480 ml Italienische Buttercreme mit Vanillegeschmack (siehe S. 41)

180 g Marshmallowcreme (Marshmallow Fluff, Internethandel)

2 EL Salzige Karamellsauce (siehe S. 43)

Für den
SCHOKOLADENGANACHE-ÜBERZUG

370 g Zartbitterschokolade, gehackt

240 g Sahne

Zum
ZUSAMMENSETZEN DER TORTE

100 g Füllung nach Wahl (Waffelkekse, gehackte Schokoriegel oder Nüsse)

dunkle Schokoladenperlen mit knusprigem Biskuitkern, z. B. Schoko-Crossies für die Dekoration *(nach Belieben)*

Salzige Karamellsauce (siehe S. 43) zum Servieren *(nach Belieben)*

Zubereitung des
KLASSISCHEN SCHOKOLADENBODENS

1. Den Backofen auf 175 °C vorheizen. Zwei runde Backformen (20 cm Ø) einfetten und mit Mehl bestäuben.

2. Mehl, Kakao, Backpulver, Natron und Salz in eine Schüssel sieben und beiseitestellen.

3. Öl und Zucker in der Rührmaschine 2 Minuten auf mittlerer Stufe mit dem Flachrührer aufschlagen. Bei laufender Maschine Eier, Eigelb, Vanilleextrakt und Mandelextrakt zufügen. Die Maschine ausschalten und an den Schüsselseiten anhaftenden Teig nach unten schieben.

4. Die Maschine auf kleine Stufe stellen und die Mehlmischung in drei Portionen abwechselnd mit der Milch zufügen; dabei mit Mehl beginnen und enden. Die Maschine ausschalten und an den Schüsselseiten anhaftenden Teig nach unten schieben. Auf kleine Stufe stellen und den heißen Kaffee eingießen. 30 Sekunden auf kleiner bis mittlerer Stufe untermengen, keinesfalls länger.

5. Den Teig gleichmäßig auf die vorbereiteten Formen verteilen. 25–28 Minuten backen, bis an einem mittig eingestochenen Spieß nichts mehr haften bleibt. 10–15 Minuten in den Formen abkühlen lassen, dann zum Auskühlen auf Kuchengitter stürzen.

Zubereitung der
KARAMELL-MARSHMALLOW-FÜLLUNG

6. Die Buttercreme in einer Rührmaschine auf mittlerer Stufe mit dem Flachrührer cremig rühren. Marshmallowcreme und Karamellsauce unterrühren.

Zubereitung des
SCHOKOLADENGANACHE-ÜBERZUGS

7. Die Schokolade in eine hitzebeständige Schüssel geben und beiseitestellen. Die Sahne in einem Topf langsam bis zum Siedepunkt erhitzen. Vom Herd nehmen und über die Schokolade gießen. 30 Sekunden ruhen lassen, dann glatt rühren. Die Ganache unter gelegentlichem Rühren abkühlen lassen, bis eine dicke, aber streichbare Konsistenz erreicht ist.

TORTE ZUSAMMENSETZEN

8. Die abgekühlten Böden mit einem Messer begradigen und den Boden für die Tortenunterseite auswählen. Diesen auf einen Tortenteller legen und mithilfe einer Winkelpalette mit der Hälfte der Karamell-Marshmallow-Füllung bestreichen. Mit etwa 100 ml Süßigkeitenfüllung Ihrer Wahl bestreuen. Mit der restlichen Karamell-Marshmallow-Füllung bestreichen, den zweiten Boden aufsetzen. Die Torte rundum mit der abgekühlten Ganache bestreichen und nach Belieben mit den Schokoladenperlen dekorieren. Nach Belieben mit weiterer Karamellsauce servieren.

DEKORATION

Die Schokoladenperlen oder andere Süßigkeiten in geraden Reihen am Tortenrand eindrücken. Hierzu zunächst eine Kugel am oberen Rand und eine am unteren Rand befestigen. Danach zwischen den beiden mit gleichmäßigem Abstand zwei weitere Kugeln anbringen. Diese als Richtschnur verwenden und die Kugeln rundum in einer Linie eindrücken.

WISSENSWERTES

Wenn die Ganache beim Überziehen der Torte zu fest wird, diese über einem Wasserbad oder kurz in der Mikrowelle erhitzen, bis die gewünschte Konsistenz erreicht ist. Im Kühlschrank hält sich die Torte bis zu 4 Tage und kann auch eingefroren werden (siehe S. 25).

Mokka-Gewürz-Torte

——

ERGIBT EINE 4-SCHICHTEN-TORTE MIT 15 CM Ø; FÜR 10–12 PORTIONEN

WIR HABEN SO VIELE SPANNENDE GEWÜRZE ZUR AUSWAHL, begnügen uns jedoch meist damit, sie nur in der Weihnachtszeit für würzige Kuchen und Torten einzusetzen. Wer aber sagt, dass eine Schokoladentorte mit Ingwer, Muskat, Kardamom und Nelken nicht auch im Sommer schmeckt?

Diese Torte wartet neben den Gewürzen auch noch mit einem intensiven Kaffeegeschmack auf, denn die Böden werden mit Kaffeesirup getränkt und mit Mokka-buttercreme gefüllt. Der Kaffee wird dafür mit zerstoßenen Kardamomkapseln aromatisiert, wie man es aus dem Orient kennt. Kardamom ist ein herrlich intensives Gewürz, das zu süßen wie herzhaften Speisen gleichermaßen passt und den Kaffee um zarte Kräuter- und Zitrusnoten sowie ein leichtes Raucharoma bereichert. Brühen Sie ihn frisch mit dem Kardamom (oder einem anderen Lieblingsgewürz) auf und servieren Sie ihn zur Torte.

Für den
WÜRZIGEN MOKKABODEN

Butter oder Cooking-Spray
  zum Einfetten

250 g Mehl Type 405 plus
  etwas mehr zum Bestäuben

1 EL Zimt

1 ½ TL Natron

1 TL Backpulver

1 TL Ingwerpulver

¾ TL Salz

½ TL frisch gemahlene
  Muskatnuss

¼ TL gemahlene
  Gewürznelken

240 ml starker Kaffee

170 g Butter

160 g saure Sahne

2 große Volleier

2 TL Vanilleextrakt von echter
  Vanille

70 g Kakaopulver

150 g Zucker

220 g brauner Zucker

Für den
KARDAMOM-MOKKA-SIRUP

100 g Zucker

120 ml starker Kaffee

1 EL grüne Kardamomkapseln,
  aufgebrochen (ca. 40 Kapseln)

Für die
**KARDAMOM-MOKKA-
BUTTERCREME**

1 große Menge Italienische
  Buttercreme mit Vanillegeschmack (siehe S. 41)

3 EL Espresso, abgekühlt

1 ½ TL gemahlener Kardamom

Zubereitung des
WÜRZIGEN MOKKABODENS

1. Den Backofen auf 175 °C vorheizen. Vier runde Backformen (15 cm Ø) einfetten und mit Mehl bestäuben.

2. Mehl, Zimt, Natron, Backpulver, Ingwerpulver, Salz, Muskat und Nelke in eine Schüssel sieben und beiseitestellen.

3. Kaffee und Butter in einem mittelgroßen Topf auf mittlerer Stufe erhitzen, bis die Butter geschmolzen ist.

4. Derweil saure Sahne, Eier und Vanilleextrakt in einer separaten Schüssel glatt rühren.

5. Kakao und beide Zuckersorten zur Kaffeemischung in den Topf geben und unterrühren. Vom Herd nehmen und die Saure-Sahne-Mischung unterziehen. Die trockenen Zutaten zufügen und alles glatt rühren.

6. Den Teig gleichmäßig auf die vorbereiteten Formen verteilen. 22–24 Minuten backen, bis an einem mittig eingestochenen Spieß nichts mehr haften bleibt. 10–15 Minuten in den Formen abkühlen lassen, dann zum Auskühlen auf Kuchengitter stürzen.

Zubereitung des
KARDAMOM-MOKKA-SIRUPS

7. Zucker, Kaffee und angedrückte Kardamomkapseln in einem Topf bei mittlerer bis hoher Hitze aufkochen. Auf geringe Hitze reduzieren und 10 Minuten köcheln, bis ein dünner Sirup entstanden ist. Vom Herd nehmen, Kardamomkapseln entsorgen.

Zubereitung der
KARDAMOM-KAFFEE-
BUTTERCREME

8. Die Buttercreme in einer Rührmaschine mit dem Flachrührer cremig rühren. Espresso und Kardamom zufügen und unterziehen.

TORTE ZUSAMMENSETZEN

9. Die abgekühlten Böden mit einem Messer begradigen, den Boden für die Tortenunterseite auswählen und großzügig mit dem Kardamom-Mokka-Sirup bestreichen. Den bestrichenen Boden auf einen Tortenteller legen und mithilfe einer Winkelpalette mit 80 ml Buttercreme bestreichen. Einen zweiten Boden aufsetzen, bestreichen und dies wiederholen, bis alle Böden verarbeitet sind. Die Torte rundum mit der restlichen Buttercreme überziehen.

DEKORATION

Die Buttercreme in einen Spritzbeutel mit mittelgroßer Sterntülle füllen und am Tortenrand mit einem Locken-muster (siehe S. 32) verzieren. Die Oberseite mit einem Spiralmuster (siehe S. 31) dekorieren. Bei einer einfacheren Dekoration ist die halbe Rezeptmenge der Kardamom-Mokka-Buttercreme ausreichend.

WISSENSWERTES

Im Kühlschrank hält sich die Torte bis zu 4 Tage und kann auch eingefroren werden (siehe S. 25).

RESTE ÜBRIG?

Mit dem Kardamom-Mokka-Sirup lassen sich Kaffeegetränke süßen. Im Kühlschrank ist er bis zu 2 Wochen haltbar.

Erdnuss-Whisky-Torte

——

ERGIBT EINE 3-SCHICHTEN-TORTE MIT 15 CM Ø; FÜR 8–12 PORTIONEN

WELCHE ART VON GEBURTSTAGSTORTE backt man für seinen großen Bruder? Natürlich eine echte Männertorte mit allem, was dazugehört: Whisky, Bier, Erdnüssen und Espresso. Bloß keine überkandidelten Verzierungen mit pinkfarbenem Überzug oder bunten Streuseln! Normalerweise backe ich ihm seine Lieblingstorte, die Zitronen-Karotten-Torte (siehe S. 246) mit Frischkäsecreme, doch Abwechslung muss sein! Und deshalb habe ich dieses opulente Werk für ihn kreiert. Schließlich lieben auch Erwachsene eine Geburtstagstorte, insbesondere, wenn sie mit Erdnussbuttercreme gefüllt, mit Porter verfeinert, von einer Whisky-Kaffee-Glasur umzogen und mit knackigem Erdnuss-Krokant bestreut ist. Dazu serviert man natürlich ein Glas Porter.

Für den ERDNUSS-PORTER-BODEN

Butter oder Cooking-Spray zum Einfetten

190 g Mehl Type 405 plus etwas mehr zum Bestäuben

1 TL Natron

¾ TL Backpulver

½ TL Salz

180 ml Porter oder Stout

115 g Butter

120 g saure Sahne

1 großes Vollei

1 großes Eigelb

1 ½ TL Vanilleextrakt von echter Vanille

50 g Kakaopulver

300 g Zucker

Für die ERDNUSSBUTTER-FRISCHKÄSE-FÜLLUNG

115 g Frischkäse auf Zimmertemperatur

55 g weiche Butter

3 EL feine Erdnussbutter

250 g Puderzucker, gesiebt

⅛ TL Salz

½ TL Vanilleextrakt von echter Vanille

1–2 EL Vollmilch oder Sahne

Für den AHORNSIRUP-ERDNUSS-KROKANT

55 g Butter

110 g brauner Zucker

60 ml Ahornsirup

60 ml heller Sirup

¼ TL Natron

½ TL Salz

150 g ungesalzene Erdnüsse

Für die WHISKY-ESPRESSO-GLASUR

3 EL Sahne

2 EL heller Sirup

2 EL Kakaopulver

1 ½ TL Instant-Espresso-Pulver

55 g Zartbitterschokolade, gehackt

2 EL Whisky

½ TL Vanilleextrakt von echter Vanille

⅛ TL Salz

Zubereitung des
ERDNUSS-PORTER-BODENS

1. Den Backofen auf 175 °C vorheizen. Drei runde Backformen (15 cm Ø) einfetten und mit Mehl bestäuben.

2. Mehl, Natron, Backpulver und Salz in eine Schüssel sieben und beiseitestellen.

3. Porter und Butter in einem mittelgroßen Topf auf mittlerer Stufe erhitzen, bis die Butter geschmolzen ist.

4. Derweil saure Sahne, Ei, Eigelb und Vanilleextrakt in einer separaten Schüssel glatt rühren.

5. Kakao und Zucker mit in den Topf geben und bei mittlerer Hitze unterrühren. Vom Herd nehmen und die Saure-Sahne-Mischung unterziehen. Die trockenen Zutaten zufügen und einarbeiten.

6. Den Teig gleichmäßig auf die vorbereiteten Formen verteilen. 22–24 Minuten backen, bis an einem eingestochenen Spieß nichts mehr haften bleibt. 10–15 Minuten in den Formen abkühlen lassen, dann zum Auskühlen auf Kuchengitter stürzen.

Zubereitung der
ERDNUSSBUTTER-FRISCHKÄSE-FÜLLUNG

7. Frischkäse, Butter und Erdnussbutter in der Rührmaschine 2 Minuten mit dem Flachrührer cremig rühren. Die Maschine auf kleine Stufe stellen, nach und nach Puderzucker, Salz, Vanilleextrakt und Milch zufügen und einarbeiten. Auf mittlerer bis hoher Stufe glatt rühren.

Zubereitung
AHORNSIRUP-ERDNUSS-KROKANT

8. Ein Backblech mit Backpapier auslegen.

9. Butter, braunen Zucker, Ahornsirup und hellen Sirup in einem mittelgroßen Topf unter gelegentlichem Rühren etwa 8 Minuten auf mittlerer bis hoher Stufe erhitzen, bis ein Zuckerthermometer 149 °C anzeigt. Vom Herd nehmen, behutsam Natron und Salz einrühren. Die Erdnüsse unterheben und die Masse gleichmäßig auf dem vorbereiteten Backblech verteilen, solange sie noch warm ist. Abkühlen lassen und den Krokant von Hand in Stücke brechen. Etwa 60 g Krokant für die Dekoration mit einem Teigroller oder einem Fleischklopfer weiterzerkleinern, aber nicht zerbröseln.

TORTE ZUSAMMENSETZEN

10. Die abgekühlten Böden mit einem Messer begradigen. Den Boden für die Tortenunterseite auswählen und auf einen Tortenteller legen. Einen Spritzbeutel mit mittelgroßer runder Tülle mit der Erdnussbutter-Frischkäse-Creme füllen. Damit am Rand des Tortenbodens einen etwa 12 mm hohen Ring (siehe S. 27) aufspritzen und diesen mit etwa 120 ml Creme füllen. Einen zweiten Boden aufsetzen, füllen und ebenso mit dem letzten Boden verfahren. Die Tortenoberseite mit einer Winkelpalette glätten und eine scharfe Kante formen, an der die Glasur später hinabläuft. 15–20 Minuten in den Kühlschrank stellen.

Zubereitung
WHISKY-ESPRESSO-GLASUR

11. Sahne, Sirup, Kakao und Espressopulver in einem kleinen Topf auf mittlerer bis hoher Stufe erhitzen, bis die Mischung zu dampfen beginnt und der Kakao sich langsam auflöst. Glatt rühren. Die Schokolade in eine hitzebeständige Schüssel geben.

12. Den Topf vom Herd nehmen und die Kaffeemischung über die Schokolade gießen. 30 Sekunden ruhen lassen, dann glatt rühren. Whisky, Vanilleextrakt und Salz zufügen und unterrühren. Die Glasur 10 Minuten auf Zimmertemperatur abkühlen lassen, bis sie leicht eindickt (Konsistenz prüfen; Wissenswertes siehe S. 51).

13. Die abgekühlte Glasur mittig auf die Torte gießen, mit einer Winkelpalette glatt streichen und über die Kante fließen lassen. Die Torte mit dem Krokant dekorieren.

WISSENSWERTES

Man kann die Torte auch im Voraus zubereiten und in Frischhaltefolie gewickelt im Kühlschrank aufbewahren. Die Glasur sollte man jedoch erst kurz vor dem Servieren anrühren. Reste halten sich im Kühlschrank bis zu 3 Tage (siehe S. 25). Glasur und Krokant separat lagern.

RESTE ÜBRIG?

Die Whisky-Espresso-Glasur schmeckt köstlich in einer Tasse Kaffee oder zu Eiscreme. Das Erdnusskrokant kann im Voraus zubereitet werden und hält sich in einem luftdicht verschlossenen Behälter, gelagert zwischen zwei Schichten Butterbrotpapier, an einem kühlen, trockenen Ort bis zu 2 Monate.

Matcha-Schokoladen-Torte

—

ERGIBT EINE 4-SCHICHTEN-TORTE MIT 20 CM Ø; FÜR 14–16 PORTIONEN

IN DER ZEIT, ALS ICH MEIN TORTENHOBBY zum Vollzeitjob machte und ständig auf der Suche nach Inspiration und neuen Rezeptideen war, unternahm ich eine Reise nach Tokio. Japanische Süßspeisen sind etwas ganz Besonderes und machten mich neugierig darauf, wie ich einige der Zutaten und Herangehensweisen in meine eigenen Rezepte integrieren könnte. Grünen Tee kannte ich damals schon gut, doch von Matcha hatte ich noch nie etwas gehört. Und obwohl ich von der Anleitung kein Wort verstand, nahm ich eine Dose Matcha-Pulver mit nach Hause. Ein paar Jahre später kreierte ich diese Matcha-Schokoladen-Torte mit köstlichster Matcha-Ganache.

Für den
KLASSISCHEN SCHOKOLADENBODEN

Butter oder Cooking-Spray zum Einfetten

315 g Mehl Type 405 plus etwas mehr zum Bestäuben

95 g Kakaopulver

2 ½ TL Backpulver

¾ TL Natron

1 TL Salz

150 ml Traubenkernöl

400 g Zucker

2 große Volleier

1 großes Eigelb

2 TL Vanilleextrakt von echter Vanille

½ TL Mandelextrakt von echten Mandeln

360 ml Vollmilch

240 ml heißer, starker Kaffee

Für den
MATCHA-BODEN

Butter oder Cooking-Spray zum Einfetten

310 g Mehl Type 405 plus etwas mehr zum Bestäuben

50 g Speisestärke

2 ½ TL Backpulver

¼ TL Salz

2 EL Matcha-Pulver (siehe Wissenswertes S. 94)

195 g weiche Butter

300 g Zucker

1 TL Vanillepaste

½ TL Mandelextrakt von echten Mandeln

2 große Volleier

2 große Eigelb

240 ml Vollmilch

Für die
MATCHA-GANACHE

340 g weiße Schokolade, gehackt

1 TL Matcha-Pulver

120 g Sahne

Zum
ZUSAMMENSETZEN DER TORTE

1 große Menge Italienische Buttercreme mit Vanillegeschmack (siehe S. 41)

Gel-Lebensmittelfarbe *(nach Belieben)*

Zubereitung des
KLASSISCHEN SCHOKOLADENBODENS

1. Den Backofen auf 175 °C vorheizen. Zwei runde Back-formen (20 cm Ø) einfetten.

2. Mehl, Kakao, Backpulver, Natron und Salz in eine Schüssel sieben und bei-seitestellen.

3. Öl und Zucker in der Rühr-maschine 2 Minuten auf mittlerer Stufe mit einem Flachrührer aufschlagen. Eier, Eigelb, Vanille- und Mandelextrakt unterrühren. Die Maschine ausschalten und an den Schüsselseiten anhaftenden Teig nach unten schieben.

4. Die Maschine auf kleine Stufe stellen und die Mehl-mischung in drei Portionen abwechselnd mit der Milch zufügen; dabei mit Mehl beginnen und enden. Die Maschine ausschalten und an den Schüsselseiten anhaftenden Teig nach unten schieben. Auf kleine Stufe stellen und den Kaffee eingießen. 30 Sekunden auf kleiner bis mittlerer Stufe untermengen, keinesfalls länger.

5. Den Teig auf die vorbereite-ten Formen verteilen. 25–28 Minuten backen, bis an einem mittig eingestoche-nen Spieß nichts mehr haf-ten bleibt. 10–15 Minuten in den Formen abkühlen lassen, dann zum Auskühlen auf Kuchengitter stürzen.

Zubereitung des
MATCHA-BODENS

6. Während die Schokoladen-böden backen, zwei Back-formen (20 cm Ø) einfetten.

7. Mehl, Speisestärke, Back-pulver, Salz und Matcha-Pulver in eine Schüssel sieben und beiseitestellen.

8. Die Butter in einer Rühr-maschine auf mittlerer Stufe mit dem Flachrührer 2 Minuten cremig rühren. Den Zucker zufügen und beides auf mittlerer bis hoher Stufe 3–5 Minuten zu einer hellen, luftigen Masse aufschlagen. Die Maschine ausschalten und an den Schüsselseiten anhaftenden Teig nach unten schieben.

9. Die Maschine auf mittlere bis kleine Stufe stellen und Vanillepaste und Mandel-extrakt zufügen. Dann Eier und Eigelbe einzeln einrühren. Die Maschine ausschalten und an den Schüsselseiten anhaftenden Teig nach unten schieben.

10. Die Maschine auf kleine Stufe stellen und die Mehl-mischung in drei Portionen abwechselnd mit der Milch zufügen; dabei mit Mehl beginnen und enden. Kurz (nicht länger als 30 Sekun-den) auf mittlerer Stufe rühren, bis alle trockenen Zutaten eingearbeitet sind.

11. Den Teig auf die Formen verteilen. 24–26 Minuten backen, bis an einem mittig eingestochenen Spieß nichts mehr haften bleibt. 10–15 Minuten in den Formen abkühlen lassen, dann zum Auskühlen auf Kuchengitter stürzen.

Zubereitung
MATCHA-GANACHE

12. Die Schokolade in eine hitzebeständige Schüssel geben und das Matcha-Pulver hineinsieben. Beiseitestellen.

13. Die Sahne in einem Topf bei mittlerer bis geringer Hitze bis zum Siedepunkt bringen. Vom Herd nehmen und über die Schokolade gießen. 30 Sekunden ruhen lassen, dann glatt rühren. Abgedeckt in den Kühlschrank stellen, bis die Ganache eine streich-bare Konsistenz angenom-men hat.

TORTE ZUSAMMENSETZEN

14. Die Buttercreme nach Belieben mit Lebensmittel-farbe nach Wahl einfärben.

15. Die abgekühlten Böden mit einem Messer begradigen. Den Schokoladenboden für die Tortenunterseite auswählen und auf einen Tortenteller legen. Mithilfe einer Winkelpalette mit einem Drittel der Ganache bestreichen. Einen Matcha-Boden aufsetzen, bestrei-chen, ebenso mit dem nächsten Schokoladen-boden verfahren und den letzten Boden aufsetzen. Die Torte rundum mit Buttercreme überziehen.

DEKORATION

Die Torte dünn mit Buttercreme bestreichen, um die Krümel einzustreichen (Crumb-Coat, siehe S. 27). Die verbliebene Buttercreme in einen Spritz-beutel mit mittelgroßer Sterntülle füllen. Am oberen Tortenrand beginnen und senkrechte Reihen mit Sternen aufspritzen (siehe S. 37), bis der Rand rundum bedeckt ist. Die Oberseite mit Kreisen aus Sternen vollständig bedecken. Die Sterne können sich ruhig ein wenig überlappen.

WISSENSWERTES

Für eine schlichtere Dekoration ist eine mittelgroße Menge Italie-nische Buttercreme (siehe S. 41) ausreichend. Matcha variiert far-blich je nach Marke. Je kräftiger der Grünton ist, desto höher ist meist auch die Qualität. Matcha ist recht kostspielig; verwenden Sie daher lieber eine preisgünsti-gere Variante für die Torte und sparen Sie hochpreisiges Pulver für Ihren Tee auf. Erhältlich ist Matcha in Teeläden oder im Internethandel, auch in Bioquali-tät. Im Kühlschrank hält sich die Torte bis zu 4 Tage und kann auch eingefroren werden (siehe S. 25).

Nuss-Nugat-Torte

ERGIBT EINE 3-SCHICHTEN-TORTE MIT 15 CM Ø; FÜR 8–12 PORTIONEN

OKAY, ICH GEBE ES ZU: Ich schlecke ab und zu gerne mal einen (oder zwei) Löffel Nuss-Nugat-Creme direkt aus dem Glas. Und damit bin ich wahrscheinlich nicht allein, oder? Doch lassen Sie uns wenigstens für einen kurzen Moment erwachsen sein, den Löffel beiseitelegen und die Nuss-Nugat-Creme stattdessen in diese großartige Torte verwandeln! Um das innere Kind dennoch zu verwöhnen, serviert man die Torte einfach mit einem großen Glas Milch mit Strohhalm.

Für den
KLEINEN KLASSISCHEN SCHOKOLADENBODEN

Butter oder Cooking-Spray zum Einfetten

235 g Mehl Type 405 plus etwas mehr zum Bestäuben

70 g Kakaopulver

1 ½ TL Backpulver

1 TL Natron

¾ TL Salz

120 ml Traubenkernöl

300 g Zucker

2 große Volleier

1 TL Vanilleextrakt von echter Vanille

½ TL Mandelextrakt von echten Mandeln

180 ml Vollmilch

240 ml heißer, starker Kaffee

Für die
NUSS-NUGAT-BUTTERCREME

480 ml Italienische Buttercreme mit Vanillegeschmack (siehe S. 41)

80 g Nuss-Nugat-Creme

Für den
NUSS-NUGAT-FUDGE-ÜBERZUG

170 g weiche Butter

120 g Nuss-Nugat-Creme

440–500 g Puderzucker, gesiebt

2 EL Kakaopulver

⅛ TL Salz

1 TL Vanilleextrakt von echter Vanille

2–3 EL Sahne oder Vollmilch

170 g milde Zartbitterschokolade, geschmolzen und abgekühlt

Zum
ZUSAMMENSETZEN DER TORTE

70 g Haselnusskerne, geröstet und gehackt plus 6–8 ganze Haselnusskerne

Zubereitung des
SCHOKOLADENBODENS

1. Den Backofen auf 175 °C vorheizen. Drei runde Backformen (15 cm Ø) einfetten und mit Mehl bestäuben.

2. Mehl, Kakao, Backpulver, Natron und Salz in eine Schüssel sieben und beiseitestellen.

3. Öl und Zucker in der Rührmaschine 2 Minuten auf mittlerer Stufe mit dem Flachrührer aufschlagen. Bei laufender Maschine Eier, Vanilleextrakt und Mandelextrakt zufügen. Die Maschine ausschalten und an den Schüsselseiten anhaftenden Teig nach unten schieben.

4. Die Maschine auf kleine Stufe stellen und die Mehlmischung in drei Portionen abwechselnd mit der Milch zufügen; dabei mit Mehl beginnen und enden. Ausschalten und an den Schüsselseiten anhaftenden Teig nach unten schieben. Auf kleine Stufe stellen und den Kaffee eingießen. 30 Sekunden auf kleiner bis mittlerer Stufe untermengen, keinesfalls länger.

5. Den Teig gleichmäßig auf die vorbereiteten Formen verteilen. 25–28 Minuten backen, bis an einem mittig eingestochenen Spieß nichts mehr haften bleibt. 10–15 Minuten in den Formen abkühlen lassen, dann zum Auskühlen auf Kuchengitter stürzen.

Zubereitung der
NUSS-NUGAT-BUTTERCREME

6. Die Buttercreme in einer Rührmaschine auf mittlerer Stufe mit dem Flachrührer cremig rühren. Die Nuss-Nugat-Creme zufügen und unterziehen.

Zubereitung des
NUSS-NUGAT-FUDGE-ÜBERZUGS

7. Butter und Nuss-Nugat-Creme in einer Rührmaschine auf mittlerer bis kleiner Stufe mit dem Flachrührer cremig rühren. Auf kleine Stufe stellen; nach und nach Puderzucker, Kakao, Salz und Vanilleextrakt zufügen. Die Sahne eingießen und weiterrühren, bis sich langsam alles verbindet. Dann auf mittlerer bis hoher Stufe zu einem luftigen Überzug aufschlagen. Die Maschine ausschalten und an den Schüsselseiten anhaftende Masse nach unten schieben. Die abgekühlte Schokolade zufügen und unterziehen.

TORTE ZUSAMMENSETZEN

8. Die abgekühlten Böden mit einem Messer begradigen, den Boden für die Tortenunterseite auswählen und auf einen Tortenteller legen. Mithilfe einer Winkelpalette mit 180 ml Buttercreme bestreichen. Den nächsten Boden aufsetzen, bestreichen, dann den letzten Boden aufsetzen. Die Torte rundum mit dem Fudge-Überzug bestreichen und mit gehackten Haselnüssen, ganzen Haselnüssen und der verbliebenen Buttercreme dekorieren.

DEKORATION

Jeweils immer nur eine kleine Handvoll gehackte Haselnüsse am unteren Drittel der Torte andrücken. Die verbliebene Buttercreme in einen Spritzbeutel mit Sterntülle füllen und damit an der Tortenkante Rosetten (siehe S. 37) aufspritzen. Hierzu die erste Rosette auf 12 Uhr aufspritzen, die zweite direkt gegenüber auf 6 Uhr platzieren. Zwei weitere Rosetten auf 3 Uhr und 9 Uhr aufspritzen. Die restlichen Rosetten in gleichmäßigem Abstand in den Zwischenräumen platzieren. Jede Rosette mit einer ganzen Haselnuss verzieren.

WISSENSWERTES

Im Kühlschrank hält sich die Torte bis zu 4 Tage und kann auch eingefroren werden (siehe S. 25).

Eisbombe für Erdnussfans

—

ERGIBT EINE 2-SCHICHTEN-TORTE MIT 15 CM Ø; FÜR 6–8 PORTIONEN

ALS MEIN MANN UND ICH FESTSTELLTEN, dass wir eine große Leidenschaft für alles Süße teilen, wussten wir, dass wir füreinander bestimmt waren. Als wir uns kennenlernten, hatte ich mich gerade dazu entschieden, Backen zu meiner Vollzeitbeschäftigung zu machen. Und er war von Beginn an einer meiner größten Fans. Er hat mich dazu ermutigt, meine Bäckerei zu eröffnen, nahm mir meine Unsicherheit, als wir uns für einen Neuanfang in Kanada entschieden, und hat für dieses Buch mehr Teller abgewaschen und Torten probiert, als ich zählen kann. Deshalb musste ich ihm zu Ehren natürlich eine eigene Torte kreieren, die alles enthält, was er liebt: Salzige Karamellsauce, Erdnussbutter und reichlich Sahne (von Diätkuchen hält er nämlich rein gar nichts). Das hier ist also für dich, Brett!

Für den ERDNUSSBUTTER-MOUSSE

115 g Frischkäse auf Zimmertemperatur

120 g glatte Erdnussbutter

125 g Puderzucker, gesiebt

2 TL Vollmilch

1 TL Vanilleextrakt von echter Vanille

⅛ TL Salz

300 g kalte Sahne

Für den KLASSISCHEN SCHOKOLADENBODEN

Butter oder Cooking-Spray zum Einfetten

155 g Mehl Type 405 plus etwas mehr zum Bestäuben

50 g Kakaopulver

1¼ TL Backpulver

½ TL Natron

½ TL Salz

75 ml Traubenkernöl

200 g Zucker

1 großes Vollei

1 großes Eigelb

1 TL Vanilleextrakt von echter Vanille

½ TL Mandelextrakt von echten Mandeln

180 ml Vollmilch

120 ml heißer, starker Kaffee

Für die ERDNUSS-KARAMELL-SAUCE

60 ml Salzige Karamellsauce (siehe S. 43)

3 EL ungesalzene Erdnüsse

Für die ERDNUSSBUTTER-SCHOKOLADEN-GLASUR

2 EL Butter

2 TL feine Erdnussbutter

2 EL heller Sirup

⅛ TL Salz

170 g milde Zartbitter-schokolade, gehackt

½ TL Vanilleextrakt von echter Vanille

30 g Puderzucker, gesiebt

Zum ZUSAMMENSETZEN DER TORTE

½ Menge Milchschokoladen-Buttercreme (siehe S. 72)

Erdnüsse zum Dekorieren

Zubereitung der
ERDNUSSBUTTER-MOUSSE

1. Frischkäse und Erdnussbutter in der Rührmaschine 2 Minuten mit dem Flachrührer auf mittlerer Stufe cremig rühren. Die Maschine auf kleine Stufe stellen, nach und nach Puderzucker, Milch, Vanilleextrakt und Salz zufügen und einarbeiten. Dann auf mittlerer Stufe glatt rühren. Die Masse in eine große Schüssel geben und beiseitestellen.

2. Die Rührschüssel reinigen und gut abtrocknen. Die Sahne in die Rührschüssel geben und auf mittlerer Stufe mit dem Quirl aufschlagen, bis sie langsam eindickt. Auf hoher Stufe weiterschlagen, bis sich mittelfeste Spitzen bilden.

3. Die Sahne behutsam unter die Erdnussbuttermasse heben.

4. Eine Schüssel (15 cm Ø) mit Frischhaltefolie auskleiden. Die Schüssel bis zum Rand mit der Mousse füllen. Mit Frischhaltefolie abdecken und mindestens 4 Stunden oder über Nacht gefrieren.

Zubereitung des
KLASSISCHEN SCHOKOLADENBODENS

5. Den Backofen auf 175 °C vorheizen. Zwei runde Backformen (15 cm Ø) einfetten und mit Mehl bestäuben.

6. Mehl, Kakao, Backpulver, Natron und Salz in eine Schüssel sieben und beiseitestellen.

7. Öl und Zucker in der Rührmaschine 2 Minuten auf mittlerer Stufe mit dem Flachrührer aufschlagen. Ei, Eigelb, Vanille- und Mandelextrakt unterrühren. Die Maschine ausschalten und an den Schüsselseiten anhaftenden Teig nach unten schieben.

8. Die Maschine auf kleine Stufe stellen und die Mehlmischung in drei Portionen abwechselnd mit der Milch zufügen; dabei mit Mehl beginnen und enden. Die Maschine ausschalten und an den Schüsselseiten anhaftenden Teig nach unten schieben. Auf kleine Stufe stellen und den Kaffee eingießen. 30 Sekunden auf kleiner bis mittlerer Stufe untermengen, keinesfalls länger.

9. Den Teig gleichmäßig auf die vorbereiteten Formen verteilen. 25–28 Minuten backen, bis an einem mittig eingestochenen Spieß nichts mehr haften bleibt. 10–15 Minuten in den Formen abkühlen lassen, dann zum Auskühlen auf Kuchengitter stürzen.

Zubereitung der
ERDNUSS-KARAMELL-SAUCE

10. Die Karamellsauce erhitzen, bis sie weich geworden ist, die Erdnüsse einrühren und beiseitestellen.

Zubereitung der
ERDNUSSBUTTER-SCHOKOLADEN-GLASUR

11. Butter, Erdnussbutter, Sirup, Salz und Schokolade in eine hitzebeständige Schüssel geben und über einem Topf mit leicht siedendem Wasser erhitzen, bis die Schokolade zu schmelzen beginnt. Vom Topf nehmen und den Vanilleextrakt unterrühren. Den Puderzucker unterziehen und die Glasur auf Zimmertemperatur abkühlen lassen. Sie sollte beim Zusammensetzen der Torte eine dicke, siruartige Konsistenz haben.

TORTE ZUSAMMENSETZEN

12. Die abgekühlten Böden mit einem Messer begradigen, den Boden für die Tortenunterseite auswählen und auf einen Tortenteller legen. Die Buttercreme in einen Spritzbeutel mit mittelgroßer runder Tülle füllen. An der Tortenkante einen etwa 12 mm hohen Ring (siehe S. 27) aufspritzen und mit Buttercreme füllen. Einen zweiten, etwa 12 mm hohen Ring aufspritzen und mit der Erdnuss-Karamell-Sauce füllen. Den zweiten Boden aufsetzen.

13. Die Erdnussbutter-Mousse aus dem Tiefkühler nehmen und mithilfe der Frischhaltefolie aus der Schüssel heben. Die flache Seite der Mousse-Halbkugel von der Frischhaltefolie befreien und das Mousse-Eis mit der flachen Seite nach unten auf die Torte setzen. Die Frischhaltefolie entfernen. Die Eistorte mit der Glasur beträufeln und mit Erdnüssen dekorieren.

WISSENSWERTES

Falls die Mousse sich nicht aus der Schüssel löst, die Mousse ein paar Minuten antauen lassen und erneut versuchen. Zum Prüfen der richtigen Temperatur der Glasur, siehe Wissenswertes S. 51. Zum Zerteilen der Torte ein Kochmesser unter heißem Wasser aufwärmen. Man kann Boden und Mousse auch im Voraus zubereiten und separat aufbewahren – den Boden in Frischhaltefolie gewickelt im Kühlschrank und die Mousse im Tiefkühler. Am besten schmeckt die Torte innerhalb von 30–45 Minuten nach dem Zusammensetzen. Im Kühlschrank hält sie sich bis zu 2 Tage (siehe S. 25). Die Mousse jedoch separat im Tiefkühler lagern.

Schokoladentorte mit roten Johannisbeeren

—

ERGIBT EINE 3-SCHICHTEN-TORTE MIT 15 CM Ø; FÜR 8–10 PORTIONEN

ROTE JOHANNISBEEREN sind für mich immer die Juwelen der Sommermärkte in British Columbia. Wenn sie Saison haben, kann ich gar nicht anders und muss immer wieder zugreifen – und aus diesem Anlass natürlich auch das ein oder andere Rezept erfinden.

Diese spritzig-süßen kleinen Beeren strotzen nur so vor Aroma und werden meist zu Konfitüren und Gelees verarbeitet oder einfach pur genascht. In dieser Torte sorgen sie nicht nur für eine wunderschöne Deko, sondern spenden mit ihrem Saft auch ein herrliches Johannisbeer-Himbeer-Curd. Als i-Tüpfelchen verfeinern wir den Schokoladenboden noch mit fruchtigem Cassis.

Für das
JOHANNISBEER-HIMBEER-CURD

75 g rote Johannisbeeren (mit Rispen)

60 g frische Himbeeren

70 g Butter, gewürfelt

1 großes Vollei

2 große Eigelb

150 g Zucker

Für den
SCHOKOLADEN-CASSIS-BODEN

Butter oder Cooking-Spray zum Einfetten

190 g Mehl Type 405 plus etwas mehr zum Bestäuben

1 TL Natron

¾ TL Backpulver

½ TL Salz

60 ml starker Kaffee

120 ml Crème de Cassis (siehe Wissenswertes S. 104)

115 g Butter

120 g saure Sahne

1 großes Vollei

1 großes Eigelb

2 TL Vanilleextrakt von echter Vanille

50 g Kakaopulver

300 g Zucker

Für die
JOHANNISBEER-BUTTERCREME

360 ml Italienische Buttercreme mit Vanillegeschmack (siehe S. 41)

Zum
ZUSAMMENSETZEN DER TORTE

1 Menge dunkle Schokoladenganache (siehe S. 45)

frische rote Johannisbeeren zum Dekorieren (*nach Belieben*)

Zubereitung des
JOHANNISBEER-HIMBEER-CURDS

1. Johannisbeeren und Himbeeren in einem Topf auf mittlerer bis hoher Stufe etwa 10 Minuten erhitzen, bis die Himbeeren zerfallen und die Johannisbeeren sich mit einem Kartoffelstampfer oder der Rückseite eines Holzlöffels zerdrücken lassen. Vom Herd nehmen.

2. Die Beeren durch ein feinmaschiges Sieb in eine Schüssel passieren und mit einem Löffel oder Teigspatel so viel Saft wie möglich ausdrücken. Die Bestandteile aus dem Sieb entsorgen.

3. Die Butter in eine hitzebeständige Schüssel geben und beiseitestellen.

4. 75 ml des Beerensafts mit Ei, Eigelben und Zucker in einem mittelgroßen Topf verquirlen. Auf mittlerer Stufe unter ständigem Rühren (damit das Ei nicht stockt) 6–8 Minuten erhitzen, bis ein Zuckerthermometer 70 °C anzeigt oder die Masse dick genug ist, um einen Löffelrücken zu überziehen.

5. Vom Herd nehmen, durch ein feinmaschiges Sieb in die Schüssel mit der Butter gießen (siehe Wissenswertes) und verrühren. Das Curd direkt auf der Oberfläche mit Frischhaltefolie abdecken, damit es keine Haut bildet, und mindestens 4 Stunden oder über Nacht im Kühlschrank fest werden lassen.

Zubereitung des
SCHOKOLADEN-CASSIS-BODENS

6. Den Backofen auf 175 °C vorheizen. Drei runde Backformen (15 cm Ø) einfetten und mit Mehl bestäuben.

7. Mehl, Natron, Backpulver und Salz in eine Schüssel sieben und beiseitestellen.

8. Kaffee, Crème de Cassis und Butter in einem mittelgroßen Topf auf mittlerer Stufe erhitzen, bis die Butter geschmolzen ist.

9. Derweil saure Sahne, Ei, Eigelb und Vanilleextrakt in einer separaten Schüssel verrühren.

10. Bei immer noch mittlerer Hitze Kakaopulver und Zucker unter die Cassis-Mischung rühren. Den Topf vom Herd nehmen und die Saure-Sahne-Mischung unterziehen. Dann die trockenen Zutaten kräftig unterrühren.

11. Den Teig gleichmäßig auf die vorbereiteten Formen verteilen. 23–25 Minuten backen, bis an einem mittig eingestochenen Spieß nichts mehr haften bleibt. 10–15 Minuten in den Formen abkühlen lassen, dann zum Auskühlen auf Kuchengitter stürzen.

Zubereitung der
JOHANNISBEER-BUTTERCREME

12. Die Buttercreme in einer Rührmaschine auf mittlerer Stufe mit dem Flachrührer cremig rühren. 3 Esslöffel des Johannisbeer-Himbeer-Curds zufügen und einarbeiten.

13. Die abgekühlten Böden mit einem Messer begradigen, den Boden für die Tortenunterseite auswählen und auf einen Tortenteller legen. Mithilfe einer Winkelpalette mit 180 ml Buttercreme bestreichen. Die Creme in der Mitte mit der Rückseite eines großen Löffels aushöhlen und diese Mulde mit etwa 120 ml Johannisbeer-Himbeer-Curd füllen. Einen zweiten Boden aufsetzen und ebenfalls mit Buttercreme bestreichen und Curd füllen. Den letzten Boden aufsetzen. Die Tortenoberseite mit der Ganache bestreichen und nach Belieben mit Johannisbeeren dekorieren.

Wissenswertes

Anstelle von Crème de Cassis kann man auch Granatapfelsaft oder roten Johannisbeersaft verwenden. Die Masse über einem Wasserbad erhitzen, falls sich die Butter im Curd nicht auflöst, bis die Butter geschmolzen ist. Glatt rühren. Das Johannisbeer-Himbeer-Curd kann im Voraus zubereitet werden und in einem Schraubglas bis zu 1 Monat im Kühlschrank gelagert werden. Im Kühlschrank hält sich die Torte bis zu 3 Tage (siehe S. 25). Für eine weniger rustikale Optik die Buttercreme in einem Ring aufspritzen und mit Curd füllen (siehe S. 27).

Die untere Tortenkante mit Johannisbeerrispen dekorieren und ein paar Beeren über den Teller hinausragen lassen. Einen Spritzbeutel mit runder Tülle mit der verbliebenen Ganache füllen und auf der Torte seitlich einen Halbmond aus Tupfen aufspritzen. Dazu mit gleichmäßigem Druck arbeiten, dann den Druck loslassen und den Beutel anheben. Die Tortenoberseite und den Teller mit den restlichen Johannisbeeren bestreuen.

Cookies-and-Cream-Cake

—

ERGIBT EINE 3-SCHICHTEN-TORTE MIT 15 CM Ø; FÜR 10–12 PORTIONEN

KEKSTEIG IN EISCREME? Ja, das kennen wir. Aber Kekse in einer Torte? Da wird für mich ein Traum wahr! Mit dieser Torte und ihren saftigen Schokoladenböden, der weißen Schokoladenfüllung und dem Keks-Überzug verwöhnen Sie Ihr inneres Kind auf die bestmögliche Weise.

Für den
SCHOKOLADENBODEN

Butter oder Cooking-Spray zum Einfetten

235 g Mehl Type 405 plus etwas mehr zum Bestäuben

70 g Kakaopulver

1 ½ TL Backpulver

1 TL Natron

¾ TL Salz

120 ml Traubenkernöl

300 g Zucker

2 große Volleier

1 TL Vanilleextrakt von echter Vanille

½ TL Mandelextrakt von echten Mandeln

180 ml Vollmilch

240 ml heißer, starker Kaffee

Für die
WEISSE-SCHOKOLADEN-FRISCHKÄSE-FÜLLUNG

225 g weiche Butter

170 g Frischkäse auf Zimmertemperatur

690 g Puderzucker, gesiebt

170 g weiße Schokolade, geschmolzen und abgekühlt

2 TL Vanilleextrakt von echter Vanille

Zum
ZUSAMMENSETZEN DER TORTE

10 Schokoladenkekse mit Cremefüllung (z. B. Oreo)

Zubereitung des SCHOKOLADENBODENS

1. Den Backofen auf 175 °C vorheizen. Drei runde Backformen (15 cm Ø) einfetten und mit Mehl bestäuben.

2. Mehl, Kakao, Backpulver, Natron und Salz in eine Schüssel sieben und beiseitestellen.

3. Öl und Zucker in der Rührmaschine 2 Minuten auf mittlerer Stufe mit dem Flachrührer aufschlagen. Bei laufender Maschine, Eier, Vanilleextrakt und Mandelextrakt zufügen. Die Maschine ausschalten und an den Schüsselseiten anhaftenden Teig nach unten schieben.

4. Die Maschine auf kleine Stufe stellen und die Mehlmischung in drei Portionen abwechselnd mit der Milch zufügen und dabei mit Mehl beginnen und enden. Ausschalten und an den Schüsselseiten anhaftenden Teig nach unten schieben. Auf kleine Stufe stellen und den Kaffee eingießen. 30 Sekunden auf kleiner bis mittlerer Stufe untermengen, keinesfalls länger.

5. Den Teig gleichmäßig auf die vorbereiteten Formen verteilen. 25–28 Minuten backen, bis an einem mittig eingestochenen Spieß nichts mehr haften bleibt. 10–15 Minuten in den Formen abkühlen lassen, dann zum Auskühlen auf Kuchengitter stürzen.

Zubereitung der WEISSE-SCHOKOLADEN-FRISCHKÄSE-FÜLLUNG

6. Butter und Frischkäse in der Rührmaschine 2 Minuten auf mittlerer bis kleiner Stufe mit dem Flachrührer aufschlagen. Auf kleine Stufe stellen, nach und nach Puderzucker, weiße Schokolade und Vanillezucker zufügen und einarbeiten. Auf mittlere bis hohe Stufe stellen und rühren, bis eine luftige Creme entstanden ist.

TORTE ZUSAMMENSETZEN

7. Die abgekühlten Böden mit einem Messer begradigen, den Boden für die Tortenunterseite auswählen und auf einen Tortenteller legen. Mithilfe einer Winkelpalette mit 120 ml der Füllung bestreichen. Einen zweiten Boden aufsetzen, bestreichen und den dritten Boden aufsetzen.

8. Die verbliebene Frischkäsefüllung in einer Schüssel mit den zerbröselten Keksen vermengen. Die Torte rundum mit der Keksfüllung überziehen.

WISSENSWERTES

Im Kühlschrank hält sich die Torte bis zu 4 Tage und kann auch eingefroren werden (siehe S. 25).

DEKORATION

Verwenden Sie zum Glätten des Tortenrands eine Teigkarte und für das Spiralmuster (siehe S. 31) auf der Tortenoberseite eine Winkelpalette. Alternativ die Torte mit der Spachteloptik verzieren (siehe S. 31), insbesondere, wenn sich die Füllung aufgrund der Kekse nicht glatt streichen lässt.

Earl-Grey-Schokoladentorte

ERGIBT EINE 3-SCHICHTEN-TORTE MIT 20 CM Ø; FÜR 12–15 PORTIONEN

ICH BIN EINE PASSIONIERTE TEETRINKERIN und horte (äh, sammle) seit Jahren Tee. Alles begann mit einem Urlaub in London, wo ich zum ersten Mal Earl-Grey- und English-Breakfast-Tees genießen durfte und den besten Mandel-Schwarztee mit nach Hause brachte, den ich jemals getrunken habe. Seitdem bin ich begeisterte Teesammlerin.

Einer meiner absoluten Favoriten war immer schon Earl Grey – köstlicher Schwarztee, der mit Bergamottenöl aromatisiert wird und dadurch einen intensiven, aber dennoch raffinierten Zitrusgeschmack besitzt. Man kann ihn schwarz oder mit einer Zitronenscheibe trinken, ich liebe ihn aber auch als Earl-Grey-Latte. Aufgeschäumte Milch, aromatischer Tee und süßer Vanillesirup – eine unschlagbare Kombination, die man probiert haben muss! Und nach nur einem Schluck dieser Köstlichkeit werden Sie den Drang verspüren, diese Schokoladentorte mit Teebuttercreme und köstlicher Karamellglasur sofort auszuprobieren.

Für den
KLASSISCHEN SCHOKOLADENBODEN

Butter oder Cooking-Spray zum Einfetten

315 g Mehl Type 405 plus etwas mehr zum Bestäuben

95 g Kakaopulver

2 ½ TL Backpulver

¾ TL Natron

1 TL Salz

150 ml Traubenkernöl

400 g Zucker

2 große Volleier

1 großes Eigelb

2 TL Vanilleextrakt von echter Vanille

½ TL Mandelextrakt von echten Mandeln

360 ml Vollmilch

240 ml heißer, starker Kaffee

Für die
EARL-GREY-BUTTERCREME

450 g weiche Butter

12 g loser Earl-Grey-Tee

150 ml Eiweiß

250 g Zucker

1 ½ TL Vanillepaste

Zum
ZUSAMMENSETZEN DER TORTE

1 Menge Salzige Karamellsauce (siehe S. 43)

Zubereitung des
KLASSISCHEN SCHOKOLADENBODENS

1. Den Backofen auf 175 °C vorheizen. Drei runde Backformen (20 cm Ø) einfetten und mit Mehl bestäuben.

2. Mehl, Kakao, Backpulver, Natron und Salz in eine Schüssel sieben und beiseitestellen.

3. Öl und Zucker in der Rührmaschine 2 Minuten auf mittlerer Stufe mit dem Flachrührer aufschlagen. Bei laufender Maschine, Eier, Eigelbe, Vanilleextrakt und Mandelextrakt zufügen. Die Maschine ausschalten und an den Schüsselseiten anhaftenden Teig nach unten schieben.

4. Die Maschine auf kleine Stufe stellen und die Mehlmischung in drei Portionen abwechselnd mit der Milch zufügen; dabei mit Mehl beginnen und enden. Die Maschine ausschalten und an den Schüsselseiten anhaftenden Teig nach unten schieben. Auf kleine Stufe stellen und den Kaffee eingießen. 30 Sekunden auf kleiner bis mittlerer Stufe untermengen, keinesfalls länger.

5. Den Teig gleichmäßig auf die vorbereiteten Formen verteilen. 23–25 Minuten backen, bis an einem mittig eingestochenen Spieß nichts mehr haften bleibt. 10–15 Minuten in den Formen abkühlen lassen, dann zum Auskühlen auf Kuchengitter stürzen.

Zubereitung der
EARL-GREY-BUTTERCREME

6. 225 g Butter und den losen Tee in einen Topf geben. Auf mittlerer Stufe erhitzen, bis die Butter geschmolzen ist, dann auf kleiner Stufe 5 Minuten köcheln. Vom Herd nehmen und den Tee 5 weitere Minuten ziehen lassen. Die Butter durch ein feinmaschiges Sieb in eine Schüssel abseihen und etwa 20–30 Minuten in den Kühlschrank stellen, bis sie die Konsistenz von weicher Butter erreicht hat. Kleinere Teeblättchen dürfen ruhig in der Butter verbleiben.

7. Eiweiß und Zucker in einer hitzebeständigen Schüssel der Rührmaschine von Hand verquirlen. Einen mittelgroßen Topf ein paar Zentimeter mit Wasser befüllen und auf mittlerer bis hoher Stufe erhitzen. Die Schüssel auf den Topf setzen; sie darf mit dem Wasser nicht in Kontakt kommen. Das Eiweiß unter gelegentlichem Rühren erhitzen, bis das Zuckerthermometer 70 °C anzeigt oder das Eiweiß sich heiß anfühlt. Die Schüssel vorsichtig in die Rührmaschine setzen.

8. Das Eiweiß auf hoher Stufe 8–10 Minuten mit dem Quirl aufschlagen, bis sich mittelfeste Spitzen bilden. Das Baiser ist fertig, wenn die Außenseite der Schüssel Zimmertemperatur aufweist und aus der Schüssel keinerlei Restwärme mehr aufsteigt. Den Quirl durch den Flachrührer ersetzen.

9. Auf kleine Stufe stellen und Vanillepaste, Tee-Butter und restliche Butter (225 g) esslöffelweise zufügen und einarbeiten. Dann auf mittlerer bis hoher Stufe 3–5 Minuten zu einer samtweichen Buttercreme aufschlagen.

TORTE ZUSAMMENSETZEN

10. Die abgekühlten Böden mit einem Messer begradigen, den Boden für die Tortenunterseite auswählen und auf einen Tortenteller legen. Mithilfe einer Winkelpalette mit 120 ml Füllung bestreichen. Einen zweiten Boden aufsetzen, bestreichen und den dritten Boden aufsetzen. Die Torte mit der verbliebenen Buttercreme überziehen und 15–20 Minuten im Kühlschrank fest werden lassen.

11. Die Karamellsauce über die Torte gießen und an den Seiten herunterlaufen lassen. Hierzu zunächst 120 ml der Sauce mittig auf die Torte gießen und mit einer Winkelpalette verstreichen. Bei Bedarf weitere Sauce zufügen, bis die gewünschte Optik erzielt ist.

WISSENSWERTES

Im Kühlschrank hält sich die Torte bis zu 4 Tage und kann auch eingefroren werden (siehe S. 25). Die Karamellsauce ist im Kühlschrank bis zu 2 Wochen haltbar.

RESTE ÜBRIG?

Genießen Sie Karamellsaucenreste zu Eiscreme oder im Kaffee.

DEKORATION

Den Tortenrand mit einem Tortenkamm verzieren (siehe S. 30) und anschließend mit der Karamellsauce glasieren.

Kokos-Schokoladen-Torte

ERGIBT EINE 4-SCHICHTEN-TORTE MIT 15 CM Ø; FÜR 10–12 PORTIONEN

WIE AN MEINEN REZEPTEN UNSCHWER ABZULESEN, leide ich weder an Nahrungsmittel-unverträglichkeiten noch bin ich Vegetarierin oder achte auf koschere Kost. Ich muss auch nicht auf Zucker, Gluten oder Nüsse verzichten, lege aber zwischendurch gerne einmal einen fleischfreien Tag ein oder entwickle ein veganes Rezept. Die folgende großartige eifreie Torte gehört in diese Kategorie und kann sogar in ein komplett veganes Rezept verwandelt werden, wenn man Butter und Frischkäse in der veganen Variante kauft.

Für den
EIFREIEN SCHOKOLADENBODEN

Butter oder Cooking-Spray zum Einfetten

280 g Mehl Type 405 plus etwas mehr zum Bestäuben

300 g Zucker

35 g Kakaopulver

1 ½ TL Natron

½ TL Zimt

¾ TL Salz

120 ml zerlassenes Kokosöl

1 ½ EL Branntweinessig

1 ½ TL Vanilleextrakt von echter Vanille

360 ml heißer, starker Kaffee

Für die
KOKOS-FRISCHKÄSE-FÜLLUNG

225 g weiche Butter (siehe Wissenswertes S. 116)

115 g Frischkäse auf Zimmertemperatur (siehe Wissenswertes S. 116)

60 ml Kokoscreme (siehe Wissenswertes S. 116)

440 g Puderzucker, gesiebt

Für die
KOKOS-KARAMELL-GLASUR

150 g Zucker

1 EL Agavendicksaft

120 ml Kokoscreme oder Kokosmilch

½ TL Vanillepaste

Zum
ZUSAMMENSETZEN DER TORTE

170–225 g ungesüßte Kokos-Chips

Zubereitung des EIFREIEN SCHOKOLADENBODENS

1. Den Backofen auf 175 °C vorheizen. Vier runde Backformen (15 cm Ø) einfetten und mit Mehl bestäuben.

2. Mehl, Zucker, Kakao, Natron, Zimt und Salz in eine große Schüssel sieben. Mittig eine Mulde eindrücken und Kokosöl, Essig und Vanille eingießen. Alles verrühren.

3. Unter kräftigem Rühren langsam den Kaffee eingießen. Gut untermengen und die an den Schüsselseiten anhaftenden Zutaten nach unten schieben, damit alles eingearbeitet wird.

4. Den Teig gleichmäßig auf die vorbereiteten Formen verteilen. 24–26 Minuten backen, bis an einem mittig eingestochenen Spieß nichts mehr haften bleibt. 10–15 Minuten in den Formen abkühlen lassen, dann zum Auskühlen auf Kuchengitter stürzen.

Zubereitung der KOKOS-FRISCHKÄSE-FÜLLUNG

5. Butter und Frischkäse in der Rührmaschine auf mittlerer Stufe mit dem Flachrührer cremig rühren. Auf kleine Stufe stellen, nach und nach Kokoscreme und Puderzucker zufügen und einarbeiten. Auf mittlere bis hohe Stufe stellen und rühren, bis eine cremige Masse entstanden ist.

Zubereitung der KOKOS-KARAMELL-GLASUR

6. Zucker, Agavendicksaft und 2 Esslöffel Wasser in einem Topf verrühren. Auf hoher Stufe erhitzen, bis die Mischung bernsteinfarben geworden ist und nicht mehr so stark sprudelt wie zu Beginn (ca. 152 °C auf dem Zuckerthermometer). Vom Herd nehmen und langsam die Kokoscreme einrühren. Dann den Vanilleextrakt zufügen und unterziehen. In einen hitzebeständigen Behälter füllen und abkühlen lassen.

TORTE ZUSAMMENSETZEN

7. Die abgekühlten Böden mit einem Messer begradigen, den Boden für die Tortenunterseite auswählen und auf einen Tortenteller legen. Mithilfe einer Winkelpalette mit 80 ml Füllung bestreichen. Einen zweiten Boden aufsetzen, bestreichen und dies wiederholen, bis alle Böden verarbeitet sind. Die Torte mit der verbliebenen Füllung überziehen und mit den Kokos-Chips bedecken. Mit der Kokos-Karamell-Glasur servieren.

WISSENSWERTES

Für eine milchfreie Variante die Kokos-Frischkäse-Füllung mit veganer Butter und veganem Frischkäse zubereiten. Falls keine Kokoscreme erhältlich ist, können Sie sie durch 3 Esslöffel Kokosmilch ersetzen. Bei Kokosmilch, in der sich die festen Bestandteile abgesetzt haben, kann man auch 60 g dieser Bestandteile verwenden. Die Frischkäsefüllung ist in diesem Rezept recht weich, was das Überziehen der Torte erschwert. Sobald sie aber mit den Kokos-Chips bedeckt ist, wird sie stabiler. Bei Bedarf zwischendurch in den Kühlschrank stellen, damit der Überzug fester wird. Im Kühlschrank hält sich die Torte bis zu 3 Tage (siehe S. 25). Übrig gebliebene Karamellsauce ist im Kühlschrank bis zu 1 Woche haltbar.

LÄSSIGE TORTEN

Torten ohne Schnickschnack – die finden Sie im kommenden Kapitel. Torten, die man zum entspannten Sonntagsbrunch mit Freunden oder einem ungezwungenen Kaffeeklatsch servieren kann und die dennoch raffiniet sind und geschmacklich über- raschen. Genießen Sie ein Stück Espresso-Walnuss-Torte mit einer Tasse Kaffee oder bringen Sie die Honig-Feigen-Torte zum sommerlichen Picknick mit. Mit ihrer lässigen Ungekünsteltheit laden die folgenden Rezepte geradezu zu einem entspannten Wochenende mit lieben Menschen ein.

Apfel-Honig-Torte

—

ERGIBT EINE 4-SCHICHTEN-TORTE MIT 20 CM Ø; FÜR 10–12 PORTIONEN

IM HERBST SIND DIE ÄPFEL REIF und man genießt die letzten warmen Tage, bevor das Laub von den Bäumen fällt und der Regen uns die Laune trübt. Wenn ich reife Herbstäpfel sehe, muss ich unweigerlich an kühle, aber sonnige Morgende, leuchtende Farben und Kuscheljacken denken. Ich liebe den Herbst!

Es muss aber nicht jeder Apfelkuchen eine Zimtbombe oder ein Karamellschock sein (obwohl ich auch ein großartiges Rezept für Sie habe, das in diese Richtung geht, siehe S. 251). Die folgende Torte schmeckt herrlich frisch und ist die locker-lässige große Schwester des klassischen Apfel-Zimt Kuchens. Nach der Apfelernte im eigenen Garten gibt es nichts Besseres als diese umwerfende Torte mit einem Hauch von Zitrus, Honig und Kardamom.

Für den
APFELBODEN

Butter oder Cooking-Spray
  zum Einfetten

315 g Mehl Type 405 plus
  etwas mehr zum Bestäuben

1 ½ TL Backpulver

1 TL Natron

½ TL Salz

½ TL Zimt

¼ TL gemahlener Kardamom

150 ml Traubenkernöl

250 g Zucker

2 TL fein abgeriebene
  Zitronenschale

2 große Volleier

1 großes Eigelb

120 ml Buttermilch

280 g fein gewürfelte Äpfel,
  z. B. Granny Smith, Boskoop
  oder Pink Lady

Für die
HONIG-SAUERRAHM-
BUTTERCREME

600 ml Italienische
  Buttercreme mit
  Vanillegeschmack
  (siehe S. 41)

160 g saure Sahne

2 EL Honig

¼ TL gemahlener Kardamom

Für die
KNUSPERHAFERFLOCKEN
AUS DER PFANNE

85 g feine Haferflocken

40 g gehackte Walnusskerne
  (nach Belieben)

2 EL Honig

1 EL Butter

¼ TL frisch gemahlene
  Muskatnuss

⅛ TL Salz

Zum
ZUSAMMENSETZEN DER TORTE

Honig oder Honig-Karamell-
  Sauce (siehe S. 139) zum
  Beträufeln *(nach Belieben)*

Zubereitung des
APFELBODENS

1. Den Backofen auf 175 °C vorheizen. Zwei runde Backformen (20 cm Ø) einfetten und mit Mehl bestäuben.

2. Mehl, Backpulver, Natron, Salz, Zimt und Kardamom und in eine Schüssel sieben und beiseitestellen.

3. Öl, Zucker und Zitronenschale in der Rührmaschine 2 Minuten auf mittlerer Stufe mit dem Flachrührer aufschlagen. Die Maschine auf mittlere bis kleine Stufe stellen und Eier und Eigelb einzeln einrühren. Die Maschine ausschalten und an den Schüsselseiten anhaftenden Teig nach unten schieben.

4. Die Maschine auf kleine Stufe stellen und die Mehlmischung in drei Portionen abwechselnd mit der Buttermilch zufügen; dabei mit Mehl beginnen und enden. Kurz (nicht länger als 30 Sekunden) auf mittlerer Stufe rühren, bis alle trockenen Zutaten eingearbeitet sind. Die Äpfel unterheben.

5. Den Teig gleichmäßig auf die vorbereiteten Formen verteilen. 24–26 Minuten backen, bis an einem mittig eingestochenen Spieß nichts mehr haften bleibt. 10–15 Minuten in den Formen abkühlen lassen, dann zum Auskühlen auf Kuchengitter stürzen.

Zubereitung der
HONIG-SAUERRAHM-BUTTERCREME

6. Die Buttercreme in einer Rührmaschine auf mittlerer Stufe mit dem Flachrührer cremig rühren. Saure Sahne, Honig und Kardamom unterrühren.

Zubereitung der
KNUSPERHAFERFLOCKEN AUS DER PFANNE

7. Eine große Pfanne auf mittlerer Stufe erhitzen. Haferflocken und Walnüsse darin unter gelegentlichem Rühren mit einem Holzlöffel 5–8 Minuten leicht anbräunen. Honig, Butter, Muskat und Salz zufügen und rühren, bis die Haferflocken ganz davon überzogen sind. Unter Rühren 3–5 Minuten weiterbraten. Auf einem Stück Backpapier verteilen. Auskühlen lassen.

TORTE ZUSAMMENSETZEN

8. Die ausgekühlten Böden horizontal halbieren und so vier Böden herstellen (siehe S. 27). Die Böden begradigen und einen Boden für die Unterseite der Torte auswählen. Auf einen Tortenteller legen und mit einem Viertel der Buttercreme bestreichen. Den zweiten Boden aufsetzen, bestreichen, dies mit dem dritten Boden wiederholen und den letzten Boden aufsetzen. Die Oberseite mit der verbliebenen Buttercreme bestreichen. Mit einer großen Handvoll Knusperhaferflocken bestreuen und nach Belieben mit Honig oder Honig-Karamell-Sauce beträufeln.

WISSENSWERTES

Im Kühlschrank hält sich die Torte bis zu 3 Tage (siehe S. 25). Die Knusperhaferflocken separat aufbewahren.

RESTE ÜBRIG?

Auch zu Joghurt schmecken die Knusperhaferflocken gut.

SCHNELLER ZUM ZIEL

Anstelle der Knusperhaferflocken Knuspermüsli aus dem Supermarkt verwenden.

DIREKT NACH DEM COLLEGE durfte ich einige Zeit im Dachgeschoss des Hauses meines Bruders wohnen. Im Gegenzug sittete ich seinen kleinen Mops und übernahm fast alles, was mit Kochen und Backen zusammenhing. Eines meiner allerersten Rezepte als Backneuling war Zucchini-Brot. Es war supersaftig, strotzte vor Maiskeimöl und war gekrönt von einem Berg Frischkäsecreme. Ich war 20 Jahre alt und liebte dieses Brot. Und solange ich diese Köstlichkeit regelmäßig zubereitete, war ich meinem Bruder als Hausgast auch mehr als willkommen. Diese Tortenvariante ist nicht unbedingt gesünder als die Brotversion, doch mit Zitronenschale und Ziegenkäse ein wenig raffinierter. Und sie liefert gute Überzeugungsarbeit, wenn man seinem Gastgeber eine Aufenthaltsverlängerung schmackhaft machen möchte.

Für den
ZUCCHINIBODEN

Butter oder Cooking-Spray zum Einfetten

315 g Mehl Type 405 plus etwas mehr zum Bestäuben

2 TL Backpulver

½ TL Natron

½ TL Salz

½ TL Zimt

½ TL gemahlener Kardamom

¼ TL frisch gemahlene Muskatnuss

150 ml Traubenkernöl

300 g Zucker

2 TL fein abgeriebene Zitronenschale

3 große Volleier

225 g geriebene Zucchini, abgetropft

3 EL Buttermilch

1 TL frisch gepresster Zitronensaft

Für die
ZIEGENKÄSEFÜLLUNG

115 g Ziegenfrischkäse auf Zimmertemperatur

115 g weiche Butter, gewürfelt

375 g Puderzucker, gesiebt

2–3 TL Vollmilch

½ TL Vanilleextrakt von echter Vanille

Für den
ZITRONENGUSS

125 g Puderzucker, gesiebt

2–3 EL frisch gepresster Zitronensaft

2 TL fein abgeriebene Zitronenschale

Zitronen-Zucchini-Torte

—

ERGIBT EINE 4-SCHICHTEN-TORTE MIT 15 CM Ø; FÜR 10–12 PORTIONEN

Zubereitung des
ZUCCHINIBODENS

1. Den Backofen auf 175 °C vorheizen. Vier runde Backformen (15 cm Ø) einfetten und mit Mehl bestäuben.

2. Mehl, Backpulver, Natron, Salz, Zimt, Kardamom und Muskat in eine Schüssel sieben und beiseitestellen.

3. Öl, Zucker und Zitronenschale in der Rührmaschine auf mittlerer Stufe 2 Minuten mit dem Flachrührer aufschlagen. Die Maschine auf mittlere bis kleine Stufe stellen und die Eier einzeln einarbeiten. Die Maschine ausschalten und an den Schüsselseiten anhaftenden Teig nach unten schieben.

4. Die Maschine auf kleine Stufe stellen, dann die Mehlmischung in zwei Portionen zufügen und einarbeiten. Zucchini, Buttermilch und Zitronensaft zugeben und 30 Sekunden auf mittlerer Stufe untermengen, keinesfalls länger.

5. Den Teig gleichmäßig auf die vorbereiteten Formen verteilen. 24–26 Minuten backen, bis an einem mittig eingestochenen Spieß nichts mehr haften bleibt. 10–15 Minuten in den Formen abkühlen lassen, dann zum Auskühlen auf Kuchengitter stürzen.

Zubereitung der
ZIEGENKÄSEFÜLLUNG

6. Ziegenkäse und Butter in der Rührmaschine auf mittlerer Stufe 2 Minuten mit dem Flachrührer cremig rühren. Auf kleine Stufe stellen, nach und nach Puderzucker, Milch und Vanilleextrakt zufügen und einarbeiten. Auf mittlere bis hohe Stufe stellen und rühren, bis eine luftige Creme entstanden ist.

TORTE ZUSAMMENSETZEN

7. Die abgekühlten Böden mit einem Messer begradigen, den Boden für die Tortenunterseite auswählen und auf einen Tortenteller legen. Mithilfe einer Winkelpalette mit einem Drittel der Ziegenkäsefüllung bestreichen. Den zweiten Boden aufsetzen, bestreichen, dies mit dem dritten Boden wiederholen und den letzten Boden aufsetzen.

Zubereitung des
ZITRONENGUSSES

8. Puderzucker, 2 Esslöffel Zitronensaft und Zitronenschale in einer Schale glatt rühren, bis der Zucker aufgelöst ist. Bei Bedarf mehr Zitronensaft zufügen, bis ein dickflüssiger Guss entstanden ist. Den Guss mittig auf die Torte gießen und mit einer Winkelpalette verstreichen. Er sollte am Tortenrand herunterlaufen.

WISSENSWERTES

Bewahren Sie die Torte in Frischhaltefolie gewickelt im Kühlschrank auf, wenn Sie sie im Voraus zubereiten möchten. Den Guss erst kurz vor dem Servieren auftragen. Reste halten sich bis zu 3 Tage im Kühlschrank (siehe S. 25).

Honig-Feigen-Torte

ERGIBT EINE 2-SCHICHTEN-TORTE MIT 15 CM Ø; FÜR 6–8 PORTIONEN

ALS ICH SIEBEN JAHRE ALT WAR, vor mehr als 20 Jahren, hatten wir für ein paar Wochen einen italienischen Austauschschüler zu Besuch. Seitdem ist Pablo wie ein großer Bruder für mich. Ich weiß noch, wie er meine Mutter damals nach einem Pasta-Laden gefragt (in unserem Vorort gab es keinen) und uns vor seiner Rückreise in die Heimat göttliche Spaghetti Carbonara serviert hat.

Wir haben uns über die Jahre nie aus den Augen verloren und uns in Rom, Mailand und bei uns in den USA immer wieder getroffen. Seine Mutter hat uns als Dank für unsere Gastfreundschaft das wundervollste neungängige italienische Menü gekocht, das ich jemals gegessen habe. Als ich Anfang 20 war, lud Pablo meine Freunde und mich in Mailand zu Drinks und Snacks in einem versteckt gelegenen Dachcafé mit Blick auf den Dom und den gesamten Domplatz ein. Zu meiner Hochzeit kamen Pablo und seine Frau den ganzen Weg von Italien bis nach Kalifornien, und er sprach während der Zeremonie in der Kirche ein Gebet auf Italienisch. Diese Torte ist eine Hommage an meinen „italienischen Bruder".

Für den
HONIGJOGHURT

900 g griechischer Joghurt

2–3 EL Honig

Für den
POLENTA-OLIVENÖL-BODEN

Butter oder Cooking-Spray
    zum Einfetten

155 g Mehl Type 405 plus
    etwas mehr zum Bestäuben

1 ½ TL Backpulver

¼ TL Salz

135 g mittelfeine oder feine
    Polenta (Maismehl)

55 g weiche Butter

100 g Zucker

60 ml Olivenöl

60 ml Honig

2 große Volleier

2 große Eigelb

75 ml Traubenkernöl

Für den
THYMIANSIRUP

65 g Zucker

5–8 frische Zweige Thymian

Zum
ZUSAMMENSETZEN DER TORTE

6–8 frische Feigen, geviertelt

Zubereitung des
HONIGJOGHURTS

1. Ein feinmaschiges Sieb mit doppelt gelegtem Mulltuch auslegen und über einer Schüssel platzieren. Den Joghurt ins Sieb geben und etwa 4 Stunden in den Kühlschrank stellen. Nach 2 Stunden umrühren. Nun sollte der Großteil der Flüssigkeit abgetropft sein. Das Mulltuch an den Ecken hochnehmen, in der Mitte verzwirbeln und so die restliche Flüssigkeit aus dem Joghurt drücken. Dabei jedoch keinen Joghurt herauspressen. Die Flüssigkeit entsorgen.

2. Den Honig unter den abgetropften Joghurt rühren.

Zubereitung des
POLENTA-OLIVENÖL-BODENS

3. Den Backofen auf 175 °C vorheizen. Zwei runde Backformen (15 cm Ø) einfetten und mit Mehl bestäuben.

4. Mehl, Backpulver und Salz in eine Schüssel sieben, dann die Polenta untermischen. Beiseitestellen.

5. Die Butter in der Rührmaschine auf mittlerer Stufe mit dem Flachrührer cremig rühren. Zucker, Öl und Honig zufügen und 3–5 Minuten auf mittlerer bis hoher Stufe gründlich vermengen. Die Maschine ausschalten und an den Schüsselseiten anhaftenden Teig nach unten schieben.

6. Die Maschine auf mittlere bis kleine Stufe stellen und Eier und Eigelbe einzeln einrühren. Die Maschine ausschalten und an den Schüsselseiten anhaftenden Teig nach unten schieben.

7. Die Maschine auf kleine Stufe stellen und die Mehlmischung in drei Portionen abwechselnd mit der Milch zufügen; dabei mit Mehl beginnen und enden. Kurz (nicht länger als 30 Sekunden) auf mittlerer Stufe rühren, bis alle trockenen Zutaten eingearbeitet sind.

8. Den Teig gleichmäßig auf die vorbereiteten Formen verteilen. 23–25 Minuten backen, bis an einem mittig eingestochenen Spieß nichts mehr haften bleibt. 10–15 Minuten in den Formen abkühlen lassen, dann zum Auskühlen auf Kuchengitter stürzen.

Zubereitung des
THYMIANSIRUPS

9. 80 ml Wasser und Zucker in einem Topf bei mittlerer bis hoher Hitze aufkochen. Den Thymian zufügen und alles bei reduzierter Hitze 8 Minuten köcheln. Vom Herd nehmen und abkühlen lassen. Den Sirup vor der Verwendung abseihen, den Thymian entsorgen.

TORTE ZUSAMMENSETZEN

10. Wenn die Böden abgekühlt sind, den Boden für die Tortenunterseite auswählen und auf einen Tortenteller legen. Mithilfe eines Löffels oder einer Winkelpalette mit der Hälfte des Joghurts bestreichen. Den zweiten Boden aufsetzen und die Oberseite mit dem verbliebenen Joghurt bestreichen. Die Feigen auf der Torte verteilen und die Schnittflächen großzügig mit Thymiansirup bestreichen. Dann einen weiteren Esslöffel Sirup über die Torte träufeln.

WISSENSWERTES

Der Thymiansirup lässt sich gut im Voraus herstellen und hält sich in einem Schraubglas bis zu 1 Woche im Kühlschrank. Die zusammengesetzte Torte am besten sofort verzehren. Andernfalls ist sie im Kühlschrank bis zu 2 Tage haltbar. Sie sollte jedoch 30 Minuten vor dem Servieren herausgenommen werden, um Zimmertemperatur anzunehmen (siehe S. 25).

RESTE ÜBRIG?

Mit dem Thymiansirup kann man auch Eistee oder Limonade und sogar einen erfrischenden Cocktail süßen.

Gâteau aux Framboises

ERGIBT EINE 3-SCHICHTEN-TORTE MIT 15 CM Ø; FÜR 8–12 PORTIONEN

MEINE GROSSE LIEBE ZU FRANKREICH entdeckte ich erst etwa zehn Jahre nach meiner ersten Reise dorthin. Damals fuhr ich als 15-Jährige im Sommer mit meinen Eltern, meinem Bruder und meinen Großeltern drei Wochen mit dem Zug kreuz und quer durch Europa. Eine abenteuerliche Reise, die wir trotz einer wackeligen Gondelfahrt in Venedig und meinem philippinischen Großvater, der versuchte, mit seinem gebrochenen Deutsch zu glänzen, tatsächlich überlebten. Ich war aber noch viel zu jung, um all das zu erfassen, was ich heute an der französischen Kultur so schätze. Zum Beispiel wusste ich damals nicht, dass diese kleinen bunten Sandwichkekse Macarons waren; und ich ahnte auch nicht, dass ich sie später einmal selbst herstellen würde.

Seitdem bin ich nicht mehr in Frankreich gewesen, doch französische Kunst, Mode und besonders das Backwerk haben sich in meinem privaten und beruflichen Leben zu einer großen Inspirationsquelle entwickelt. Damals, im Schlepptau meiner exzentrischen Familie, sah ich Paris mit den Augen eines Teenagers. Heute sehne ich mich danach, die Stadt als Konditorin neu für mich zu entdecken. Bis dahin werde ich mich mit der Zubereitung der folgenden Torte begnügen müssen, in der sich – als Huldigung der Pariser Pâtisserien – Mandeln, Pistazien und frische Himbeeren befinden.

Für den **MANDEL-BISKUITBODEN**	*Für die* **PISTAZIEN-BUTTERCREME**	*Zum* **ZUSAMMENSETZEN DER TORTE**
Butter oder Cooking-Spray zum Einfetten	480 ml Italienische Buttercreme mit Vanillegeschmack (siehe S. 41)	375 g frische Himbeeren
85 g Puderzucker, gesiebt		Puderzucker zum Bestäuben
4 große Volleier	60 g Pistazienpaste (Internethandel)	
1 TL Vanilleextrakt von echter Vanille		
115 g Mandelmehl		
65 g Mehl Type 405		
1 TL Backpulver		
⅛ TL Salz		
1 TL fein abgeriebene Zitronenschale		
2 EL Butter, zerlassen		
4 große Eiweiß		
50 g Zucker		
1 TL Weinstein		

Zubereitung des MANDEL-BISKUITBODENS

1. Den Backofen auf 190 °C vorheizen. Eine eckige Backform mit 25 x 38 cm Seitenlänge (siehe Wissenswertes) mit Backpapier auslegen und das Papier an den Kanten ein paar Zentimeter überstehen lassen.

2. Puderzucker, Eier und Vanilleextrakt in einer großen Schüssel aufschlagen, bis ein sehr feinporiger, hellgelber Schaum entstanden ist, der beim Anheben des Quirls Fäden zieht. Beide Mehlsorten, Backpulver und Salz hineinsieben. Die Zitronenschale zufügen und unterziehen. Die Butter unterrühren.

3. Das Eiweiß in die saubere Schüssel der Rührmaschine geben und auf mittlerer bis kleiner Stufe mit dem Quirl schaumig schlagen. Zucker und Weinstein zufügen und auf hoher Stufe weiterschlagen, bis sich feste Spitzen bilden.

4. Den Eischnee behutsam, aber bewusst unter den Teig heben. Den Teig in die vorbereitete Form füllen und mit einer Winkelpalette glatt streichen. 5–10 Minuten im vorgeheizten Ofen backen, bis er bei Fingerdruck zurückfedert. 10–15 Minuten auf einem Kuchengitter abkühlen lassen.

Zubereitung der PISTAZIEN-BUTTERCREME

5. Die Buttercreme in der Rührmaschine auf mittlerer Stufe mit dem Flachrührer cremig rühren. Die Pistazienpaste in einer separaten Schüssel cremig rühren und unter die Buttercreme mengen.

TORTE ZUSAMMENSETZEN

6. Den abgekühlten Biskuit mithilfe des Backpapiers vorsichtig aus der Form heben und auf ein großes Schneidebrett oder eine saubere Arbeitsfläche stürzen. Das Backpapier ablösen und entsorgen. Mit einem Tortenring (15 cm Ø) drei Böden aus dem Biskuit ausstechen.

7. Den Tortenring auf einen Tortenteller setzen und den unteren Boden hineinlegen. Die Pistazien-Buttercreme in einen Spritzbeutel mit runder Tülle füllen. Etwa 120 ml Buttercreme auf dem Boden verstreichen und an den Seiten gut andrücken, um Lücken in der Buttercremeschicht zu vermeiden.

8. Auf der Buttercreme eine Schicht Himbeeren verteilen. Weitere 120 ml Buttercreme auf den Himbeeren verteilen und die Vertiefungen zwischen den Beeren gut ausfüllen. Den zweiten Boden aufsetzen und ebenso mit Buttercreme und Himbeeren bedecken. Den letzten Boden aufsetzen und die Torte locker abgedeckt etwa 20–30 Minuten in den Kühlschrank stellen, bis die Buttercreme ausgehärtet ist.

9. Den Tortenring behutsam entfernen. Kurz vor dem Servieren die Torte mit Puderzucker bestäuben.

WISSENSWERTES

Mit einem Metallspatel am Rand der Torte entlangfahren, um die Torte aus dem Tortenring zu lösen. Bei einer Backform mit 25 x 38 cm Seitenlänge lassen sich exakt drei Böden mit 15 cm Ø ausstechen. Ansonsten kann man auch zwei Böden und zwei Halbkreise ausstechen und die Reste auf dem Blech zu einer Scheibe mit 15 cm Ø zusammensetzen. Den zusammengesetzten Boden als mittlere Tortenschicht verwenden. Im Kühlschrank hält sich die Torte bis zu 3 Tage (siehe S. 25).

Sweet Tea Cake

—

ERGIBT EINE 3-SCHICHTEN-TORTE MIT 15 CM Ø; FÜR 10-12 PORTIONEN

VOR EIN PAAR JAHREN REISTE ICH ZUM ERSTEN MAL in meinem Leben nach Nashville, um einer Freundin bei einem ihrer Kochbücher zu helfen. Ich war neugierig auf diesen Teil der USA, auf die Küche und das Südstaatenfeeling. Leider war der Aufenthalt aber nur von kurzer Dauer und fast nur von Arbeit geprägt, sodass ich noch immer keine rechte Vorstellung von den Südstaaten habe.

Eines aber weiß ich genau, nämlich dass meine Gastgeberin ebenso süß und wundervoll ist wie diese kleine Torte. Der Sweet Tea Cake besticht durch Vanille-Buttercreme, kandierten Zitronenscheiben, Vanilleüberzug und einer köstlichen Tee-Buttercreme-Füllung. Auch wenn vermutlich nicht jeder Südstaatler süßen Tee auf seiner Veranda trinkt, symbolisiert diese Torte meine romantische Vorstellung von sonnigen Nachmittagen in dieser Region.

Für die **KANDIERTEN ZITRONEN**	*Für den* **ZITRONENBODEN**	*Für die* **SWEET-TEA-BUTTERCREME**
2 Zitronen, in dünne Scheiben geschnitten und entkernt	Butter oder Cooking-Spray zum Einfetten	100 g Zucker
300 g Zucker	295 g Mehl Type 405 plus etwas mehr zum Bestäuben	5 Teebeutel Schwarztee, Papieretiketten entfernt
	2 ½ TL Backpulver	1 mittlere Menge Italienische Buttercreme mit Vanille-geschmack (siehe S. 41)
	½ TL Natron	
	½ TL Salz	*Für die* **VANILLEBUTTERCREME**
	300 g Zucker	verbliebene Italienische Buttercreme mit Vanille-geschmack
	2 EL fein abgeriebene Zitronenschale	½ TL Vanillepaste
	170 g Butter	
	1 TL Vanilleextrakt von echter Vanille	
	4 große Eigelb	
	240 ml Buttermilch	

Zubereitung der
KANDIERTEN ZITRONEN

1. Ein Eiswasserbad vorbereiten und beiseitestellen.

2. 360 ml Wasser in einem großen flachen Topf aufkochen. Die Zitronenscheiben hineingeben und 1 Minute kochen, dann mit einem Schaumlöffel ins Eiswasserbad heben.

3. Das Wasser bei reduzierter Hitze zum Köcheln bringen und den Zucker darin unter Rühren auflösen. Die blanchierten Zitronen zufügen und etwa 30 Minuten köcheln, bis sie durchsichtig geworden sind. Auf einem Kuchengitter abtropfen lassen. Dann auf Backpapier 2–4 Stunden oder über Nacht vollständig durchtrocknen lassen.

Zubereitung des
ZITRONENBODENS

4. Den Backofen auf 175 °C vorheizen. Drei runde Backformen (15 cm Ø) einfetten und mit Mehl bestäuben.

5. Mehl, Backpulver, Natron und Salz in eine Schüssel sieben und beiseitestellen.

6. Zucker und Zitronenschale in eine Schale geben und mit den Fingerspitzen verreiben, bis der Zucker den Zitronengeschmack angenommen hat.

7. Die Butter in einer Rührmaschine auf mittlerer Stufe mit dem Flachrührer cremig rühren. Den Zitronenzucker zufügen und die Butter auf mittlerer bis hoher Stufe 3–5 Minuten luftig aufschlagen. Ausschalten und an den Schüsselseiten anhaftende Butter nach unten schieben.

8. Die Maschine auf mittlere bis kleine Stufe stellen und Vanilleextrakt und Eigelbe einzeln einrühren. Die Maschine ausschalten und an den Schüsselseiten anhaftenden Teig nach unten schieben.

9. Die Maschine auf kleine Stufe stellen und die Mehlmischung in drei Portionen abwechselnd mit der Buttermilch zufügen; dabei mit Mehl beginnen und enden. Kurz (nicht länger als 30 Sekunden) auf mittlerer Stufe rühren, bis alle trockenen Zutaten eingearbeitet sind.

10. Den Teig gleichmäßig auf die vorbereiteten Formen verteilen. 22–24 Minuten backen, bis an einem mittig eingestochenen Spieß nichts mehr haften bleibt. 10–15 Minuten in den Formen abkühlen lassen, dann zum Auskühlen auf Kuchengitter stürzen.

Zubereitung der
SWEET-TEA-BUTTERCREME

11. 240 ml Wasser mit dem Zucker in einem Topf bei mittlerer bis hoher Hitze aufkochen. Die Hitze reduzieren, bis das Wasser nur noch köchelt, und die Teebeutel hineingeben. Etwa 8 Minuten köcheln. Die Teebeutel entfernen und 20–30 Minuten weiterköcheln, bis die Flüssigkeit zu einem Sirup eingekocht ist. Vom Herd nehmen und abkühlen lassen.

12. 360 ml Buttercreme in der Rührmaschine auf mittlerer Stufe 2 Minuten mit dem Flachrührer cremig rühren. 3 Esslöffel des Sirups zufügen und einarbeiten. In eine separate Schüssel füllen und beiseitestellen. Die Rührschüssel säubern.

Zubereitung der
VANILLEBUTTERCREME

13. Restliche Buttercreme und Vanillepaste in der Rührmaschine mit dem Flachrührer cremig rühren.

TORTE ZUSAMMENSETZEN

14. Die abgekühlten Böden mit einem Messer begradigen, den Boden für die Tortenunterseite auswählen und auf einen Tortenteller legen. Mithilfe einer Winkelpalette mit der Hälfte der Sweet-Tea-Buttercreme bestreichen. Den zweiten Boden aufsetzen, bestreichen und den dritten Boden aufsetzen. Die Torte rundum mit der Vanillebuttercreme überziehen und mit kandierten Zitronen dekorieren.

WISSENSWERTES

Im Kühlschrank hält sich die Torte bis zu 4 Tage und kann auch eingefroren werden (siehe S. 25). Die kandierten Zitronen separat lagern.

Die Torte mit der Vanillebuttercreme überziehen und glatt streichen. Die verbliebene Buttercreme in einen Spritzbeutel mit kleiner runder Tülle füllen. Die Buttercreme in senkrechten Linien (siehe S. 37) am Tortenrand aufspritzen. Dabei die Linien immer am Rand der Tortenoberseite beginnen. Mit gleichbleibendem Druck arbeiten und die Linien über die Kante gerade am Tortenrand entlang bis nach unten ziehen. Die Buttercreme sollte nicht direkt auf die Tortenoberfläche gespritzt werden, sondern zuvor etwas in der Luft schweben. Das obere und untere Ende jedes Streifens mit einem kleinen Tupfen (siehe S. 37) verzieren. Zwischen den Linien einen Abstand von 6–12 mm lassen. Die Tortenoberseite mit den Zitronenscheiben belegen oder separat zur Torte servieren.

MIT PFIRSICHEN VERBINDET MICH EINE HASSLIEBE. Vielleicht liegt es daran, dass aus irgendeinem Grund auch die schönsten Pfirsiche in meiner Gegend nie den richtigen Reifegrad haben. Wenn es mir allerdings gelingt, einen vollreifen, saftigen, duftenden Pfirsich zu finden, ist das für mich der schönste Genuss, den man sich vorstellen kann.

Mit der folgenden Torte, die man am besten nach einem erfolgreichen Ausflug zum spätsommerlichen Bauernmarkt genießt, wollte ich genau diesen perfekten Pfirsichen eine Bühne bieten. Deshalb habe ich sie einfach in ihrer ganzen Pracht roh auf der Torte platziert und sie nicht mitgebacken. Die Pfirsichglasur hebt die würzigen Böden in neue Höhen, und die Rosmarin-Pinienkerne verleihen einen tollen Biss.

Für den
GEWÜRZBODEN

Butter oder Cooking-Spray zum Einfetten

300 g Mehl Type 405 plus etwas mehr zum Bestäuben

60 g Speisestärke

1 EL Kakaopulver

1 EL Zimt

2 TL Backpulver

1 TL Ingwerpulver

1 TL Natron

½ TL Salz

½ TL frisch gemahlene Muskatnuss

¼ TL gemahlene Gewürznelken

170 g weiche Butter

60 ml Traubenkernöl

400 g Zucker

1 TL Vanilleextrakt von echter Vanille

4 große Volleier

300 ml Buttermilch

Für die
PFIRSICHGLASUR

240 g Pfirsichkonfitüre

½ TL Zimt

½ TL Ingwerpulver

⅛ TL frisch gemahlene Muskatnuss

Für die
ROSMARIN-PINIENKERNE

65 g Pinienkerne

1 EL Honig

1 TL getrockneter Rosmarin

¼ TL Salz

Für die
KARAMELL-FRISCHKÄSE-FÜLLUNG

115 g Frischkäse auf Zimmertemperatur

480 ml Italienische Buttercreme mit Vanillegeschmack (siehe S. 41)

60 ml Salzige Karamellsauce (siehe S. 43)

Zum
ZUSAMMENSETZEN DER TORTE

1–2 reife Pfirsiche, in Scheiben geschnitten

Würzige Pfirsichtorte

—

ERGIBT EINE 2-SCHICHTEN-TORTE MIT 20 CM Ø; FÜR 12–15 PORTIONEN

Zubereitung des GEWÜRZBODENS

1. Den Backofen auf 175 °C vorheizen. Zwei runde Springformen (20 cm Ø) einfetten und mit Mehl bestäuben (siehe Wissenswertes).

2. Mehl, Speisestärke, Kakao, Zimt, Backpulver, Ingwerpulver, Natron, Salz, Muskat und Nelken in eine Schüssel sieben und beiseitestellen.

3. Die Butter in der Rührmaschine auf mittlerer Stufe mit dem Flachrührer cremig rühren. Öl und Zucker zufügen, auf mittlere bis hohe Stufe stellen und 3 Minuten einarbeiten. Die Maschine auf mittlere bis kleine Stufe stellen, Vanilleextrakt und Eier einzeln untermengen. Die Maschine ausschalten und an den Schüsselseiten anhaftenden Teig nach unten schieben.

4. Die Maschine auf kleine Stufe stellen und die Mehlmischung in drei Portionen abwechselnd mit der Buttermilch zufügen; dabei mit Mehl beginnen und enden. 30 Sekunden auf kleiner bis mittlerer Stufe untermengen, keinesfalls länger.

5. Den Teig gleichmäßig auf die vorbereiteten Formen verteilen. 25–28 Minuten backen, bis an einem mittig eingestochenen Spieß nichts mehr haften bleibt.

Zubereitung der PFIRSICHGLASUR

6. Während die Böden backen, Konfitüre, Zimt, Ingwer und Muskat in einem Topf verrühren und auf mittlerer Stufe 5–8 Minuten erhitzen, bis die Konfitüre geschmolzen ist. Sobald eine sirupartige Konsistenz erreicht ist, die Konfitüre durch ein feinmaschiges Sieb in eine Schüssel passieren, um alle festen Bestandteile zu entfernen.

7. Die Böden aus dem Ofen nehmen und die Glasur sofort gleichmäßig auf die Böden verteilen. In den Formen auf Kuchengittern abkühlen lassen, dann aus den Formen lösen.

Zubereitung der ROSMARIN-PINIENKERNE

8. Eine schwere Pfanne auf mittlerer bis hoher Stufe erhitzen. Auf mittlere Hitze reduzieren und die Pinienkerne darin 3–5 Minuten anbräunen. Honig, Rosmarin und Salz zufügen und rühren, bis die Pinienkerne gleichmäßig vom Honig umzogen sind. Unter Rühren weitere 5 Minuten köcheln. Vom Herd nehmen und die Pinienkerne auf einem Stück Backpapier etwa 10 Minuten abkühlen und trocknen lassen.

Zubereitung der KARAMELL-FRISCHKÄSE-FÜLLUNG

9. Den Frischkäse in der Rührmaschine auf mittlerer Stufe mit dem Flachrührer cremig rühren. Buttercreme und Karamellsauce zufügen und alles gut vermengen.

TORTE ZUSAMMENSETZEN

10. Die Böden begradigen, den Boden für die Tortenunterseite auswählen und auf einen Tortenteller legen. Mithilfe einer Winkelpalette mit der Hälfte der Füllung bestreichen. Einen zweiten Boden aufsetzen und mit der restlichen Füllung bestreichen. Die Oberseite mit den Pfirsichscheiben belegen und mit einer großen Handvoll Rosmarin-Pinienkerne bestreuen.

WISSENSWERTES

Backen Sie die Böden in Springformen, damit sie sich nach dem Glasieren leichter aus der Form lösen lassen. Andere Backformen mit Backpapier auslegen und damit vorsichtig auf das Kuchengitter heben, nicht stürzen. Im Kühlschrank hält sich die Torte bis zu 3 Tage (siehe S. 25). Pfirsiche und Pinienkerne separat aufbewahren.

Aprikosen-Karotten-Torte

―――

ERGIBT EINE 2-SCHICHTEN-TORTE MIT 15 CM Ø; FÜR 6–8 PORTIONEN

WENN ES UMS BACKEN GEHT, halte ich mich nicht an allzu viele feste Regeln. Natürlich muss man auf bestimmte chemische Prozesse Rücksicht nehmen, ich versuche aber, mich bei der Rezeptentwicklung in meiner Kreativität möglichst nicht einschränken zu lassen. Meine Backphilosophie lautet: Halte dich an Saisonware und verarbeite nur die hochwertigsten Zutaten. Denn natürlich führen die bestmöglichen Zutaten auch zum bestmöglichen Ergebnis. Logisch, oder?

Ich gehe gern auf Wochenmärkte und lasse mich dort von frischen, saisonalen Produkten inspirieren. Als ich die tollen Regenbogen-Karotten entdeckte, war es Liebe auf den ersten Blick, und heraus kam diese Tortenkreation mit Dinkelmehl, Joghurt, Trockenaprikosen und Honig. Mit der Zimt-Mascarpone-Füllung verwandeln Sie jeden normalen Tag in ein Fest.

Für den APRIKOSEN-KAROTTEN-BODEN

Butter oder Cooking-Spray zum Einfetten

225 g Dinkelmehl Type 630 oder Weizenmehl Type 405 plus etwas mehr zum Bestäuben

1 TL Backpulver

1 TL Zimt

½ TL Natron

½ TL Salz

15 g Haferkleie

240 ml Naturjoghurt

160 g Honig

85 g Butter, zerlassen

1 großes Vollei

2 EL Traubenkernöl

1 TL Vanillepaste oder Vanilleextrakt von echter Vanille

165 g geraspelte Karotten

45 g Trockenaprikosen, fein gehackt

Für die ZIMT-MASCARPONE-FÜLLUNG

55 g weiche Butter

125 g Puderzucker, gesiebt

1 TL Vanillepaste

¼ TL Zimt

160 g Mascarpone auf Zimmertemperatur

Für die HONIG-KARAMELL-SAUCE

100 g Zucker

60 ml Honig

120 g Sahne

2 EL Butter, gewürfelt

½ TL Vanillepaste

Zubereitung des
APRIKOSEN-KAROTTEN-BODENS

1. Den Backofen auf 175 °C vorheizen. Zwei runde Backformen (15 cm Ø) einfetten und mit Mehl bestäuben.

2. Mehl, Backpulver, Zimt, Natron und Salz in eine Schüssel sieben, die Haferkleie untermischen und alles beiseitestellen.

3. Joghurt, Honig, Butter, Ei, Öl und Vanillepaste in einer großen Schüssel glatt rühren. Die trockenen Zutaten in zwei Portionen unterrühren. Dann Karotten und Aprikosen unterheben.

4. Den Teig gleichmäßig auf die vorbereiteten Formen verteilen. 26–28 Minuten backen, bis an einem mittig eingestochenen Spieß nichts mehr haften bleibt. 10–15 Minuten in den Formen abkühlen lassen, dann zum Auskühlen auf Kuchengitter stürzen.

Zubereitung der
ZIMT-MASCARPONE-FÜLLUNG

5. Die Butter in der Rührmaschine auf mittlerer Stufe mit dem Flachrührer cremig rühren. Auf kleine Stufe stellen, nach und nach Puderzucker, Vanillepaste und Zimt zufügen und einarbeiten. Auf hohe Stufe stellen und rühren, bis eine luftige Creme entstanden ist. Ausschalten und an den Schüsselseiten anhaftenden Teig nach unten schieben. Den Mascarpone zufügen und auf kleiner Stufe unterziehen. Nicht zu lange rühren.

Zubereitung der
HONIG-KARAMELL-SAUCE

6. Zucker, Honig und 1 Esslöffel Wasser in einem Topf auf mittlerer Stufe erhitzen, bis ein goldbrauner Karamell entstanden ist, der nicht mehr so stark sprudelt wie zu Beginn (etwa 152 °C auf dem Zuckerthermometer). Vom Herd nehmen und vorsichtig die Sahne einrühren. Butter und Vanilleextrakt zufügen und unter Rühren schmelzen. In einen hitzebeständigen Behälter füllen und abkühlen lassen.

TORTE ZUSAMMENSETZEN

7. Den Boden für die Tortenunterseite auswählen und auf einen Tortenteller legen. Mithilfe einer Winkelpalette mit der Hälfte der Mascarpone-Füllung bestreichen. Einen zweiten Boden aufsetzen und mit der restlichen Füllung bestreichen. Mit 60 ml der Karamellsauce beträufeln.

8. Die Torte nach Belieben mit mehr Karamellsauce servieren.

WISSENSWERTES

Im Kühlschrank hält sich die Torte bis zu 3 Tage (siehe S. 25).

RESTE ÜBRIG?

Die Honig-Karamell-Sauce im Kühlschrank aufbewahren. Sie schmeckt köstlich zu Eis oder im Kaffee.

DIESE TORTE IST MOMENTAN EINER MEINER FAVORITEN. Da sie mit braunem Zucker und Dinkelmehl zubereitet wird, hält sich mein schlechtes Gewissen in Grenzen, wenn ich mir in der Kaffeepause ein Stück davon gönne. Die Sauerrahm-Buttercreme und der süß-bittere Espresso bilden einen wunderbaren Kontrast zum nur leicht gesüßten Boden, der kompakt, aber dennoch saftig und wunderbar nussig ist.

Für die ESPRESSO-GANACHE

120 g Sahne

1 ½ EL grob gemahlene oder gehackte Espresso- oder Kaffeebohnen

170 g Zartbitterschokolade, gehackt

Für den ESPRESSO-WALNUSS-BODEN

Butter oder Cooking-Spray zum Einfetten

120 g Weizenvollkornmehl

110 g Weizenmehl Type 405 plus etwas mehr zum Bestäuben

1 EL Speisestärke

130 g Dinkelmehl Type 630

2 ½ TL Backpulver

½ TL Salz

40 g gemahlene Walnusskerne

180 ml starker Kaffee

60 ml Vollmilch

225 g weiche Butter

110 g brauner Zucker

240 ml brauner Reissirup (siehe Wissenswertes S. 145)

1 TL Vanillepaste

2 große Volleier

1 großes Eigelb

90 g Walnusskerne, grob gehackt

Für die SAUERRAHM-BUTTERCREME

1 mittlere Menge Italienische Buttercreme mit Vanillegeschmack (siehe S. 41)

80 g saure Sahne

¼ TL gemahlener Kardamom

Für die ESPRESSO-BUTTERCREME

verbliebene Italienische Buttercreme mit Vanillegeschmack

2 EL kalter Espresso

Zum ZUSAMMENSETZEN DER TORTE

schokolierte Espressobohnen *(nach Belieben)*

Espresso-Walnuss-Torte

—

ERGIBT EINE 3-SCHICHTEN-TORTE MIT 20 CM Ø; FÜR 10–15 PORTIONEN

Zubereitung der
ESPRESSO-GANACHE

1. Die Sahne in einem Topf auf mittlerer bis kleiner Stufe bis zum Siedepunkt erhitzen. Gemahlene oder gehackte Espressobohnen hineingeben und den Topf vom Herd nehmen. In einen hitzebeständigen Behälter füllen und im Kühlschrank 2–3 Stunden durchziehen lassen.

2. Die Sahne zurück in den Topf gießen und auf mittlerer bis kleiner Stufe erneut bis zum Siedepunkt erhitzen. Die Schokolade in eine hitzebeständige Schüssel geben. Die Sahne vom Herd nehmen und über die Schokolade gießen. 30 Sekunden schmelzen lassen, dann glatt rühren. Vor der Verwendung abkühlen lassen.

Zubereitung des
ESPRESSO-WALNUSS-BODENS

3. Den Backofen auf 175 °C vorheizen. Drei runde Backformen (15 cm Ø) einfetten und mit Mehl bestäuben.

4. Alle Mehlsorten, Speisestärke, Backpulver und Salz in eine Schüssel sieben, dann die gemahlenen Walnüsse untermischen. Beiseitestellen.

5. Kaffee und Milch verquirlen und beiseitestellen.

6. Die Butter in der Rührmaschine auf mittlerer Stufe mit dem Flachrührer cremig rühren. Den Zucker zugeben und 2–3 Minuten unterrühren. Den Reissirup zufügen und unterziehen. Die Maschine ausschalten und an den Schüsselseiten anhaftende Buttermischung nach unten schieben.

7. Die Maschine auf mittlere bis kleine Stufe stellen und den Vanilleextrakt zufügen.

Dann Eier und Eigelb einzeln einrühren. Die Maschine ausschalten und an den Schüsselseiten anhaftenden Teig nach unten schieben.

8. Die Maschine auf kleine Stufe stellen und die Mehlmischung in drei Portionen abwechselnd mit der Kaffeemischung zufügen; dabei mit Mehl beginnen und enden. Kurz (nicht länger als 30 Sekunden) auf mittlerer Stufe rühren, bis alle trockenen Zutaten eingearbeitet sind. Die gehackten Walnüsse unterheben.

9. Den Teig gleichmäßig auf die vorbereiteten Formen verteilen. 24–26 Minuten backen, bis an einem mittig eingestochenen Spieß nichts mehr haften bleibt. 10–15 Minuten in den Formen abkühlen lassen, dann zum Auskühlen auf Kuchengitter stürzen.

Zubereitung der
SAUERRAHM-BUTTERCREME

10. 300 ml Buttercreme in der Rührmaschine auf mittlerer Stufe mit dem Flachrührer cremig rühren. Saure Sahne und Kardamom zufügen und untermengen. In eine separate Schale füllen und beiseitestellen. Die Rührschüssel säubern.

Zubereitung der
ESPRESSO-BUTTERCREME

11. Restliche Buttercreme in der Rührmaschine mit dem Flachrührer cremig rühren. 3 Esslöffel der Espresso-Ganache und den kalten Espresso unterziehen.

TORTE ZUSAMMENSETZEN

12. Die abgekühlten Böden mit einem Messer begradigen, den Boden für die Tortenunterseite auswählen und

auf einen Tortenteller legen. Mithilfe einer Winkelpalette mit der Hälfte der verbliebenen Ganache bestreichen. Darauf die Hälfte der Sauerrahm-Buttercreme verstreichen. Einen zweiten Boden aufsetzen und mit der verbliebenen Ganache und Sauerrahm-Buttercreme bestreichen. Den letzten Boden aufsetzen. Die Torte rundum mit der Espresso-Buttercreme überziehen und nach Belieben mit schokolierten Espressobohnen dekorieren.

DEKORATION

Mit einer kleinen Winkelpalette am Tortenrand ein Wellenmuster in die Buttercreme ziehen. Dafür der Anleitung auf Seite 31 folgen. Dabei den Spatel aber horizontal halten und die Spitze des Spatels wellenförmig auf- und abbewegen. Die Oberseite mit einem Spiralmuster (siehe S. 31) dekorieren. Um die schokolierten Kaffeebohnen gleichmäßig zu verteilen, die erste Bohne auf 12 Uhr platzieren. Die zweite direkt gegenüber auf 6 Uhr setzen. Zwei weitere Bohnen auf 3 Uhr und 9 Uhr platzieren, und die restlichen Bohnen in gleichmäßigen Abständen in den Zwischenräumen verteilen.

WISSENSWERTES

Man kann den braunen Reissirup auch durch eine Mischung aus 150 g Zucker und 60 ml Ahornsirup ersetzen. 23–25 Minuten backen, bis an einem mittig eingestochenen Spieß nichts mehr haften bleibt. Im Kühlschrank hält sich die Torte bis zu 3 Tage. Sie kann auch eingefroren werden (siehe S. 25).

DIESE TORTE IST SOWOHL VON INNEN als auch von außen ein Erlebnis. Ich wollte etwas kreieren, das nicht zu süß ist und sowohl zu einem sommerlichen Brunch als auch einem Nachmittag mit guten Freunden passt. Da ich frische Kräuter in Süßspeisen liebe, überrascht die Torte mit Thymian- und Zitrusaromen, die durch den Buttermilchboden und die hauchzarte Himbeerfüllung aufs Feinste abgemildert werden. Und die „Thymiankrone" auf der Torte ist auch ein toller Eyecatcher, oder?

Für den
BUTTERMILCHBODEN

Butter oder Cooking-Spray zum Einfetten

255 g Mehl Type 405 plus etwas mehr zum Bestäuben

35 g Speisestärke

1 ½ TL Backpulver

½ TL Salz

¼ TL Natron

170 g weiche Butter

190 g brauner Zucker

100 g Zucker

1 ½ EL fein abgeriebene Blutorangenschale

1 TL Vanilleextrakt von echter Vanille

3 große Volleier

1 großes Eigelb

210 ml Buttermilch

Für die
HIMBEERBUTTERCREME

60 g frische Himbeeren

2 TL Zucker

480 ml oder etwas weniger als die Hälfte der mittleren Menge Italienische Buttercreme mit Vanillegeschmack (siehe S. 41)

Für den
BLUTORANGEN-THYMIAN-SIRUP

120 ml frisch gepresster Blutorangensaft (von 2–3 Orangen; siehe Wissenswertes S. 149)

100 g Zucker

5–8 frische Thymianzweige

Für den
BLUTORANGENGUSS

155 g Puderzucker, gesiebt, bei Bedarf etwas mehr

2 EL plus 1 TL frisch gepresster Blutorangensaft (siehe Wissenswertes S. 149)

Zum
ZUSAMMENSETZEN DER TORTE

frische Thymianblätter zum Garnieren (*nach Belieben*)

Blutorangen-Thymian-Torte

—

ERGIBT EINE 3-SCHICHTEN-TORTE MIT 15 CM Ø; FÜR 10–12 PORTIONEN

Zubereitung des
BUTTERMILCHBODENS

1. Den Backofen auf 175 °C vorheizen. Drei runde Backformen (15 cm Ø) einfetten und mit Mehl bestäuben.

2. Mehl, Speisestärke, Backpulver, Salz und Natron in eine Schüssel sieben und beiseitestellen.

3. Die Butter in einer Rührmaschine auf mittlerer Stufe mit dem Flachrührer cremig rühren. Zucker und Orangenschale zufügen. Die Maschine auf hohe Stufe stellen und rühren, bis eine luftige Masse entstanden ist. Ausschalten und an den Schüsselseiten anhaftende Masse nach unten schieben.

4. Die Maschine auf mittlere bis kleine Stufe stellen und Vanilleextrakt, Eier und Eigelb einzeln einrühren. Auf hohe Stufe stellen und weiterschlagen, bis sich mittelfeste Spitzen bilden.

5. Die Maschine auf kleine Stufe stellen und die Mehlmischung in drei Portionen abwechselnd mit der Buttermilch zufügen; dabei mit Mehl beginnen und enden. Kurz (nicht länger als 30 Sekunden) auf mittlerer Stufe rühren, bis alle trockenen Zutaten eingearbeitet sind.

6. Den Teig gleichmäßig auf die vorbereiteten Formen verteilen. 23–25 Minuten backen, bis an einem mittig eingestochenen Spieß nichts mehr haften bleibt. 10–15 Minuten in den Formen abkühlen lassen, dann zum Auskühlen auf Kuchengitter stürzen.

Zubereitung der
HIMBEERBUTTERCREME

7. Himbeeren und Zucker in einem Standmixer pürieren. Wer möchte, kann das Püree durch ein feinmaschiges Sieb in eine Schüssel passieren, um die Kerne zu entfernen.

8. Die Buttercreme in der Rührmaschine auf mittlerer Stufe mit dem Flachrührer cremig rühren. 60 ml des Himbeerpürees zufügen und unterziehen.

Zubereitung des
BLUTORANGEN-THYMIAN-SIRUPS

9. Orangensaft und Zucker in einem Topf bei mittlerer bis starker Hitze aufkochen. Die Hitze reduzieren, bis das Wasser nur noch köchelt, dann den Thymian hineingeben. Etwa 8 Minuten köcheln. Vom Herd nehmen und durchziehen lassen, bis der Sirup abgekühlt ist. Vor der Verwendung abseihen und den Thymian entsorgen.

RESTE ÜBRIG?

Mit dem Blutorangensirup kann man Cocktails oder Eistee süßen.

TORTE ZUSAMMENSETZEN

10. Die abgekühlten Böden mit einem Messer begradigen, den Boden für die Tortenunterseite auswählen. Alle Böden großzügig mit dem Blutorangen-Thymian-Sirup bestreichen. Den Boden für die Unterseite auf einen Tortenteller legen und mithilfe einer Winkelpalette mit 180 ml Himbeerbuttercreme bestreichen. Den zweiten Boden aufsetzen, ebenfalls mit Buttercreme bestreichen und den dritten Boden aufsetzen. Eventuelle Lücken in der Buttercreme außen mit Buttercreme füllen und glatt streichen, um der Torte eine rustikale Optik zu verleihen.

Zubereitung des
BLUTORANGENGUSSES

11. Puderzucker und Orangensaft in einer Schale zu einem glatten Guss verrühren. Falls eine dickere Glasur gewünscht ist, nach und nach weitere Löffel Puderzucker unterrühren. Den Guss in die Mitte der Tortenoberseite geben, mit einer Winkelpalette gleichmäßig verstreichen und am Tortenrand herunterlaufen lassen. Oben nach Belieben mit frischen Thymianzweigen dekorieren.

WISSENSWERTES

Wenn keine Blutorangen erhältlich sind, verwenden Sie gewöhnliche Orangen oder auch Grapefruits. Die Torte kann, in Frischhaltefolie gewickelt, im Voraus zubereitet werden. Den Guss allerdings erst kurz vor dem Servieren herstellen. Reste halten sich im Kühlschrank bis zu 3 Tage (siehe S. 25).

DER HUMMINGBIRD-CAKE (Kolibri-Kuchen) ist eine sehr beliebte Torte aus dem Süden der USA, der zerdrückte Bananen, Ananas und eine fluffige Frischkäsecreme enthält. Noch weiter südlich wird der Kuchen häufig auch „Doctor Bird Cake" genannt – nach dem jamaikanischen Nationalvogel (Wimpelschwanz). Doch egal welchen Namen er trägt, er schmeckt immer großartig.

Die Torte ist schnell gebacken und damit perfekt für einen entspannten Nachmittagskaffee. Durch die Bananen, die Ananas und das Traubenkernöl ist die Torte supersaftig und extrem aromatisch. Ich verfeinere meine Version immer mit gehackten Pekannüssen und dekoriere sie mit Ananas-Blumen und kandierten Pekannüssen.

Für die
GETROCKNETEN ANANAS-BLUMEN

1 große Ananas

Für den
HUMMINGBIRD-BODEN

Butter oder Cooking-Spray zum Einfetten

375 g Mehl Type 405 plus etwas mehr zum Bestäuben

2 TL Zimt

2 TL Backpulver

1 TL Natron

½ TL Salz

180 ml Traubenkernöl

200 g Zucker

165 g brauner Zucker

2 TL Vanilleextrakt von echter Vanille

4 große Volleier

3 reife Bananen, zerdrückt

225 g Ananasstücke aus der Dose, abgetropft

120 g gehackte Pekannuss-kerne, geröstet

Für die
FRISCHKÄSECREME

340 g Frischkäse auf Zimmertemperatur

225 g weiche Butter

565 g Puderzucker, gesiebt

3 EL Vollmilch

2 TL Vanillepaste

Für die
KANDIERTEN PEKANNÜSSE

1 TL Butter

2 ½ EL Ahornsirup

55 g brauner Zucker

100 g ganze Pekannusskerne

¼ TL Zimt

⅛ TL Salz

Hummingbird-Cake

ERGIBT EINE 2-SCHICHTEN-TORTE MIT 20 CM Ø; FÜR 12–15 PORTIONEN

Zubereitung der
GETROCKNETEN ANANAS-BLUMEN

1. Den Backofen auf 110 °C vorheizen. Zwei große Backbleche mit Backpapier auslegen.

2. Die Enden der Ananas abschneiden und die Schale entfernen. Mit einem Schälmesser oder einem kleinen Melonenausstecher die braunen „Augen" der Ananas herausschneiden. Die Ananas quer in dünne, höchstens 6 mm dicke Scheiben schneiden.

3. Die Scheiben auf einem mit Backpapier ausgelegten Backblech verteilen und etwa 2 Stunden im Backofen trocknen. Nach 1 Stunde wenden. Aus dem Ofen nehmen, die noch heißen Scheiben vorsichtig in den Vertiefungen einer Muffin-form platzieren und sanft hineindrücken, damit sie die Form einer Schale bilden. Die Scheiben einige Stunden oder über Nacht vollständig auskühlen lassen. So behalten sie gut ihre Form.

Zubereitung des
HUMMINGBIRD-BODENS

4. Den Backofen auf 175 °C vorheizen. Zwei runde Backformen (20 cm Ø) einfetten und mit Mehl bestäuben.

5. Mehl, Zimt, Backpulver, Natron und Salz in eine Schüssel sieben und beiseitestellen.

6. Öl und beide Zuckersorten in der Rührmaschine 2 Minuten auf mittlerer Stufe mit dem Flachrührer aufschlagen. Die Maschine auf mittlere bis kleine Stufe stellen und Vanilleextrakt und Eier einzeln einrühren. Ausschalten und an den Schüsselseiten anhaftenden Teig nach unten schieben.

7. Die Maschine auf kleine Stufe stellen, die Mehlmischung in zwei Portionen zufügen und einarbeiten. Bananen und Ananas zufügen und unterrühren. Die Nüsse unterheben.

8. Den Teig gleichmäßig auf die vorbereiteten Formen verteilen. 24–26 Minuten backen, bis an einem mittig eingestochenen Spieß nichts mehr haften bleibt. 10–15 Minuten in den Formen abkühlen lassen, dann zum Auskühlen auf Kuchengitter stürzen.

Zubereitung der
FRISCHKÄSECREME

9. Frischkäse und Butter in der Rührmaschine mit dem Flachrührer auf mittlerer Stufe cremig rühren. Auf kleine Stufe stellen, nach und nach Puderzucker, Milch und Vanillepaste zufügen und einarbeiten. Auf mittlerer bis hoher Stufe weiterrühren, bis eine luftige Creme entstanden ist.

Zubereitung der
KANDIERTEN PEKANNÜSSE

10. Ein Backblech mit Backpapier auslegen.

11. Die Butter in einem Topf bei mittlerer Hitze zerlassen. Ahornsirup und Zucker zufügen und rühren, bis der Zucker aufgelöst ist. Pekannüsse, Zimt und Salz zugeben und mit einem Holzlöffel rühren, bis die Nüsse ganz umzogen sind. Bei mittlerer Hitze etwa 5 Minuten köcheln, dann vom Herd nehmen und die Nüsse auf einem Stück Backpapier etwa 10 Minuten abkühlen und trocknen lassen.

TORTE ZUSAMMENSETZEN

12. Die abgekühlten Böden mit einem Messer begradigen, den Boden für die Tortenunterseite auswählen und auf einen Tortenteller legen. Mithilfe einer Winkelpalette mit 180 ml Frischkäsecreme bestreichen. Den zweiten Boden aufsetzen. Die Torte rundum mit der verbliebenen Creme überziehen und mit kandierten Pekannüssen und Ananasblumen dekorieren.

DEKORATION

Pekannüsse und Ananasblumen ringförmig an der Tortenkante und am unteren Tortenrand verteilen. Alternativ ein hübsches Muster aus Pekannüssen am Tortenrand oder auf der Torte gestalten. Oder jedes Tortenstück mit einer Ananasblume auf der Oberseite servieren.

WISSENSWERTES

Im Kühlschrank hält sich die Torte bis zu 3 Tage (siehe S. 25). Die Ananasblumen separat aufbewahren.

RESTE ÜBRIG?

Die kandierten Pekannüsse in einem luftdicht verschließbaren Behälter lagern und als kleinen Snack genießen. Alternativ hacken und über einen Salat oder das Müsli streuen. Auch als Bestandteil von selbst gemachtem Studentenfutter sind sie köstlich.

GUTE-LAUNE-TORTEN

Viele der Rezepte im folgenden Kapitel sind von anderen Süßspeisenklassikern inspiriert. Zum Beispiel werden Zimtschnecken, Bananensplit und Ähnliches in aufregende Torten verwandelt, die Spaß machen und Erinnerungen wecken. Die Rezepte sind zwar eher verspielt, richten sich aber gleichermaßen an kleine und große Tortenliebhaber. Die Farben leuchten, und jede Torte hat ihr ganz besonderes Etwas. Also, ran an die Streusel und den Gasbrenner, lasst die Tortenparty steigen!

WAS WÄRE EIN TORTENBUCH ohne eine Regenbogentorte? Dieses geniale Rezept macht seine fehlende geschmackliche Vielschichtigkeit durch eine spektakuläre Optik wett. Dafür werden simple Rührteigböden in den Farben des Regenbogens eingefärbt und diese tolle Überraschung unter einer Decke aus Buttercreme und bunten Streuseln versteckt.

Für die
REGENBOGENBÖDEN

Butter oder Cooking-Spray zum Einfetten

500 g Mehl Type 405 plus etwas mehr zum Bestäuben

85 g Speisestärke

1 ½ EL Backpulver

1 TL Salz

340 g weiche Butter

600 g Zucker

1 EL Vanilleextrakt

9 große Eigelb

540 ml Vollmilch

verschiedene Gel-Lebensmittelfarben (ich habe 6 Farben verwendet)

Zum
ZUSAMMENSETZEN DER TORTE

1 mittlere Menge Italienische Buttercreme mit Vanillegeschmack (siehe S. 41)

180–270 g bunte Streusel

Zubereitung der
REGENBOGENBÖDEN

1. Den Backofen auf 175 °C vorheizen. Sechs runde Backformen (15 cm Ø) einfetten (siehe Wissenswertes) und mit Mehl bestäuben.

2. Mehl, Speisestärke, Backpulver und Salz in eine Schüssel sieben und beiseitestellen.

3. Die Butter in einer Rührmaschine auf mittlerer Stufe mit dem Flachrührer cremig rühren. Den Zucker zufügen und die Butter auf mittlerer bis hoher Stufe 3–5 Minuten luftig aufschlagen. Ausschalten und an den Schüsselseiten anhaftende Butter nach unten schieben.

4. Die Maschine auf mittlere bis kleine Stufe stellen und die Eigelbe einzeln einrühren. Ausschalten und an den Schüsselseiten anhaftenden Teig nach unten schieben.

5. Die Maschine auf kleine Stufe stellen und die Mehlmischung in drei Portionen abwechselnd mit der Milch zufügen; dabei mit Mehl beginnen und enden. Kurz auf mittlerer Stufe weiterrühren, bis alle trockenen Zutaten eingearbeitet sind.

6. Den Teig gleichmäßig auf sechs kleine Schüsseln verteilen. Die Farbe tröpfchenweise unterrühren und jede Portion in einer anderen Farbe einfärben. So viel Gelfarbe zufügen, bis der gewünschte Farbton erreicht ist.

7. Den gefärbten Teig in je eine der vorbereiteten Formen füllen. 20–24 Minuten backen, bis an einem mittig eingestochenen Spieß nichts mehr haften bleibt. Die Platzierung der Formen im Ofen nach 10 Minuten wechseln. 10–15 Minuten in den Formen abkühlen lassen, dann zum Auskühlen auf Kuchengitter stürzen.

TORTE ZUSAMMENSETZEN

8. Die abgekühlten Böden mit einem Messer begradigen, den Boden für die Tortenunterseite auswählen und auf einen Tortenteller legen. Mithilfe einer Winkelpalette mit 120 ml Buttercreme bestreichen. Einen zweiten Boden aufsetzen, bestreichen und dies

wiederholen, bis alle Böden verarbeitet sind. Die Torte rundum mit der restlichen Buttercreme überziehen.

9. Jeweils eine Handvoll Streusel vorsichtig am Tortenrand andrücken und dabei über einem Stück Backpapier oder einem Backblech arbeiten. Die Streusel rundum am Tortenrand andrücken und heruntergefallene Streuseln nochmals andrücken, bis der gesamte Rand bedeckt ist.

DEKORATION

Die restliche Buttercreme in einen Spritzbeutel mit großer Sterntülle füllen und damit eine Spirale (siehe S. 37) an der Tortenkante aufspritzen. Mit weiteren Streuseln dekorieren. Alternativ die Tortenoberseite ebenfalls mit Streuseln verzieren. Weitere Tipps zum Dekorieren mit Streuseln finden Sie unter „Essbare Dekorationen" auf Seite 39. Sie können auch selbst gemachte Streusel verwenden (siehe S. 188).

WISSENSWERTES

Wer keine sechs Formen besitzt, kann in mehreren Portionen arbeiten. Zunächst zwei oder drei Böden backen, dann die Formen säubern und die restlichen Böden backen. Im Kühlschrank hält sich die Torte bis zu 4 Tage. Sie kann auch eingefroren werden (siehe S. 25).

Regenbogentorte

ERGIBT EINE 6-SCHICHTEN-TORTE MIT 15 CM Ø; FÜR 12–15 PORTIONEN

MEIN MANN BRETT UND SEINE GESCHWISTER wurden am Wochenende oft mit Zimtschnecken verwöhnt, die in den USA meist als zusammenhängender Blechkuchen gebacken werden. Er ist das Nesthäkchen der Familie und durfte sich seine Zimtschnecke immer als Erster aussuchen. Als echter Süßschnabel schnappte er sich natürlich die Schnecke in der Mitte – die mit der meisten Glasur. Cleveres Kerlchen! Und genau diese saftige Zimtschnecke in der Mitte hat mich zu dieser Torte inspiriert; sie ist also „Mittelschnecke pur"! Mit dem Frischkäse, der einen schönen Kontrast zum Zimt bildet, wird sie wunderbar cremig. Perfekt für einen Wochenend-Brunch – und eine wahre Wonne für echte Zimtschneckenfans.

Für den
ZIMTSCHNECKENBODEN

Butter oder Cooking-Spray
   zum Einfetten

255 g Mehl Type 405 plus
   etwas mehr zum Bestäuben

40 g Speisestärke

2 TL Backpulver

½ TL Salz

60 g saure Sahne

120 ml Vollmilch

225 g weiche Butter

115 g Frischkäse auf
   Zimmertemperatur

300 g Zucker

2 TL Vanillepaste

3 große Volleier

1 großes Eigelb

55 g Butter, zerlassen

55 g brauner Zucker

2 TL Zimt

Für die
ZIMTSTREUSEL

65 g Mehl Type 405

75 g brauner Zucker

55 g weiche Butter

1 EL Honig

2 TL Zimt

Für die
FRISCHKÄSECREME

225 g Frischkäse auf
   Zimmertemperatur

170 g weiche Butter

375 g Puderzucker, gesiebt

2 EL Vollmilch

1½ TL Vanillepaste

Für den
ZIMTSIRUP

100 g Zucker

½ TL Zimt

⅛ TL Salz

1 EL Butter

1 EL Mehl Type 405

Zimtschneckentorte

—

ERGIBT EINE 2-SCHICHTEN-TORTE MIT 20 CM Ø; FÜR 10–12 PORTIONEN

Zubereitung des ZIMTSCHNECKENBODENS

1. Den Backofen auf 175 °C vorheizen. Zwei runde Backformen (20 cm Ø) einfetten und mit Mehl bestäuben.

2. Mehl, Speisestärke, Backpulver und Salz in eine Schüssel sieben und beiseitestellen.

3. Saure Sahne und Milch glatt rühren und beiseitestellen.

4. Butter und Frischkäse in der Rührmaschine auf mittlerer Stufe mit dem Flachrührer cremig rühren. Den Zucker zufügen und alles auf mittlerer bis hoher Stufe 3–5 Minuten zu einer hellen, luftigen Masse aufschlagen. Die Maschine ausschalten und an den Schüsselseiten anhaftenden Teig nach unten schieben.

5. Die Maschine auf mittlere bis kleine Stufe stellen und die Vanillepaste zufügen. Dann Eier und Eigelb einzeln einrühren. Ausschalten und an den Schüsselseiten anhaftenden Teig nach unten schieben.

6. Die Maschine auf kleine Stufe stellen und die Mehlmischung in drei Portionen abwechselnd mit der Milchmischung zufügen; dabei mit Mehl beginnen und enden. Kurz (nicht länger als 30 Sekunden) auf mittlerer Stufe rühren, bis alle trockenen Zutaten eingearbeitet sind.

7. Zerlassene Butter, braunen Zucker und Zimt in einer Schale verrühren.

8. Je ein Viertel des Teigs in die vorbereiteten Formen füllen. Dann je ein Viertel der Zimtmischung auf die beiden Böden träufeln und mit einem Holzspieß oder einer Messerspitze in sanft schwingenden Bewegungen verteilen. Den restlichen Teig auf die Formen verteilen. Die verbliebene Zimtmischung auf die Formen aufteilen und mit einem Spieß verteilen. 24–26 Minuten backen, bis an einem mittig eingestochenen Spieß nichts mehr haften bleibt. 10–15 Minuten in den Formen abkühlen lassen, dann zum Auskühlen auf Kuchengitter stürzen.

Zubereitung der ZIMTSTREUSEL

9. Die Backofentemperatur auf 175 °C halten und ein Backblech mit Backpapier auslegen.

10. Mehl, braunen Zucker, Butter, Honig und Zimt in einer mittelgroßen Schüssel mit einem Holzlöffel verrühren (die Mischung sollte wie klumpiger Sand wirken). Die „Sandklumpen" auf dem Backblech verteilen und 8–10 Minuten goldbraun backen, nach 5 Minuten wenden. Die Streusel vor der Verwendung abkühlen lassen.

Zubereitung der FRISCHKÄSECREME

11. Frischkäse und Butter in der Rührmaschine 2 Minuten mit dem Flachrührer auf mittlerer Stufe cremig rühren. Die Maschine auf kleine Stufe stellen, nach und nach Puderzucker, Milch und Vanillepaste zufügen und einarbeiten. Auf mittlere bis hohe Stufe stellen und zu einer luftigen Creme aufschlagen.

Zubereitung des ZIMTSIRUPS

12. Kurz vor dem Zusammensetzen der Torte 2 Esslöffel Wasser, Zucker, Zimt und Salz in einem Topf auf mittlerer Stufe erhitzen, bis der Zucker aufgelöst ist und die Mischung zu köcheln beginnt. Vom Herd nehmen, die Butter unterrühren und schmelzen lassen. Das Mehl untermengen.

13. Den Sirup leicht abkühlen lassen, dann rasch verwenden, bevor er zu fest wird.

TORTE ZUSAMMENSETZEN

14. Die abgekühlten Böden mit einem Messer begradigen, den Boden für die Tortenunterseite auswählen und auf einen Tortenteller legen. Mithilfe einer Winkelpalette mit der Hälfte der Frischkäsecreme bestreichen. Mit den Zimtstreuseln bestreuen und mit der Hälfte des Zimtsirups beträufeln. Den zweiten Boden aufsetzen und mit der restlichen Creme bestreichen. Den verbliebenen Zimtsirup mit einem Löffel in einem Zickzackmuster auf die Torte träufeln und am Rand hinunterlaufen lassen. Überflüssigen Sirup entsorgen.

WISSENSWERTES

Man kann die Zimtstreusel im Voraus zubereiten und bis zu 1 Woche in einem luftdicht schließenden Behälter aufbewahren. Im Kühlschrank hält sich die Torte bis zu 3 Tage (siehe S. 25).

RESTE ÜBRIG?

Die Zimtstreusel schmecken auch köstlich zu Eiscreme.

Cookie-Dough-Torte

—

ERGIBT EINE 2-SCHICHTEN-TORTE MIT 20 CM Ø; FÜR 12–15 PORTIONEN

HAFERKEKSE MIT ZUCKERGUSS gehören für mich zu den größten Genüssen überhaupt. Sie sind herrlich knusprig, was ich sehr liebe. Manchmal tunke ich sie auch gern in Milch – für dieses geniale, knusprig-weiche Mundgefühl. Leider komme ich allerdings selten in den Genuss selbst gebackener Haferkekse, denn den Teig habe ich meist schon vor dem Backen aus der Schüssel geschleckt. Deshalb habe ich in dieser Torte den Keksteig kurzerhand in eine Kuchencreme verwandelt und mit einem raffinierten Muskovado-Boden kombiniert!

Dank des Muskovado-Zuckers erhält die Torte einen warmen, karamellartigen Geschmack, der perfekt zum Keksteig passt. Am besten mit der Frischkäseglasur und einem großen Glas kalte Milch servieren.

Für den
MUSKOVADO-BODEN

Butter oder Cooking-Spray zum Einfetten

365 g Mehl Type 405 plus etwas mehr zum Bestäuben

60 g Speisestärke

2 TL Backpulver

1 TL Natron

½ TL Salz

225 g weiche Butter

185 g Muskovado-Zucker

100 g Zucker

2 EL Honig

1 EL Zuckerrübensirup

2 TL Vanilleextrakt von echter Vanille

3 große Volleier

2 große Eigelb

270 ml Buttermilch

Für die
HAFERKEKSTEIG-CREME

115 g weiche Butter

75 g brauner Zucker

30 g zarte Haferflocken, leicht geröstet

30 g Mehl Type 405

45 g Mini-Schokoladentropfen

1 TL plus 2 EL Vollmilch

½ TL Vanilleextrakt von echter Vanille

½ TL Zimt

¼ TL Salz

¼ TL Mandelextrakt von echten Mandeln

125 g Puderzucker, gesiebt

Für den
FRISCHKÄSEGUSS

115 g Frischkäse auf Zimmertemperatur

65 g Puderzucker, gesiebt

1 TL Vanillepaste

1 ½ TL Vollmilch plus etwas mehr bei Bedarf

Zubereitung des MUSKOVADO-BODENS

1. Den Backofen auf 175 °C vorheizen. Zwei runde Backformen (20 cm Ø) einfetten und mit Mehl bestäuben.

2. Mehl, Speisestärke, Backpulver, Natron und Salz in eine Schüssel sieben und beiseitestellen.

3. Die Butter in der Rührmaschine auf mittlerer Stufe mit dem Flachrührer cremig rühren. Beide Zuckersorten zufügen und alles auf mittlerer bis hoher Stufe 3–5 Minuten luftig aufschlagen. Ausschalten und an den Schüsselseiten anhaftende Butter nach unten schieben.

4. Die Maschine auf mittlere bis kleine Stufe stellen und Honig, Sirup und Vanilleextrakt zufügen. Dann Eier und Eigelbe einzeln einrühren. Ausschalten und an den Schüsselseiten anhaftenden Teig nach unten schieben.

5. Die Maschine auf kleine Stufe stellen und die Mehlmischung in drei Portionen abwechselnd mit der Buttermilch zufügen; dabei mit Mehl beginnen und enden. Kurz (nicht länger als 30 Sekunden) auf mittlerer Stufe rühren, bis alle trockenen Zutaten eingearbeitet sind.

6. Den Teig gleichmäßig auf die vorbereiteten Formen verteilen. 25–28 Minuten backen, bis an einem mittig eingestochenen Spieß nichts mehr haften bleibt. 10–15 Minuten in den Formen abkühlen lassen, dann zum Auskühlen auf Kuchengitter stürzen.

Zubereitung der HAFERKEKSTEIG-CREME

7. 55 g der Butter mit braunem Zucker, Haferflocken, Mehl, Schokoladentropfen, 1 Teelöffel der Milch, Vanilleextrakt, Zimt, Salz und Mandelextrakt in einer Schüssel mit einem Holzlöffel verrühren.

8. Die restliche Butter in der Rührmaschine auf mittlerer Stufe mit dem Flachrührer cremig rühren. Die Maschine auf kleine Stufe stellen, nach und nach Puderzucker und verbliebene 2 Esslöffel Milch zufügen und einarbeiten. Auf mittlere bis hohe Stufe stellen und zu einer luftigen Creme aufschlagen. Ausschalten und an den Schüsselseiten anhaftende Creme nach unten schieben. Den Haferkeksteig zufügen und unterrühren.

TORTE ZUSAMMENSETZEN

9. Einen der abgekühlten Böden als Tortenunterseite auswählen und auf einen Tortenteller legen. Mithilfe einer Winkelpalette mit der Hälfte der Haferkeksteig-Creme bestreichen. Den zweiten Boden mit der Unterseite nach oben aufsetzen.

Zubereitung des FRISCHKÄSEGUSSES

10. Den Frischkäse mit einem Holzlöffel in einer Schüssel glatt rühren. Puderzucker, Vanillepaste und Milch einarbeiten, bis ein dickflüssiger Guss entstanden ist. Bei Bedarf mehr Milch zufügen.

11. Den Guss auf der Torte verteilen und an den Seiten herunterlaufen lassen.

WISSENSWERTES

Man kann die Torte im Voraus zubereiten und in Frischhaltefolie gewickelt im Kühlschrank aufbewahren. Den Guss erst kurz vor dem Servieren anrühren. Im Kühlschrank halten sich Reste bis zu 3 Tage (siehe S. 25).

ERINNERUNGEN AN FAMILIENBESUCHE AUF HAWAII sind bei mir meist mit Essen verknüpft. Bestanden meine Aufenthalte in Hawaii tatsächlich nur aus Hühnchen „Hulihuli", Masaladas (Krapfen) aus Leonard's Bakery, klebrigem Shaved Ice (fein geschabtes Eis in einer Eistüte) und Mittagessen im inzwischen berühmten Shrimp Truck? Ich weiß noch, wie ich mit meinen Tanten Lumpia-Rollen gemacht und dutzendweise Butter-Cookies gebacken habe. Währenddessen wurde viel gesungen und gelacht, und es wurden Familienrezepte ausgetauscht (bis auf das geheime Mango-Pie-Rezept von Tante Mila). Ihr Rezept kann ich hier also nicht preisgeben, doch meine Mango-Kokoscreme-Torte ist hoffentlich ein ebenbürtiger Ersatz.

Für den
VANILLE-KOKOS-BODEN

Butter oder Cooking-Spray zum Einfetten

365 g Mehl Type 405 plus etwas mehr zum Bestäuben

60 g Speisestärke

1 EL Backpulver

½ TL Salz

240 ml Kokosmilch

80 ml Vollmilch

115 g weiche Butter

120 ml zerlassenes Kokosöl

400 g Zucker

Mark von 1 Vanilleschote (siehe Wissenswertes, S. 169)

2 TL Kokosextrakt von echter Kokosnuss

6 große Eigelb

Für die
MANGO-GANACHE

340 g weiße Schokolade, gehackt

120 ml Mangopüree (siehe Wissenswertes S. 169)

1 EL Butter, gewürfelt

Für den
KOKOS-FRISCHKÄSE-ÜBERZUG

170 g Frischkäse auf Zimmertemperatur

170 g weiche Butter

500 g Puderzucker, gesiebt

3 EL Kokoscreme (siehe Wissenswertes S. 169)

½ TL Kokosextrakt von echter Kokosnuss

1 Spritzer Kokosmilch oder Vollmilch, bei Bedarf

Zum
ZUSAMMENSETZEN DER TORTE

170–215 g Kokosraspel

Mango-Kokoscreme-Torte

—

ERGIBT EINE 3-SCHICHTEN-TORTE MIT 20 CM Ø; FÜR 12–15 PORTIONEN

Zubereitung des
VANILLE-KOKOS-BODENS

1. Den Backofen auf 175 °C vorheizen. Drei runde Backformen (20 cm Ø) einfetten und mit Mehl bestäuben.

2. Mehl, Speisestärke, Backpulver und Salz in eine Schüssel sieben und beiseitestellen.

3. Kokosmilch und Vollmilch verquirlen. Beiseitestellen.

4. Butter, Kokosöl und Zucker in der Rührmaschine mit dem Flachrührer 5 Minuten auf mittlerer bis hoher Stufe zu einer luftigen Masse aufschlagen. Das Vanillemark zufügen und 1 Minute weiterrühren. Ausschalten und an den Schüsselseiten anhaftenden Teig nach unten schieben.

5. Die Maschine auf mittlere bis kleine Stufe stellen und Kokosextrakt und Eigelbe einzeln einrühren. Ausschalten und an den Schüsselseiten anhaftenden Teig nach unten schieben.

6. Die Maschine auf kleine Stufe stellen und die Mehlmischung in drei Portionen abwechselnd mit der Milchmischung zufügen und dabei mit Mehl beginnen und enden. Kurz (nicht länger als 30 Sekunden) auf mittlerer Stufe rühren, bis alle trockenen Zutaten eingearbeitet sind.

7. Den Teig gleichmäßig auf die vorbereiteten Formen verteilen. 23–25 Minuten backen, bis an einem mittig eingestochenen Spieß nichts mehr haften bleibt. 10–15 Minuten in den Formen abkühlen lassen, dann zum Auskühlen auf Kuchengitter stürzen.

Zubereitung der
MANGO-GANACHE

8. Die weiße Schokolade in eine hitzebeständige Schüssel geben und beiseitestellen. Das Mangopüree in einem mittelgroßen Topf auf mittlerer Stufe bis zum Siedepunkt erhitzen. Vom Herd nehmen und über die Schokolade gießen. 30 Sekunden schmelzen lassen, dann glatt rühren. Die Butter zufügen und unterziehen (siehe Wissenswertes).

Zubereitung der
KOKOS-FRISCHKÄSE-FÜLLUNG

9. Frischkäse und Butter in der Rührmaschine 2 Minuten auf mittlerer bis kleiner Stufe mit dem Flachrührer aufschlagen. Auf kleine Stufe stellen und nach und nach Puderzucker, Kokoscreme und Kokosextrakt zufügen und einarbeiten. Auf hohe Stufe stellen und rühren, bis ein luftiger Überzug entstanden ist. Bei Bedarf noch etwas Milch zufügen, bis die gewünschte streichbare Konsistenz erreicht ist.

TORTE ZUSAMMENSETZEN

10. Die abgekühlten Böden mit einem Messer begradigen, den Boden für die Tortenunterseite auswählen und auf einen Tortenteller legen. Mithilfe einer Winkelpalette mit der Hälfte der Ganache bestreichen. Den zweiten Boden aufsetzen, ebenfalls mit Ganache bestreichen und den dritten Boden aufsetzen. Die Torte rundum die dem Kokos-Frischkäse-Überzug bestreichen und mit den Kokosraspeln bedecken (siehe S. 39).

WISSENSWERTES

Falls die weiße Schokolade nicht vollständig schmilzt, die Schüssel über einen Topf mit leicht köchelndem Wasser setzen, bis die Schokolade geschmolzen ist. Die Masse bei Bedarf mit einem Stabmixer gründlich vermengen. Für das Mangopüree empfehle ich die kleinen gelben, sehr süßen thailändischen Mangos. Sie haben eine längliche Form und sind viel aromatischer als die gewöhnlichen grün-rot gefleckten großen Mangos. Falls keine Kokoscreme erhältlich ist, können Sie sie durch Kokosmilch ersetzen. Wenn sich in der Kokosmilchdose oben feste Bestandteile abgesetzt haben, verwenden Sie diese. Anstelle von Vanillemark kann man auch zwei Teelöffel Vanillepaste verwenden. Im Kühlschrank hält sich die Torte bis zu 3 Tage (siehe S. 25).

Bananentorte

——

ERGIBT EINE 2-SCHICHTEN-TORTE MIT 20 CM Ø; FÜR 12–15 PORTIONEN

ALS ICH NOCH ZUM COLLEGE GING, fuhren meine Mutter und ich jeden Frühling nach New York. Wir sahen uns Shows am Broadway an und klapperten so viele Bäckereien wie möglich ab, um neue Kuchen zu testen. Eine dieser Bäckereien war ein winzig kleiner Eckladen in der Bleecker Street, in der es, wie ich zuvor gehört hatte, die besten Cupcakes geben sollte. Das war übrigens noch vor dem großen Cupcake-Hype und bevor man in einer fremden Stadt von seinem Smartphone bis zum Ziel geleitet wurde. Wir nahmen die Subway Richtung West Village, irrten von da aus umher und wollten schon fast aufgeben, als wir eine Cupcake-Verpackung auf dem Bürgersteig entdeckten. Ein paar Meter weiter fanden wir einen halb aufgegessenen Kuchen auf dem Boden, und in der nächsten Seitenstraße stießen wir endlich auf die Magnolia Bakery. Was ich nicht wusste, war, dass sie auch für ihren Bananenpudding berühmt war: Bananenscheiben, zerkrümelte Kekse und Vanillecreme in herrlichen Schichten. Überirdisch gut! Das folgende Rezept vereint feinen Vanille-Rührteig (wie ich ihn von Cupcakes kenne) mit meiner Version des berühmten Bananenpuddings der Magnolia Bakery.

Für die **BANANENCREME**	*Für den* **VANILLEBODEN**	*Zum* **ZUSAMMENSETZEN DER TORTE**
480 ml Vollmilch plus etwas mehr bei Bedarf	Butter oder Cooking-Spray zum Einfetten	1 mittlere Menge Italienische Buttercreme mit Vanille-geschmack (siehe S. 41)
1 Vanilleschote, Mark herausgekratzt	365 g Mehl Type 405 plus etwas mehr zum Bestäuben	Gel-Lebensmittelfarbe *(nach Belieben)*
2 reife Bananen, quer in Scheiben geschnitten	60 g Speisestärke	10–15 Vanille-Eierplätzchen, zerbrochen, aber nicht fein zerkrümelt
135 g Zucker	1 EL plus ½ TL Backpulver	
5 Eigelb	¾ TL Salz	
45 g Speisestärke	225 g weiche Butter	
2 EL Butter	400 g Zucker	
	Mark von 1 Vanilleschote	
	½ TL Vanilleextrakt von echter Vanille	
	6 große Eigelb	
	360 ml Vollmilch	

Zubereitung der
BANANENCREME

1. Milch, Vanillemark, ausge-kratzte Vanilleschote und Bananenscheiben in einem mittelgroßen Topf auf kleiner Stufe zum Köcheln bringen und 3–5 Minuten köcheln. Vom Herd nehmen und in einen hitzebeständigen Behälter gießen. 12–24 Stunden in den Kühlschrank stellen.

2. Die Bananenmilch durch ein feinmaschiges Sieb in einen Messbecher gießen und die Bestandteile aus dem Sieb entsorgen. So viel Milch zur Bananenmilch geben, bis insgesamt 480 ml erreicht sind. In einem Topf auf mittlerer bis geringer Stufe sanft bis zum Siedepunkt erhitzen.

3. Unterdessen Zucker, Eigelbe und Speisestärke in einer Schüssel mit einem Schneebesen verquirlen.

4. Ein wenig heiße Bananen-milch unter die Eigelbe rüh-ren, um die Temperatur der Eimasse leicht zu erhöhen. Zur restlichen Milch in den Topf gießen.

5. Auf kleiner Stufe unter Rüh-ren mit einem Schneebesen erhitzen, bis Blasen aufstei-gen und die Creme andickt. Vom Herd nehmen und die Butter unterrühren.

6. In eine Schüssel füllen und direkt auf der Creme-oberfläche mit Frischhalte-folie abdecken, damit sich keine Haut bildet. Ein paar Stunden oder über Nacht in den Kühlschrank stellen, bis die Creme gestockt ist.

Zubereitung des
VANILLEBODENS

7. Den Backofen auf 175 °C vorheizen. Zwei runde Backformen (20 cm Ø) einfetten und mit Mehl bestäuben.

8. Mehl, Speisestärke, Backpul-ver und Salz in eine Schüssel sieben und beiseitestellen.

9. Die Butter in einer Rühr-maschine auf mittlerer Stufe mit dem Flachrührer cremig rühren. Den Zucker zufügen und die Butter auf mittlerer bis hoher Stufe 3–5 Minuten luftig aufschlagen. Ausschalten und an den Schüsselseiten anhaftende Butter nach unten schieben.

10. Die Maschine auf mittlere bis kleine Stufe stellen und Vanillemark, Vanilleextrakt und Eigelbe einzeln einrühren. Die Maschine ausschalten und an den Schüsselseiten anhaftenden Teig nach unten schieben.

11. Die Maschine auf kleine Stufe stellen und die Mehl-mischung in drei Portionen abwechselnd mit der Milch zufügen; dabei mit Mehl beginnen und enden. Kurz (nicht länger als 30 Sekun-den) auf mittlerer Stufe rühren, bis alle trockenen Zutaten eingearbeitet sind.

12. Den Teig gleichmäßig auf die vorbereiteten Formen verteilen. 25–28 Minuten backen, bis an einem mittig eingestochenen Spieß nichts mehr haften bleibt. 10–15 Minuten in den Formen abkühlen lassen, dann zum Auskühlen auf Kuchengitter stürzen.

TORTE ZUSAMMENSETZEN

13. Die Buttercreme nach Belieben mit Lebensmittel-farbe nach Wahl einfärben. In einen Spritzbeutel mit mittelgroßer runder Tülle füllen.

14. Die abgekühlten Böden mit einem Messer begradigen, den Boden für die Torten-unterseite auswählen und auf einen Tortenteller legen. Zwei Buttercremeringe übereinander auf den Rand des Bodens spritzen und einen 4 cm hohen Rand erzeugen (siehe S. 27). Die Bananencreme bei Bedarf nochmals glatt rühren und in einen Spritzbeutel mit mittelgroßer runder Tülle geben. Den Butter-cremering mit der Hälfte der Bananencreme füllen. Die Kekse auf der Creme verteilen und mit der ver-bliebenen Bananencreme bedecken. Den zweiten Boden aufsetzen.

15. Den Tortenrand mit einer dünnen Schicht Buttercreme einstreichen, um die Bana-nencreme einzuschließen. Die Torte dann rundum mit der restlichen Buttercreme überziehen.

DEKORATION

Die Torte nach Belieben in der gewünschten Farbpalette mit einem Aquarell-Ombré-Muster (siehe S. 34) dekorieren. Alternativ die Torte mit einem Muster nach Wahl dekorieren (siehe S. 30–35).

WISSENSWERTES

Die Bananencreme lässt sich bis zu 3 Stunden im Voraus zuberei-ten und sollte separat und gut abgedeckt im Kühlschrank auf-bewahrt werden. Die zusam-mengesetzte Torte am besten sofort verzehren. Andernfalls ist sie bis zu 2 Tage im Kühl-schrank haltbar, sollte aber 30 Minuten vor dem Servieren herausgenommen werden, um Zimmertemperatur anzuneh-men (siehe S. 25).

Blaubeerpfannkuchen-Torte

—

ERGIBT EINE 3-SCHICHTEN-TORTE MIT 20 CM Ø; FÜR 12–15 PORTIONEN

WENN MEINE MUTTER ESSEN GEHT, dann am liebsten zum Frühstücken. Als Hauptköchin der Familie war sie früher natürlich auch für unser Frühstück zuständig und hat immer wieder betont, wie schwierig es sei, ein warmes Frühstück für alle gleichzeitig zu servieren. Egal ob Eier, Pfannkuchen oder Waffeln – der Koch zieht immer den Kürzeren, da er erst essen kann, wenn alle anderen ihr Frühstück schon bekommen haben. Wenn ich Frühstück mache, bediene mich meistens an den missglückten Pfannkuchen und verspeise sie direkt am Herd – ich verstehe meine Mutter also gut. Meine Lösung: Man bereitet einfach diese Blaubeerpfannkuchen-Torte zu und kann sie beim nächsten Brunch oder Frühstück gemeinsam mit den Gästen genießen.

Für den
BLAUBEER-
BUTTERMILCH-BODEN

Butter oder Cooking-Spray zum Einfetten

345 g Mehl Type 405 plus etwas mehr zum Bestäuben

60 g Speisestärke

2 TL Backpulver

1 TL Zimt

½ TL Natron

½ TL Salz

225 g weiche Butter

400 g Zucker

2 TL fein abgeriebene Zitronenschale

1 TL Vanilleextrakt von echter Vanille

3 große Volleier

2 große Eigelb

300 ml Buttermilch

220 g frische Blaubeeren (siehe Wissenswertes S. 175)

Für die
AHORNSIRUP-BUTTERCREME

150 ml Eiweiß

220 g brauner Zucker

1 TL Vanilleextrakt von echter Vanille

225 g weiche Butter, gewürfelt

45–60 ml Ahornsirup

Für die
ZIMTSAHNE

480 g kalte Sahne

3 EL Zucker

1 TL Vanilleextrakt von echter Vanille

¾ TL Zimt

Zubereitung des
**BLAUBEER-
BUTTERMILCH-BODENS**

1. Den Backofen auf 175 °C vorheizen. Drei runde Backformen (20 cm Ø) einfetten und mit Mehl bestäuben.

2. 320 g Mehl, Speisestärke, Backpulver, Zimt, Natron und Salz in eine Schüssel sieben und beiseitestellen.

3. Die Butter in der Rührmaschine auf mittlerer Stufe mit dem Flachrührer cremig rühren. Zucker und Zitronenschale zufügen. Die Maschine auf mittlere bis hohe Stufe stellen und alles 3–5 Minuten zu einer luftigen Masse aufschlagen. Ausschalten und an den Schüsselseiten anhaftende Butter nach unten schieben.

4. Die Maschine auf mittlere bis kleine Stufe stellen und den Vanilleextrakt zufügen. Dann Eier und Eigelbe einzeln einrühren. Ausschalten und an den Schüsselseiten anhaftenden Teig nach unten schieben.

5. Die Maschine auf kleine Stufe stellen und die Mehlmischung in drei Portionen abwechselnd mit der Buttermilch zufügen; dabei mit Mehl beginnen und enden. Kurz (nicht länger als 30 Sekunden) auf mittlerer Stufe rühren, bis alle trockenen Zutaten eingearbeitet sind.

6. Die Blaubeeren im verbliebenen Mehl wenden und etwa 145 g der Blaubeeren sanft unter den Teig heben.

7. Den Teig gleichmäßig auf die vorbereiteten Formen verteilen. Dann die restlichen Blaubeeren ebenmäßig auf die Formen verteilen. 23–25 Minuten backen, bis an einem mittig eingestochenen Spieß nichts mehr haften bleibt. 10–15 Minuten in den Formen abkühlen lassen, dann zum Auskühlen auf Kuchengitter stürzen.

Zubereitung der
AHORNSIRUP-BUTTERCREME

8. Eiweiß und braunen Zucker in einer hitzebeständigen Schüssel der Rührmaschine von Hand verquirlen. Einen mittelgroßen Topf ein paar Zentimeter mit Wasser füllen und auf mittlerer bis hoher Stufe erhitzen. Die Schüssel auf den Topf setzen; sie darf mit dem Wasser nicht in Kontakt kommen. Das Eiweiß unter gelegentlichem Rühren erhitzen, bis das Zuckerthermometer 70 °C anzeigt oder das Eiweiß sich heiß anfühlt. Die Schüssel vorsichtig in die Rührmaschine setzen.

9. Das Eiweiß mit dem Quirl 8–10 Minuten auf hoher Stufe aufschlagen, bis sich mittelfeste Spitzen bilden. Das Baiser ist fertig, wenn die Außenseite der Schüssel Zimmertemperatur aufweist und aus der Schüssel keinerlei Restwärme mehr aufsteigt. Die Maschine ausschalten und den Quirl durch den Flachrührer ersetzen.

10. Bei langsam laufender Maschine Vanilleextrakt und Butter (würfelweise) zufügen. Den Sirup zugießen und die Rührmaschine auf mittlere bis hohe Stufe stellen. 3–5 Minuten weiterschlagen, bis eine samtweiche Buttercreme entstanden ist.

Zubereitung der
ZIMTSAHNE

11. Die Sahne in der Rührmaschine auf mittlerer Stufe mit dem Quirl aufschlagen, bis sie anzudicken beginnt. Zucker, Vanilleextrakt und Zimt zufügen und auf hoher Stufe weiterschlagen, bis sich mittelfeste Spitzen bilden. Die Sahne möglichst erst kurz vor dem Zusammensetzen der Torte aufschlagen oder fertig geschlagen separat im Kühlschrank lagern.

TORTE ZUSAMMENSETZEN

12. Die abgekühlten Böden mit einem Messer begradigen, den Boden für die Tortenunterseite auswählen und auf einen Tortenteller legen. Mithilfe einer Winkelpalette mit der Hälfte der Buttercreme bestreichen. Den zweiten Boden aufsetzen, ebenfalls mit Buttercreme bestreichen und den dritten Boden aufsetzen. Die Torte rundum mit der Zimtsahne überziehen und mit einer Winkelpalette eine Spachteloptik kreieren (siehe S. 31).

WISSENSWERTES

Falls die Ahornsirup-Buttercreme ausflockt, nachdem Sie die Butter zugefügt haben, rühren Sie einfach weiter. Die Butter war vermutlich zu kalt, und man benötigt mehr Zeit, um sie einzuarbeiten (siehe Tipps und Tricks S. 42). Sollten keine frischen Blaubeeren erhältlich sein, können Sie auch auf Tiefkühlware zurückgreifen. Diese kurz abwaschen und trocken tupfen, aber nicht auftauen. Die Sahne lässt sich bis zu 8 Stunden im Voraus schlagen und sollte dann separat in einem luftdicht verschlossenen Behälter im Kühlschrank aufbewahrt werden. Die zusammengesetzte Torte am besten sofort verzehren. Andernfalls ist sie im Kühlschrank bis zu 2 Tage haltbar, sollte aber 30 Minuten vor dem Servieren herausgenommen werden, um Zimmertemperatur anzunehmen (siehe S. 25).

WENN WIR FÜR EINEN FAMILIENBESUCH auf der Insel O'ahu an Land gehen, gibt es erst einmal ein lokales Mittagsgericht, und dann decken wir uns mit unseren Lieblingssnacks ein. Egal ob wir frühstücken oder ein Mittagessen für den Strand vorbereiten – jeder von uns hat ein paar unentbehrliche Snacks dabei, die es nur hier auf Hawaii gibt. Meine Favoriten sind hawaiianische Soda-Cracker, Orangen-Maracuja-Saft, Guavenkonfitüre und nicht zu vergessen frische Kokosnuss, eingelegte Mango Li Hing und Papaya vom Kahuku-Farm-Stand. Ich habe eine große Schwäche für tropische Aromen, insbesondere die köstliche Maracujafüllung in dieser Torte hat es mir angetan. Sie harmoniert bestens mit dem Mohn-Orangen-Boden, und der mehrfarbige Überzug ist ein Sinnbild für die viele schönen Sonnenuntergänge, die ich schon auf Hawaii erleben durfte.

Für den
MOHN-ORANGEN-BODEN

Butter oder Cooking-Spray
   zum Einfetten

255 g Mehl Type 405 plus
   etwas mehr zum Bestäuben

40 g Speisestärke

1 TL Backpulver

½ TL Natron

¼ TL Salz

170 g weiche Butter

300 g Zucker

2 EL fein abgeriebene
   Orangenschale

4 große Eiweiß

60 ml frisch gepresster Orangensaft (von 1–2 Orangen)

180 ml Buttermilch

2 TL Mohnsaat

Für die
MARACUJA-BUTTERCREME

1 mittlere Menge Italienische
   Buttercreme mit Vanillegeschmack (siehe S. 41)

2–3 EL Maracujakonzentrat
   (siehe Wissenswertes S. 179)

Zum
ZUSAMMENSETZEN DER TORTE

restliche Italienische Buttercreme mit Vanillegeschmack

Gel-Lebensmittelfarbe
   (nach Belieben)

Streusel und/oder Zucker-
   perlen *(nach Belieben)*

Orangen-Maracuja-Torte

—

ERGIBT EINE 3-SCHICHTEN-TORTE MIT 15 CM Ø; FÜR 8–10 PORTIONEN

Zubereitung des MOHN-ORANGEN-BODENS

1. Den Backofen auf 175 °C vorheizen. Drei runde Backformen (15 cm Ø) einfetten und mit Mehl bestäuben.

2. Mehl, Speisestärke, Backpulver, Natron und Salz in eine Schüssel sieben und beiseitestellen.

3. Die Butter in einer Rührmaschine auf mittlerer Stufe mit dem Flachrührer cremig rühren. Zucker und Orangenschale zufügen. Die Maschine auf mittlere bis hohe Stufe stellen und alles 3–5 Minuten zu einer luftigen Masse aufschlagen. Ausschalten und an den Schüsselseiten anhaftende Butter nach unten schieben.

4. Auf mittlere bis kleine Stufe stellen, dann die Eiweiße einzeln zufügen und einarbeiten. Den Orangensaft zugeben und unterziehen. Ausschalten und an den Schüsselseiten anhaftenden Teig nach unten schieben.

5. Die Maschine auf kleine Stufe stellen und die Mehlmischung in drei Portionen abwechselnd mit der Buttermilch zufügen; dabei mit Mehl beginnen und enden. Den Mohn zufügen. Kurz (nicht länger als 30 Sekunden) auf mittlerer Stufe rühren, bis alle trockenen Zutaten eingearbeitet sind.

6. Den Teig gleichmäßig auf die vorbereiteten Formen verteilen. 22–25 Minuten backen, bis an einem mittig eingestochenen Spieß nichts mehr haften bleibt. 10–15 Minuten in den Formen abkühlen lassen, dann zum Auskühlen auf Kuchengitter stürzen.

Zubereitung der MARACUJA-BUTTERCREME

7. 360 ml Buttercreme in der Rührmaschine auf mittlerer Stufe mit dem Flachrührer cremig rühren. Das Maracujakonzentrat zufügen und unterziehen.

TORTE ZUSAMMENSETZEN

8. Die verbliebene Buttercreme nach Belieben mit Lebensmittelfarbe nach Wahl einfärben.

9. Die abgekühlten Böden mit einem Messer begradigen, den Boden für die Tortenunterseite auswählen und auf einen Tortenteller legen. Mithilfe einer Winkelpalette mit der Hälfte der ungefärbten Maracuja-Buttercreme bestreichen. Den zweiten Boden aufsetzen, mit Buttercreme bestreichen und den dritten Boden aufsetzen. Die Torte mit der gefärbten Buttercreme überziehen und nach Belieben mit Streuseln und Zuckerperlen dekorieren.

DEKORATION

Die Torte nach Belieben in der gewünschten Farbpalette mit einem Aquarell-Ombré-Muster (siehe S. 34) dekorieren. Die Zuckerperlen und Streusel auf der Tortenoberseite verteilen und auch am Tortenrand befestigen. Alternativ die Torte mit einem Muster nach Wahl dekorieren (siehe S. 30–35).

WISSENSWERTES

Maracuja-Konzentrat ist im Internethandel erhältlich. Wer dennoch Probleme mit der Beschaffung hat, kann auch 240 ml Maracujasaft in einem Topf auf 60 ml reduzieren. Im Kühlschrank hält sich die Torte bis zu 4 Tage. Sie kann auch eingefroren werden (siehe S. 25).

S'mores-Torte

—

ERGIBT EINE 3-SCHICHTEN-TORTE MIT 20 CM Ø; FÜR 12-15 PORTIONEN

ICH BIN IN EINER LÄNDLICHEN VORSTADTGEGEND aufgewachsen. Unser Hof grenzte direkt an eine Pferderanch und war so groß, dass wir im Sommer dort zelten konnten. Wir haben zusammen mit den Nachbarkindern im Lagerfeuer Marshmallows gegrillt und unter dem Sternenhimmel selbst gemachte S'mores gegessen. S'mores (Abkürzung für „some more") sind ein alter amerikanischer Pfadfinder-Klassiker. Man klemmt dazu einen frisch gegrillten Marshmallow mit einem Stück Schokolade zwischen zwei Kekse (zum Beispiel Butterkekse) und drückt zu, bis die Schokolade schmilzt. Mein Mann Brett und ich haben uns allerdings inzwischen von Haus und Hof getrennt und stattdessen eine schicke Stadtwohnung bezogen. Dass unsere Kinder ihre Marshmallows jetzt nur im Gaskamin bräunen können, ist zugegebenermaßen sehr schade. Für Erwachsene gibt es immerhin noch den Hand-Gasbrenner, mit dem man ein marshmallowartiges Baiser perfekt anbräunen kann. So wie bei dieser Torte mit Zimt-Buttermilch-Böden, Schokoladenfüllung und einem fluffigen Baiserüberzug. Das ist für uns Stadtmenschen schon die perfekte Lagerfeuerstimmung.

Für den
ZIMT-BUTTERMILCH-BODEN

Butter oder Cooking-Spray zum Einfetten

330 g Mehl Type 405 plus etwas mehr zum Bestäuben

60 g Speisestärke

2 TL Backpulver

2 TL Zimt

½ TL frisch gemahlene Muskatnuss

½ TL Natron

½ TL Salz

225 g weiche Butter

250 g Zucker

110 g brauner Zucker

2 TL Vanilleextrakt von echter Vanille

3 große Volleier

2 große Eigelb

300 ml Buttermilch

Für die
SCHOKOLADEN-FUDGE-FÜLLUNG

115 g weiche Butter

250 g Puderzucker, gesiebt

3 EL Kakaopulver

⅛ TL Salz

½ TL Vanilleextrakt von echter Vanille

2 EL Sahne oder Vollmilch

170 g Milchschokolade, geschmolzen und abgekühlt

Für den
BAISERÜBERZUG

180 ml Eiweiß

300 g Zucker

2 TL Vanilleextrakt von echter Vanille

Creme aufschlagen. Die abgekühlte Schokolade zufügen und unterziehen.

Creme aufschlagen. Die abgekühlte Schokolade zufügen und unterziehen.

TORTE ZUSAMMENSETZEN

8. Die abgekühlten Böden mit einem Messer begradigen, den Boden für die Tortenunterseite auswählen und auf einen Tortenteller legen. Mithilfe einer Winkelpalette mit der Hälfte der Schokoladenfüllung bestreichen. Den zweiten Boden aufsetzen, ebenfalls mit der Füllung bestreichen und den dritten Boden aufsetzen.

Zubereitung der
BAISERCREME

9. Eiweiß und Zucker in einer hitzebeständigen Schüssel der Rührmaschine von Hand verquirlen. Einen mittelgroßen Topf ein paar Zentimeter mit Wasser füllen und auf mittlerer bis hoher Stufe erhitzen. Die Schüssel auf den Topf setzen; sie darf mit dem Wasser nicht in Kontakt kommen. Das Eiweiß unter gelegentlichem Rühren erhitzen, bis das Zuckerthermometer 70 °C anzeigt. Die Schüssel vorsichtig in die Rührmaschine setzen.

10. Das Eiweiß auf hoher Stufe mit dem Quirl aufschlagen, bis sich mittelfeste glänzende Spitzen bilden. Den Vanilleextrakt zufügen und unterziehen. Das Baiser ist fertig, wenn die Außenseite der Schüssel Zimmertemperatur aufweist und aus der Schüssel keinerlei Restwärme mehr aufsteigt.

11. Die Torte mithilfe einer Winkelpalette mit dem Baiser überziehen und mit einer Spachteloptik (siehe S. 31) verzieren. Mit einem Hand-Gasbrenner anbräunen (siehe Wissenswertes).

Zubereitung des
ZIMTBODENS

1. Den Backofen auf 175 °C vorheizen. Drei runde Backformen (20 cm Ø) einfetten und mit Mehl bestäuben.

2. Mehl, Speisestärke, Backpulver, Zimt, Muskat, Natron und Salz in eine Schüssel sieben und beiseitestellen.

3. Die Butter in einer Rührmaschine auf mittlerer Stufe mit dem Flachrührer cremig rühren. Beide Zuckersorten zufügen und die Butter auf mittlerer bis hoher Stufe 3–5 Minuten luftig aufschlagen. Ausschalten und an den Schüsselseiten anhaftende Butter nach unten schieben.

4. Die Maschine auf mittlere bis kleine Stufe stellen und den Vanilleextrakt zufügen. Dann Eier und Eigelbe einzeln einrühren. Ausschalten und an den Schüsselseiten anhaftenden Teig nach unten schieben.

5. Die Maschine auf kleine Stufe stellen und die Mehl-

mischung abwechselnd mit der Buttermilch zufügen; dabei mit Mehl beginnen und enden. Kurz (nicht länger als 30 Sekunden) auf mittlerer Stufe rühren, bis alle trockenen Zutaten eingearbeitet sind.

6. Den Teig auf die vorbereiteten Formen verteilen. 23–25 Minuten backen, bis an einem mittig eingestochenen Spieß nichts mehr haften bleibt. 10–15 Minuten in den Formen abkühlen lassen, dann zum Auskühlen auf Kuchengitter stürzen.

Zubereitung der
SCHOKOLADEN-FUDGE-
FÜLLUNG

7. Die Butter in einer Rührmaschine auf mittlerer Stufe mit dem Flachrührer cremig rühren. Auf kleine Stufe stellen; nach und nach Puderzucker, Kakao, Salz und Vanilleextrakt zufügen. Die Sahne eingießen und alle Zutaten kurz vermengen. Dann auf mittlerer Stufe zu einer luftigen

Halten Sie beim Anbräunen des Baisers einen Abstand von 10–15 cm zur Torte ein. Den Brenner immer in Bewegung halten, bis der Überzug die gewünschte Farbe hat. Die zusammengesetzte Torte am besten innerhalb von 90 Minuten verzehren. Andernfalls ist sie bis zu 2 Tage im Kühlschrank haltbar. Sie sollte aber 30 Minuten vor dem Servieren herausgenommen werden, um Zimmertemperatur anzunehmen (siehe S. 25).

Bananensplit-Eistorte

ERGIBT EINE 3-SCHICHTEN-TORTE MIT 15 CM Ø; FÜR 10–12 PORTIONEN

AN MEINEM ZEHNTEN GEBURTSTAG fuhren meine Eltern mit mir und meinen Freunden in ein Erlebnisbad. Da ich im Juni geboren bin, konnte man immer draußen feiern und das mit Outdoor-Aktivitäten verbinden. Aus irgendeinem Grund hatte ich mir in dem Jahr eine Eistorte gewünscht. Meine liebe Mutter erfüllte mir diesen Wunsch und transportierte eine riesige Eistorte den ganzen Weg bis zum Freibad. Alles schien gut …, bis wir die Torte anschnitten. Jeder kann sich sicher ausmalen, was passierte, als wir sie in der brennenden Sonne Kaliforniens aßen.

Aber nicht alle Eistorten müssen sich in Eissuppe verwandeln. Tatsächlich ist es gar nicht so schwierig, eine Eistorte herzustellen, und solange man sie nicht mit zu einer Gartenparty nimmt, kann auch nicht viel schiefgehen. Der Bananenboden in dieser Eistorte ist ein Knaller, besonders in Verbindung mit der malzigen Schokolodenfüllung. Kein Eisfan? Dann lassen Sie die Eiscreme einfach weg und nehmen stattdessen etwas Erdbeercreme (siehe S. 188).

Für den
BANANENBODEN

3 reife Bananen, längs halbiert

220 g brauner Zucker

1 EL Traubenkernöl

¼ TL Salz

Butter oder Cooking-Spray zum Einfetten

200 g Mehl Type 405 plus etwas mehr zum Bestäuben

¾ TL Backpulver

½ TL Natron

¼ TL Salz

120 g saure Sahne

60 ml Vollmilch

115 g weiche Butter

100 g Zucker

2 TL Vanillepaste

2 große Volleier

90 g Mini-Schokoladentropfen

Für das
SCHOKOLADEN-MALZ-PULVER

5 EL plus 1 TL Milchpulver

1 TL Malzpulver

1 TL Kakaopulver

Für die
SCHOKOLADEN-MALZ-FÜLLUNG

140 g weiche Butter

40 g Schokoladen-Malz-Pulver (siehe oben)

190 g Puderzucker, gesiebt

½ TL Vanilleextrakt von echter Vanille

1–2 EL Vollmilch oder Sahne

Für das
HONIG-ERDNUSS-TOPPING

75 g geröstete ungesalzene Erdnusskerne, gehackt

1 TL Honig

1 EL Zucker

⅛ TL Salz

Zum
ZUSAMMENSETZEN DER TORTE

1,4 l Erdbeereis (Fertigprodukt)

Für den
SAHNEÜBERZUG

480 g kalte Sahne

3 EL Zucker

1 TL Vanilleextrakt von echter Vanille

Gel-Lebensmittelfarbe *(nach Belieben)*

Streusel zum Dekorieren *(nach Belieben)*

Zubereitung des BANANENBODENS

1. Den Backofen auf 200 °C vorheizen. Die Bananen mit der Schnittseite nach oben auf ein Backblech geben und mit 55 g braunem Zucker sowie Öl und Salz bestreuen bzw. beträufeln. 10–15 Minuten goldbraun rösten, nach 5–8 Minuten einmal wenden. Aus dem Ofen nehmen und abkühlen lassen. Die gerösteten Bananen mit einem Kartoffelstampfer oder einer Gabel zerdrücken und beiseitestellen.

2. Die Ofentemperatur auf 175 °C reduzieren. Eine rechteckige Backform mit 25 x 38 cm Seitenlänge einfetten und mit Mehl bestäuben (siehe Wissenswertes).

3. Mehl, Backpulver, Natron und Salz in eine Schüssel sieben und beiseitestellen.

4. Saure Sahne und Milch glatt rühren und beiseitestellen.

5. Die Butter in der Rührmaschine auf mittlerer Stufe mit dem Flachrührer cremig rühren. Die restlichen 165 g braunen Zucker sowie den Feinzucker zufügen und die Butter auf mittlerer bis hoher Stufe 3–5 Minuten luftig aufschlagen. Ausschalten und an den Schüsselseiten anhaftende Butter nach unten schieben.

6. Die Maschine auf mittlere bis kleine Stufe stellen, die Vanillepaste zufügen und die Eier einzeln einarbeiten.

7. Die Maschine auf kleine Stufe stellen und die Mehlmischung in drei Portionen abwechselnd mit der Milchmischung zufügen; dabei mit Mehl beginnen und enden. Die zerdrückten Bananen zugeben und auf mittlerer Stufe höchstens 30 Sekunden unterrühren.

Die Schokoladentropfen unterheben.

8. Den Teig in die vorbereitete Form füllen. 22–24 Minuten backen, bis an einem mittig eingestochenen Spieß nichts mehr haften bleibt. Zum Abkühlen auf ein Kuchengitter stürzen.

Zubereitung des SCHOKOLADEN-MALZ-PULVERS

9. Milchpulver, Malzpulver und Kakao in eine Schüssel sieben und beiseitestellen.

Zubereitung der SCHOKOLADEN-MALZ-FÜLLUNG

10. Die Butter in der Rührmaschine auf mittlerer Stufe mit dem Flachrührer cremig rühren. Die Maschine auf kleine Stufe stellen; nach und nach Schokoladen-Malz-Pulver, Puderzucker, Vanilleextrakt und 1 Esslöffel der Milch zufügen und nur kurz unterrühren. Dann auf mittlerer bis hoher Stufe zu einer luftigen Füllung aufschlagen. Die Masse mit 1 Esslöffel Milch verdünnen, falls sie zu dick ist und weiterrühren, bis eine streichbare Creme entstanden ist.

Zubereitung des HONIG-ERDNUSS-TOPPINGS

11. Die gehackten Erdnüsse in einen kleinen Plastikbeutel mit Zippverschluss geben. Den Honig zufügen, den Beutel verschließen und gut schütteln, bis die Erdnüsse gleichmäßig vom Honig überzogen sind. Zucker und Salz zugeben und nochmals schütteln. Die Erdnüsse auf einem Stück Backpapier ausbreiten und 10–15 Minuten leicht trocknen lassen, bis sie nicht mehr ganz so klebrig sind.

TORTE ZUSAMMENSETZEN

12. Einen Backpapierstreifen mit 15 x 48 cm Seitenlänge zuschneiden.

13. Die Eiscreme aus dem Tiefkühler nehmen und kurz antauen lassen. Zwei runde Backformen (15 cm Ø) mit Frischhaltefolie auskleiden und die Folie über dem Rand einige Zentimeter überstehen lassen. Das Eis aus dem Behälter lösen und in 4 cm breite Scheiben schneiden. Das Eis in die vorbereiteten Formen drücken, eventuelle Lücken ausfüllen und glatt streichen. Die überstehende Folie über das Eis falten und das Eis zusammendrücken, um zwei gleichmäßige Eisscheiben herzustellen. Im Tiefkühler fest werden lassen.

14. Mit einem Tortenring (15 cm Ø) drei Böden aus dem abgekühlten Bananenboden ausstechen.

15. Einen Boden in einer Springform (15 cm Ø) oder in einen auf einer Kuchenplatte platzierten Tortenring (15 cm Ø) geben. Den Backpapierstreifen zwischen Boden und Rand platzieren, um einen Kragen herzustellen und den Formrand zu erhöhen. Bei Bedarf mit Klebeband fixieren.

16. Den Boden mithilfe einer Winkelpalette oder einem Löffelrücken mit 180 ml Malzfüllung bestreichen.

17. Eine der Eiscremescheiben aus dem Tiefkühler nehmen, aus der Form lösen und auf der Malzfüllung platzieren. Den zweiten Boden aufsetzen, mit Malzfüllung bestreichen, die zweite Eisscheibe auflegen und den dritten Boden aufsetzen.

18. Die Torte mit Frischhaltefolie abdecken und 20–30 Minuten im Tiefkühler aushärten lassen.

Zubereitung des
SAHNEÜBERZUGS

19. Derweil die Sahne in der Rührmaschine mit dem Quirl auf mittlerer Stufe aufschlagen, bis sie anzudicken beginnt. Zucker und Vanilleextrakt zufügen und auf hoher Stufe weiterschlagen, bis sich mittelfeste Spitzen bilden. Falls Gelfarbe zugegeben werden soll, schlagen, bis sich weiche Spitzen bilden, dann die Farbe zufügen und weiterschlagen, bis sich mittelfeste Spitzen bilden.

20. Die Torte rundum mit der Sahne bestreichen. Zum Dekorieren das Erdnuss-Topping vorsichtig am Tortenrand andrücken und die Oberseite nach Belieben mit Streuseln bestreuen.

WISSENSWERTES

Bei Verwendung einer Backform mit 25 x 38 cm Seitenlänge lassen sich genau drei Böden mit 15 cm Ø ausstechen. Ansonsten gibt es die Möglichkeit, zwei Böden und zwei Halbkreise auszustechen und die Reste nach dem Ausstechen zu einer Scheibe mit 15 cm Ø zusammenzusetzen. Den zusammengesetzten Boden als mittlere Tortenschicht verwenden. Die Sahne beim Überziehen nicht zu lange bearbeiten, da sie ansonsten ihre Festigkeit verliert. Die Torte im letzten Stadium des Zusammensetzens nicht mehr ganz durchfrieren lassen, da sie sich sonst nur schwer zerteilen lässt. Wer allerdings eine festere Eistorte bevorzugt, kann sie auch vollständig durchfrieren lassen. Zum leichteren Zerteilen das Messer zuvor unter heißes Wasser halten. Ich finde es einfacher, Eisscheiben gleichförmig zuzuschneiden, wenn die Eiscreme in einem eckigen Behälter verpackt war, aber das ist kein Muss. Die fertige Torte innerhalb von 20 Minuten verzehren. Im Tiefkühler hält sie sich bis zu 2 Tage (siehe S. 25).

SCHNELLER ZUM ZIEL

Verwenden Sie fertiges Schokoladen-Malz-Pulver und fertig geröstete Honig-Erdnüsse.

DEKORATION

Um die Sahne mehrfarbig einzufärben, die Rührmaschine ausschalten, sobald sich weiche Spitzen gebildet haben. 180–240 g Sahne herausnehmen und in eine Schüssel geben. Die Gelfarbe zufügen und von Hand weiterschlagen, bis sich mittelfeste Spitzen bilden. In einen Spritzbeutel mit offener Sterntülle füllen. Die restliche Sahne in einer anderen Farbe einfärben und weiterschlagen, bis sich mittelfeste Spitzen bilden. Diese Sahne zum Überziehen der Torte verwenden. Mit dem Spritzbeutel eine Muschelbordüre (siehe S. 37) auf die obere und untere Tortenkante spritzen. Mit Streuseln bestreuen.

WER KONFETTI BISHER MIT KARNEVAL ODER PARTYS in Verbindung gebracht hat, wird jetzt staunen! In den USA gibt es Backmischungen in Hülle in Fülle, die ich als Zwölfjährige für mich entdeckte – besonders die mit Streuseln oder essbarem Konfetti. Alle Zutaten waren fertig abgemessen, die Anleitung war idiotensicher und in jedem Bissen des fertigen Kuchens steckte ein wenig essbares Konfetti. Jetzt bin ich zwar erwachsen, doch das Kind in mir bekommt beim Anblick von bunten Streuseln immer noch leuchtenden Augen. Und da ich Backmischungen inzwischen verschmähe und überzeugte Bäckerin geworden bin, muss man für diese fröhliche Torte natürlich auch das Konfetti höchstpersönlich basteln. Was für ein Spaß!

Für das ESSBARE KONFETTI

90 ml Eiweiß

500 g Puderzucker, gesiebt

½ TL Vanilleextrakt von echter Vanille

Gel-Lebensmittelfarbe, Farben nach Belieben

Für das ERDBEERPÜREE

12–15 mittelgroße Erdbeeren, geputzt und geviertelt

1 EL Zucker

¼ TL Salz

Für den ERDBEER-KONFETTI-BODEN

Butter oder Cooking-Spray zum Einfetten

185 g Mehl Type 405 plus etwas mehr zum Bestäuben

30 g Speisestärke

1 ½ TL Backpulver

115 g weiche Butter

200 g Zucker

2 TL Vanilleextrakt von echter Vanille

3 große Eigelb

2 EL Milch

Für den VANILLE-KONFETTI-BODEN

Butter oder Cooking-Spray zum Einfetten

190 g Mehl Type 405 plus etwas mehr zum Bestäuben

30 g Speisestärke

1 ½ TL Backpulver

115 g weiche Butter

200 g Zucker

1 ½ TL Vanilleextrakt von echter Vanille

½ TL Mandelextrakt von echten Mandeln

3 große Eigelb

180 ml Milch

Für die ERDBEERCREME

115 g Frischkäse auf Zimmertemperatur

115 g weiche Butter

375 g Puderzucker, gesiebt

3–4 EL Erdbeerpüree (siehe oben)

Für die KONFETTI-BUTTERCREME

115 g Frischkäse auf Zimmertemperatur

600 ml Italienische Buttercreme mit Vanillegeschmack (siehe S. 41)

¾ TL Mandelextrakt von echten Mandeln

Zum ZUSAMMENSETZEN DER TORTE

restliche hausgemachte Streusel (siehe oben)

Erdbeer-Konfetti-Torte

—

ERGIBT EINE 4-SCHICHTEN-TORTE MIT 15 CM Ø; FÜR 10–12 PORTIONEN

Zubereitung des
ESSBAREN KONFETTIS

1. Das Eiweiß in eine Schüssel
geben und auf mittlerer bis
kleiner Stufe mit dem Quirl
schaumig aufschlagen. Nach
und nach den Puderzucker
einarbeiten, dann auf mittlerer bis hoher Stufe weiterschlagen, bis ein fester, glän-
zender Eischnee entstanden
ist. Vanilleextrakt zufügen
und unterziehen.

2. Die Masse in so viele
Portionen teilen, wie Sie
Farben verwenden möchten.
Diese in separate Schalen
geben und wie gewünscht
einfärben. Jede Portion in
einen kleinen Spritzbeutel

mit kleiner, runder Tülle
füllen. Damit auf ein Stück
Backpapier kleine Tupfen
spritzen (siehe S. 37)
und mit einem sauberen
feuchten Pinsel oder Finger
flach drücken Ebenso
weiterverfahren, bis alle
Farben verarbeitet sind. Das
Konfetti mindestens 2 Stunden trocknen lassen, dabei
gelegentlich wenden.

Zubereitung des
ERDBEERPÜREES

3. Erdbeeren, Zucker und Salz
in der Küchenmaschine fein
pürieren. Beiseitestellen.

Zubereitung des
ERDBEER-KONFETTI-BODENS

4. Den Backofen auf 175 °C
vorheizen. Zwei runde
Backformen (15 cm Ø)
einfetten und mit Mehl
bestäuben.

5. Mehl, Speisestärke und
Backpulver in eine Schüssel
sieben und beiseitestellen.

6. Die Butter in der Rührmaschine auf mittlerer
Stufe mit dem Flachrührer
2 Minuten cremig rühren.
Den Zucker zufügen und
die Butter 3–5 Minuten auf
mittlerer bis hoher Stufe luftig aufschlagen. Ausschalten
und an den Schüsselseiten
anhaftende Butter nach
unten schieben.

7. Die Maschine auf mittlere
bis kleine Stufe stellen und
Vanilleextrakt und Eigelbe
einzeln einarbeiten. 180 ml
des Erdbeerpürees unter-
rühren (den Rest für die
Erdbeercreme beiseitestellen). Ausschalten und an
den Schüsselseiten anhaf-
tenden Teig nach unten
schieben.

8. Die Maschine auf kleine
Stufe stellen, das Mehl in
zwei Portionen zufügen
und unterrühren. Die Milch
hinzufügen und kurz (nicht
länger als 30 Sekunden) auf
mittlerer Stufe weiterrühren,
bis alle trockenen Zutaten
eingearbeitet sind. 70 g essbares Konfetti unterheben.

9. Den Teig gleichmäßig auf
die vorbereiteten Formen
verteilen. 23–25 Minuten
backen, bis an einem mittig
eingestochenen Spieß
nichts mehr haften bleibt.
10–15 Minuten in den
Formen abkühlen lassen,
dann zum Auskühlen auf
Kuchengitter stürzen.

Zubereitung des
VANILLE-KONFETTI-BODENS

10. Während die Erdbeerböden backen, zwei weitere runde Backformen (15 cm Ø) einfetten und mit Mehl bestäuben.

11. Mehl, Speisestärke und Backpulver in eine Schüssel sieben und beiseitestellen.

12. Die Butter in der Rührmaschine auf mittlerer Stufe mit dem Flachrührer 2 Minuten cremig rühren. Den Zucker zufügen und die Butter auf mittlerer bis hoher Stufe 3–5 Minuten luftig aufschlagen. Ausschalten und an den Schüsselseiten anhaftende Butter nach unten schieben.

13. Die Maschine auf mittlere bis kleine Stufe stellen und Vanilleextrakt, Mandelextrakt und Eigelbe einzeln einrühren. Ausschalten und an den Schüsselseiten anhaftenden Teig nach unten schieben.

14. Die Maschine auf kleine Stufe stellen und die Mehlmischung in drei Portionen abwechselnd mit der Milch zufügen; dabei mit Mehl beginnen und enden. Kurz (nicht länger als 30 Sekunden) auf mittlerer Stufe weiterrühren, bis alle trockenen Zutaten eingearbeitet sind. 70 g essbares Konfetti unterheben.

15. Den Teig gleichmäßig auf die vorbereiteten Formen verteilen. 23–25 Minuten backen, bis an einem mittig eingestochenen Spieß nichts mehr haften bleibt. 10–15 Minuten in den Formen abkühlen lassen, dann zum Auskühlen auf Kuchengitter stürzen.

Zubereitung der
ERDBEERCREME

16. Frischkäse und Butter in der Rührmaschine auf mittlerer Stufe mit dem Flachrührer cremig rühren. Auf kleine Stufe stellen, nach und nach Puderzucker und 3–4 Esslöffel des Erdbeerpürees zufügen und einarbeiten. Auf mittlere bis hohe Stufe stellen und weiterrühren, bis eine cremige Masse entstanden ist. In eine separate Schüssel füllen und beiseitestellen. Die Rührschüssel säubern.

Zubereitung der
KONFETTI-BUTTERCREME

17. Den Frischkäse in der Rührmaschine auf mittlerer bis kleiner Stufe mit dem Flachrührer 2 Minuten cremig rühren. Buttercreme und Mandelextrakt zufügen und auf mittlerer Stufe glatt rühren. 100–140 g essbares Konfetti unterheben.

TORTE ZUSAMMENSETZEN

18. Die abgekühlten Böden mit einem Messer begradigen, den Boden für die Tortenunterseite auswählen und auf einen Tortenteller legen. Mithilfe einer Winkelpalette mit 120 ml Erdbeercreme bestreichen. Einen weiteren, andersfarbigen Boden aufsetzen, mit Erdbeercreme bestreichen und dies mit dem nächsten Boden wiederholen. Den letzten Boden aufsetzen. Die Torte rundum mit der Konfetti-Buttercreme überziehen und mit dem verbliebenen essbaren Konfetti bestreuen.

DEKORATION

Die restliche Buttercreme in einen Spritzbeutel mit großer Sterntülle füllen und damit an der oberen und unteren Tortenkante eine Muschelbordüre aufspritzen (siehe S. 37).

WISSENSWERTES

Für hausgemachte bunte Streusel die Masse nicht als Tupfen, sondern als dünne Linien aufspritzen und nach dem Trocknen in kurze Stücke schneiden. Im Kühlschrank hält sich die Torte bis zu 4 Tage und kann auch eingefroren werden (siehe S. 25).

SCHNELLER ZUM ZIEL

Fertige bunte Streusel oder essbares Konfetti kaufen. Man kann Streusel und Konfetti auch mischen – ganz nach Belieben.

TORTEN FÜR ENTDECKER

Die Torten im folgenden Kapitel sind nicht die „üblichen Verdächtigen" unter den Tortenwundern. Sie kitzeln den Gaumen mit aufregenden Gewürzen oder einem Schuss Alkohol und erfreuen das neugierige Entdeckerherz mit den exotischen Aromen von der japanischen Zitrusfrucht Yuzu, südamerikanischem rosa Pfeffer oder indischem Chai. Alle Torten sind mit dem nötigen Wow-Faktor ausgestattet – man werfe nur einmal einen Blick auf die Rotwein-Brombeer-Torte oder die Yuzu-Grapefruit-Torte –, und Ihre Gäste werden Loblieder auf Sie anstimmen.

Himbeer-Stout-Torte

—

ERGIBT EINE 6-SCHICHTEN-TORTE MIT 15 CM Ø; FÜR 10-12 PORTIONEN

ES WAR SOMMER und ich war auf der Suche nach etwas, das gut zu einem vollmundigen Schokoladen-Stout-Boden passen würde. Da fielen mir Himbeeren ein. Mit ihrer Leichtigkeit und dem süß-säuerlichen Aroma waren sie ideal, um dem schweren, trägen Stout-Bier Paroli zu bieten. Mir schwebte eine Torte mit saftigen Stout-Böden vor, die mit süßer Himbeersauce bestrichen und mit einer erfrischenden Himbeer-Frischkäse-Creme gefüllt waren. Und weil ich gerade so in Erfinderlaune war, musste auch noch eine Deko der besonderen Art her: selbst gemachte dünne Täfelchen aus dunkler und weißer Schokolade mit gefriergetrockneten Himbeeren … und Mini-Brezeln! Ja, was passt besser zu einem Bier als eine Brezel? Und neben dem herrlichen Geschmack und dem tollen Crunch sehen die Täfelchen auch noch aus wie kleine abstrakte Kunstwerke.

Für den
SCHOKOLADEN-STOUT-BODEN

Butter oder Cooking-Spray
   zum Einfetten

250 g Mehl Type 405 plus
   etwas mehr zum Bestäuben

1¼ TL Natron

1 TL Backpulver

½ TL Salz

240 ml Stout-Bier,
   z.B. Guinness

170 g weiche Butter

160 g saure Sahne

2 große Volleier

2 TL Vanilleextrakt von
   echter Vanille

220 g brauner Zucker

150 g Zucker

70 g Kakaopulver

1 EL Instant-Espresso-Pulver

Für die
HIMBEER-COULIS

310 g frische oder gefrorene
   Himbeeren

2–4 EL Zucker

1 TL frisch gepresster
   Zitronensaft

Für die
**HIMBEER-FRISCHKÄSE-
FÜLLUNG**

115 g Frischkäse auf
   Zimmertemperatur

1 kleine Menge Italienische
   Buttercreme mit Vanillegeschmack (siehe S. 41)

60 g Himbeer-Coulis (siehe
   oben), oder nach Geschmack

Für die
**HIMBEER-SCHOKOLADEN-
PLÄTTCHEN**

225 g Zartbitterschokolade

85 g weiße Schokolade

20 g gefriergetrocknete
   Himbeeren, gehackt

25 g Mini-Brezel, gehackt

Zum
ZUSAMMENSETZEN DER TORTE

1 Menge dunkle Schokoladenganache (siehe S. 41)

60 g frische Himbeeren
(nach Belieben)

Zubereitung des
SCHOKOLADEN-STOUT-BODENS

1. 1. Den Backofen auf 175 °C vorheizen. Drei runde Backformen (15 cm Ø) einfetten und mit Mehl bestäuben.

2. Mehl, Natron, Backpulver und Salz in eine Schüssel sieben und beiseitestellen.

3. Stout und Butter in einem mittelgroßen Topf auf mittlerer Stufe erhitzen, bis die Butter geschmolzen ist.

4. Derweil saure Sahne, Eier und Vanilleextrakt in einer separaten Schüssel glatt rühren. Beiseitestellen.

5. Beide Zuckersorten, Kakao und Espressopulver gründlich unter die Stoutmischung rühren. Vom Herd nehmen und die Saure-Sahne-Mischung unterziehen. Die trockenen Zutaten zufügen und einarbeiten.

6. Den Teig gleichmäßig auf die vorbereiteten Formen verteilen. 22–24 Minuten backen, bis an einem mittig eingestochenen Spieß nichts mehr haften bleibt. 10–15 Minuten in den Formen abkühlen lassen, dann zum Auskühlen auf Kuchengitter stürzen.

Zubereitung der
HIMBEER-COULIS

7. Himbeeren, 2 Esslöffel Zucker und Zitronensaft in einem Topf auf mittlerer bis hoher Stufe erhitzen, bis Bläschen aufsteigen. Dann bei reduzierter Hitze etwa 10 Minuten köcheln, bis die Himbeeren zusammengefallen sind. Bei Bedarf mehr Zucker zufügen. Die Sauce durch ein feinmaschiges Sieb in eine Schüssel passieren und die Kerne entsorgen. Abkühlen lassen.

Zubereitung der
HIMBEER-FRISCHKÄSE-FÜLLUNG

8. Den Frischkäse in der Rührmaschine auf mittlerer Stufe mit dem Flachrührer cremig rühren. Buttercreme und 60 ml abgekühlte Himbeer-Coulis (oder nach Geschmack) zufügen und unterziehen.

Zubereitung der
HIMBEER-SCHOKOLADEN-PLÄTTCHEN

9. Ein Backblech mit Backpapier oder einer Silikonmatte auslegen.

10. Die Zartbitterschokolade in eine hitzebeständige Schüssel geben und über einem Wasserbad mit leicht siedendem Wasser schmelzen. Derweil die weiße Schokolade in eine hitzebeständige Schüssel füllen und bei halber Leistung in Intervallen von 20–30 Sekunden in der Mikrowelle schmelzen.

11. Die dunkle Schokolade auf das Backblech gießen und mit einer Winkelpalette zu einer 6 mm dicken Schicht ausstreichen. Mit der weißen Schokolade beträufeln und diese mit einem Holzspieß in kreisenden Bewegungen verteilen. Mit Himbeeren und Brezeln bestreuen. Die Schokolade aushärten lassen, dann in Stücke brechen.

TORTE ZUSAMMENSETZEN

12. Die ausgekühlten Böden vorsichtig horizontal halbieren, sodass sechs gleich dicke Böden entstehen. Die Böden begradigen, den Boden für die Tortenunterseite auswählen und auf einen Tortenteller legen. Mit dem Himbeer-Coulis bestreichen, dann 120 g der Himbeer-Frischkäse-Füllung mit einer Winkelpalette darauf verteilen. Den zweiten Boden aufsetzen, ebenso bestreichen und dies mit den folgenden drei Böden wiederholen. Dann den letzten Boden aufsetzen.

13. Eine große Portion der Ganache auf die Tortenoberseite geben und mit einer Winkelpalette bis zum Rand verstreichen. Die Schokoladenplättchen in die Ganache drücken, bevor sie aushärtet. Zusammen mit den frischen Himbeeren in Form eines abstrakten fantasievollen Musters anordnen.

WISSENSWERTES

Bereiten Sie die Schokoladenplättchen vorzugsweise am selben Tag zu und bewahren Sie sie bis zur Verwendung separat an einem kühlen, trockenen Ort auf. Im Kühlschrank hält sich die Torte (ohne die Schokoladenplättchen) bis zu 3 Tage (siehe S. 25).

SCHNELLER ZUM ZIEL

Anstelle der Himbeer-Coulis fertige Himbeerkonfitüre aus dem Glas erhitzen und durch ein Sieb passieren.

Lavendel-Olivenöl-Torte

—

ERGIBT EINE 2-SCHICHTEN-TORTE MIT 20 CM Ø; FÜR 10–12 PORTIONEN

ICH GEHÖRTE ZU DEN GLÜCKLICHEN KINDERN, deren beste Freundin nur zwei Häuser entfernt wohnte. Wir waren eigentlich ständig zusammen und betrachteten die Eltern der anderen fast wie unsere eigenen. Sie übernachtete oft bei mir und ich bei ihr, und daher kam ich auch regelmäßig in den Genuss der Kochkünste meiner „zweiten Mutter".

Diese war „Foodie" lange bevor es diese Bezeichnung gab und brachte immer die köstlichsten Speisen aus frischen Zutaten auf den Tisch. Sie war die perfekte Gastgeberin und zauberte die wundervollsten Menüs. Und sie verwendete ein ganz besonders feines Olivenöl, das nach frischem Lavendel und Zitrone duftete und mich immer an sie denken lässt, wenn ich diese Torte backe.

Für den
ZITRONEN-OLIVENÖL-BODEN

Butter oder Cooking-Spray
  zum Einfetten

280 g Mehl Type 405 plus
  etwas mehr zum Bestäuben

1 ¼ TL Backpulver

1 TL Natron

½ TL Salz

½ TL gemahlener Kardamom

180 ml natives Olivenöl extra

300 g Zucker

1 EL fein abgeriebene
  Zitronenschale

3 große Volleier

180 ml Buttermilch

Für den
LAVENDELSIRUP

100 g Zucker

1 ½ TL essbare getrocknete
  Lavendelblüten

Für die
LAVENDELSAHNE

480 g kalte Sahne

2 TL essbare getrocknete
  Lavendelblüten

2 EL Zucker

1 TL Vanilleextrakt von
  echter Vanille

Zubereitung des
ZITRONEN-OLIVENÖL-BODENS

1. Den Backofen auf 175 °C vorheizen. Zwei runde Backformen (20 cm Ø) einfetten und mit Mehl bestäuben.

2. Mehl, Backpulver, Natron, Salz und Kardamom in eine Schüssel sieben und beiseitestellen.

3. Öl, Zucker und Zitronenschale in der Rührmaschine auf mittlerer Stufe 2 Minuten mit dem Flachrührer aufschlagen. Die Maschine auf mittlere bis kleine Stufe stellen und die Eier einzeln einrühren. Ausschalten und an den Schüsselseiten anhaftenden Teig nach unten schieben.

4. Die Maschine auf kleine Stufe stellen und die Mehlmischung in drei Portionen abwechselnd mit der Buttermilch zufügen; dabei mit Mehl beginnen und enden. Kurz (nicht länger als 30 Sekunden) auf mittlerer Stufe rühren, bis alle trockenen Zutaten eingearbeitet sind.

5. Den Teig gleichmäßig auf die vorbereiteten Formen verteilen. 24–26 Minuten backen, bis an einem mittig eingestochenen Spieß nichts mehr haften bleibt. 10–15 Minuten in den Formen abkühlen lassen, dann zum Auskühlen auf Kuchengitter stürzen.

Zubereitung des
LAVENDELSIRUPS

6. Zucker und 120 ml Wasser auf mittlerer bis hoher Stufe in einem Topf aufkochen, die Hitze reduzieren und den Lavendel zufügen. 8–10 Minuten zu einem Sirup einköcheln. Vom Herd nehmen und abkühlen lassen. Den Sirup durch ein feinmaschiges Sieb in eine Schüssel abseihen und den Lavendel entsorgen.

Zubereitung der
LAVENDELSAHNE

7. Sahne und Lavendel in einem Topf auf mittlerer bis kleiner Stufe sanft bis zum Siedepunkt erhitzen. 5 Minuten köcheln, dann vom Herd nehmen und etwa 20 Minuten durchziehen lassen. Durch ein feinmaschiges Sieb abseihen und den Lavendel entsorgen. Abgedeckt im Kühlschrank abkühlen lassen.

8. Die abgekühlte Sahne in der Rührmaschine mit dem Quirl auf mittlerer Stufe aufschlagen, bis sie anzudicken beginnt. Zucker und Vanilleextrakt zufügen und auf hoher Stufe weiterschlagen, bis sich mittelfeste Spitzen bilden. Für das beste Ergebnis die geschlagene Sahne in den Kühlschrank stellen und die Torte erst kurz vor dem Servieren zusammensetzen.

TORTE ZUSAMMENSETZEN

9. Die abgekühlten Tortenböden großzügig mit dem Sirup bestreichen. Den Boden für die Unterseite der Torte auswählen und auf einen Tortenteller legen. Mit der Hälfte der Lavendelsahne bestreichen und den nächsten Boden aufsetzen. Die restliche Sahne mithilfe einer Winkelpalette auf der Tortenoberseite verstreichen und eine Spachteloptik kreieren (siehe S. 31).

WISSENSWERTES

Der Lavendelsirup lässt sich gut im Voraus herstellen und ist in ein Schraubglas abgefüllt bis zu 1 Woche im Kühlschrank haltbar. Sahne lässt sich bis zu 8 Stunden im Voraus schlagen und sollte separat und gut abgedeckt im Kühlschrank aufbewahrt werden. Die zusammengesetzte Torte am besten sofort verzehren. Andernfalls ist sie bis zu 2 Tage im Kühlschrank haltbar, sollte 30 Minuten vor dem Servieren aber herausgenommen werden, um Zimmertemperatur anzunehmen (siehe S. 25).

RESTE ÜBRIG?

Mit Lavendelsirup lassen sich auch Eistees süßen.

Butterscotch-Bourbon-Torte

———

ERGIBT EINE 3-SCHICHTEN-TORTE MIT 15 CM Ø; FÜR 10-12 PORTIONEN

IN DER KALTEN JAHRESZEIT sitze ich hier in Vancouver gern am Kamin, schaue mir ein Hockey-spiel im Fernsehen an und genieße dazu ein Stück dieser himmlischen Butterscotch-Bourbon-Torte. Als Getränk mag ich Bourbon nicht so sehr, doch zum Aromatisieren einer Torte ist er ideal. Man braucht nur etwas Butter und Zucker, und schon verwandelt sich der typische Bourbon-Geschmack von Eichenholz und Karamell in eine süße Versuchung. Daher ist die Bourbon-Butterscotch-Glasur auch wie flüssiges Gold, das hier nicht nur die Torte verschönert, sondern auch noch die Buttercreme verfeinert.

Für den
BOURBON-BODEN

Butter oder Cooking-Spray zum Einfetten

255 g Mehl Type 405 plus etwas mehr zum Bestäuben

40 g Speisestärke

1 ½ TL Backpulver

¾ TL Natron

½ TL Salz

½ TL frisch gemahlene Muskatnuss

170 g weiche Butter

150 g Zucker

140 g brauner Zucker

1 TL Vanilleextrakt von echter Vanille

2 große Volleier

2 große Eigelb

240 ml Buttermilch

60 ml Bourbon

Für den
BOURBON BUTTERSCOTCH

80 g Butter

165 g brauner Zucker

1 EL Maissirup

½ TL Salz

60 g Sahne

½ TL Vanilleextrakt von echter Vanille

3 EL Bourbon

Für die
BOURBON-BUTTERSCOTCH-
BUTTERCREME

1 mittlere Menge Italienische Buttercreme mit Vanille-geschmack (siehe S. 41)

120 ml Bourbon Butterscotch (siehe links), oder nach Geschmack

Zubereitung des BOURBON-BODENS

1. Den Backofen auf 175 °C vorheizen. Drei runde Backformen (15 cm Ø) einfetten und mit Mehl bestäuben.

2. Mehl, Speisestärke, Backpulver, Natron, Salz und Muskat in eine Schüssel sieben und beiseitestellen.

3. Die Butter in der Rührmaschine auf mittlerer Stufe mit dem Flachrührer cremig rühren. Beide Zuckersorten zufügen und alles auf mittlerer bis hoher Stufe 3–5 Minuten luftig aufschlagen. Die Maschine ausschalten und an den Schüsselseiten anhaftende Butter nach unten schieben.

4. Die Maschine auf mittlere bis kleine Stufe stellen und den Vanilleextrakt zufügen. Dann Eier und Eigelbe einzeln einrühren. Die Maschine ausschalten und an den Schüsselseiten anhaftenden Teig nach unten schieben.

5. Die Maschine auf kleine Stufe stellen und die Mehlmischung in drei Portionen abwechselnd mit der Buttermilch zufügen; dabei mit Mehl beginnen und enden. Auf mittlere Stufe erhöhen und portionsweise den Bourbon eingießen. Nicht länger als 30 Sekunden rühren.

6. Den Teig gleichmäßig auf die vorbereiteten Formen verteilen. 22–25 Minuten backen, bis an einem mittig eingestochenen Spieß nichts mehr haften bleibt. 10–15 Minuten in den Formen abkühlen lassen, dann zum Auskühlen auf Kuchengitter stürzen.

Zubereitung des BOURBON BUTTERSCOTCH

7. Die Butter in einer schweren Pfanne bei mittlerer Hitze zerlassen. Braunen Zucker, Sirup und Salz einrühren. Dann bei mittlerer bis hoher Hitze unter ständigem Rühren mit einem Holzlöffel kochen, bis der Zucker vollständig geschmolzen ist und nicht mehr wie nasser Sand aussieht.

8. Vom Herd nehmen und die Sahne langsam unter Rühren eingießen (siehe Wissenswertes). Zurück auf den Herd stellen und 8 Minuten unter ständigem Rühren mit einem Schneebesen auf kleiner Stufe erhitzen. Den Butterscotch in einen hitzebeständigen Behälter füllen. Vanilleextrakt und Bourbon unterrühren, auf Zimmertemperatur abkühlen lassen. Der Butterscotch dickt beim Abkühlen leicht an.

Zubereitung der BOURBON-BUTTERSCOTCH-BUTTERCREME

9. Die Buttercreme in der Rührmaschine auf mittlerer Stufe mit dem Flachrührer cremig rühren. 120 ml des abgekühlten Bourbon-Butterscotches (oder nach Geschmack) zufügen und unterziehen.

TORTE ZUSAMMENSETZEN

10. Die abgekühlten Böden mit einem Messer begradigen, den Boden für die Tortenunterseite auswählen und auf einen Tortenteller legen. Mithilfe einer Winkelpalette mit 180 ml Bourbon-Buttercreme bestreichen. Den zweiten Boden aufsetzen, ebenfalls mit Buttercreme bestreichen und den dritten Boden aufsetzen. Die Torten rundum mit der verbliebenen Buttercreme bestreichen und 15–20 Minuten im Kühlschrank fest werden lassen. Den restlichen Butterscotch bei Bedarf erhitzen, bis eine sirupartige Konsistenz erreicht ist. Vorsichtig in die Mitte der Tortenoberseite gießen und mit einer Winkelpalette oder einem Löffel verstreichen, bis er am Tortenrand hinunterläuft.

DEKORATION

Bevor die Torte mit dem Butterscotch glasiert wird, den Tortenrand mit einem Tortenkamm verzieren (siehe S. 30). Die Torte an der unteren Kante wie in der Abbildung mit einer Perlen- oder Zopfbordüre verzieren (siehe S. 37).

WISSENSWERTES

Seien Sie vorsichtig, wenn Sie die Sahne zum Butterscotch gießen, denn dabei kann es heftig aufsprudeln. Gießen Sie sie langsam unter Rühren ein. Um zu prüfen, ob der Butterscotch die richtige Konsistenz hat, kann man ein paar Tropfen einer Seite der Torte hinunterlaufen lassen und diese später nach hinten wenden. Den Butterscotch je nach Bedarf dann erhitzen oder abkühlen. Im Kühlschrank hält sich die Torte bis zu 4 Tage. Sie kann auch eingefroren werden (siehe S. 25). Den Butterscotch separat aufbewahren.

RESTE ÜBRIG?

Bourbon-Butterscotch kann man erhitzen und über eine Potion Eis gießen.

Rosa-Pfeffer-Kirsch-Torte

—

ERGIBT EINE 3-SCHICHTEN-TORTE MIT 20 CM Ø; FÜR 12-15 PORTIONEN

ICH LIEBE ES, BESONDERE TORTEN für Freunde und Verwandte zu kreieren, denn dadurch habe ich die Gelegenheit, mit neuen Geschmäckern und Rezepten zu experimentieren. Diese großartige Rosa-Pfeffer-Kirsch-Torte ist zum Beispiel eines dieser Experimente und entstand eigentlich durch Zufall und aus einer Notsituation heraus.

Eigentlich hatte ich geplant, zum Geburtstag einer Freundin, die Pistazien und knuspriges Baiser liebt, eine besondere Pistazientorte zu backen. Als dann aber der Geburtstag nahte, war einfach nirgends Pistazienpaste erhältlich – es musste also ein Plan B her. Ich fuhr zum Gourmet Warehouse in Vancouver, das mit seiner riesigen Auswahl an Gewürzen, Ölen und Tees jedes Foodie-Herz höher schlagen lässt. Allerdings war ich wegen der Reizüberflutung etwas überfordert. Als ich innerlich gerade eine Liste mit interessanten Aromen durchging, stand ich plötzlich vor einem Glas mit leuchtenden rosa Pfefferkörnern.

Das war es! Rosa Pfeffer hatte ich schon lange einmal in einer Süßspeise anwenden wollen, doch womit ließ er sich kombinieren? Ich dachte an Erdbeerkonfitüre mit schwarzem Pfeffer, die ich sehr liebe, und schloss daraus, dass rote Früchte im Allgemeinen gut mit Pfeffer harmonieren. Also griff ich instinktiv nach einem Glas Kirschkonfitüre, eilte nach Hause, und heraus kam diese prächtige Torte.

Für den
FEINEN MANDEL-RÜHRTEIGBODEN

Butter oder Cooking-Spray zum Einfetten

345 g Mehl Type 405

40 g Speisestärke

1 EL Backpulver

¾ TL Salz

80 g gemahlene Mandeln

285 g weiche Butter

400 g Zucker

2 ½ TL Mandelextrakt von echten Mandeln

1 TL Vanilleextrakt

4 Volleier

315 ml Milch

Für die
ROSA-PFEFFER-BUTTERCREME

1 mittlere Menge Italienische Buttercreme mit Vanillegeschmack (siehe S. 41)

2–3 TL fein zerstoßener rosa Pfeffer

⅛ TL Salz

2–3 Tropfen rosa Gel-Lebensmittelfarbe *(nach Belieben)*

Für die
KIRSCHKONFITÜRE

680 g frische Kirschen, entsteint und halbiert

3 EL frisch gepresster Zitronensaft

200 g Zucker

1–2 TL Balsamico *(nach Belieben)*

Für die
KNUSPRIGEN BAISERTUPFEN

60 g Eiweiß

100 g Zucker

1 Prise Salz

⅛ TL Weinstein

¼ TL Vanilleextrakt von echter Vanille

Zubereitung des
FEINEN MANDEL-RÜHRTEIGBODENS

1. Den Backofen auf 175 °C vorheizen. Drei runde Backformen (20 cm Ø) einfetten (siehe Wissenswertes) und die Böden mit Backpapier auslegen.

2. Mehl, Speisestärke, Backpulver und Salz in eine Schüssel sieben, dann die gemahlenen Mandeln mit einem Schneebesen untermischen. Beiseitestellen.

3. Die Butter in der Rührmaschine auf mittlerer Stufe mit dem Flachrührer cremig rühren. Den Zucker zufügen und die Butter auf mittlerer bis hoher Stufe 3–5 Minuten luftig aufschlagen. Die Maschine ausschalten und an den Schüsselseiten anhaftende Butter nach unten schieben.

4. Die Maschine auf mittlere bis kleine Stufe stellen, Mandelextrakt, Vanilleextrakt und Eier einzeln einrühren. Die Maschine ausschalten und an den Schüsselseiten anhaftenden Teig nach unten schieben.

5. Die Maschine auf kleine Stufe stellen und die Mehlmischung in drei Portionen abwechselnd mit der Milch zufügen und dabei mit Mehl beginnen und enden. Kurz (nicht länger als 30 Sekunden) auf mittlerer Stufe rühren, bis alle trockenen Zutaten eingearbeitet sind.

6. Den Teig gleichmäßig auf die vorbereiteten Formen verteilen. 25–28 Minuten backen, bis an einem mittig eingestochenen Spieß nichts mehr haften bleibt. 10–15 Minuten in den Formen abkühlen lassen, dann zum Auskühlen auf Kuchengitter stürzen.

Zubereitung der
ROSA-PFEFFER-BUTTERCREME

7. Die Buttercreme in der Rührmaschine auf mittlerer Stufe mit dem Flachrührer cremig rühren. Rosa Pfeffer, Salz und Lebensmittelfarbe *(nach Belieben)* zufügen und auf mittlerer bis hoher Stufe einarbeiten.

Zubereitung der
KIRSCHKONFITÜRE

8. Kirschen und Zitronensaft in einem großen Topf unter gelegentlichem Rühren auf mittlerer bis hoher Stufe etwa 10 Minuten kochen, bis die Kirschen weich geworden sind. Den Zucker zufügen und bei mittlerer Hitze weiterkochen, bis die Bläschenbildung nachlässt und die Masse eindickt. Vom Herd nehmen und nach Belieben für etwas mehr Säure den Essig einrühren. Die Konfitüre in einem hitzebeständigen Behältnis abkühlen lassen.

Zubereitung der
KNUSPRIGEN BAISERTUPFEN

9. Den Backofen auf 100°C vorheizen. Ein Backblech mit Backpapier auslegen.

10. Eiweiß, Zucker und Salz in einer hitzebeständigen Schüssel der Rührmaschine von Hand verquirlen. Einen mittelgroßen Topf ein paar Zentimeter mit Wasser füllen und auf mittlerer bis hoher Stufe erhitzen. Die Schüssel auf den Topf setzen; sie darf mit dem Wasser nicht in Kontakt kommen. Das Eiweiß unter gelegentlichem Rühren 2–3 Minuten erhitzen, bis es sich warm anfühlt und der Zucker aufgelöst ist.

11. Die Schüssel vorsichtig in die Rührmaschine einsetzen und das Eiweiß auf hoher Stufe mit dem Quirl aufschlagen, bis die Außenseite der Schüssel Zimmertemperatur angenommen hat. Weinstein und Vanilleextrakt zufügen und weiterschlagen, bis sich mittelfeste, glänzende Spitzen bilden.

12. Einen Spritzbeutel mit großer runder Tülle mit dem Baiser füllen und damit kleine Tupfen (siehe S. 105) auf das Backblech spritzen.

13. Je nach Größe der Tupfen 30–60 Minuten backen. Die Baisertupfen sind fertig, wenn sie sich trocken anfühlen und sich leicht vom Backpapier lösen lassen. Innen sollten sie jedoch noch etwas zäh sein. Ein Baisertupfen mit einem Boden von 5 cm Durchmesser benötigt 45–60 Minuten Backzeit.

TORTE ZUSAMMENSETZEN

14. Die abgekühlten Böden mit einem Messer begradigen, den Boden für die Tortenunterseite auswählen und auf einen Tortenteller legen. Die Buttercreme in einen Spritzbeutel mit runder Tülle füllen. Am Rand des Bodens einen Ring aus Buttercreme aufspritzen (siehe S. 27) und diesen mit 80–120 g der Kirschkonfitüre füllen. Einen zweiten Boden aufsetzen, diesen ebenso füllen und den letzten Boden aufsetzen. Die Torte rundum mit der verbliebenen Buttercreme überziehen. Kurz vor dem Servieren die Tortenoberseite mit den Baisertupfen belegen. Diese zunächst ringförmig an der Kante verteilen und dann die Mitte gleichmäßig ausfüllen.

WISSENSWERTES

Die Konfitüre nicht zu lange kochen, da ansonsten der Zucker karamellisiert und den Geschmack verdirbt. Die Konfitüre wird beim Abkühlen fest und lässt sich gut im Voraus zubereiten. In ein Schraubglas abgefüllt ist sie im Kühlschrank bis zu 4 Wochen haltbar. Auch die Baisertupfen kann man im Voraus herstellen; sie bleiben in einem luftdicht verschlossenen Behälter an einem kühlen, dunklen Ort bis zu 1 Woche knusprig. Im Kühlschrank hält sich die Torte bis zu 4 Tage und kann auch eingefroren werden (siehe S. 25). Das Baiser separat aufbewahren.

SCHNELLER ZUM ZIEL

Verwenden Sie Ihre Lieblingskirschkonfitüre aus dem Supermarkt.

RESTE ÜBRIG?

Tunken Sie die Böden der Baisertupfen in geschmolzene Schokolade und lassen sie sie fest werden. Köstlich!

DEKORATION

Verzieren Sie die Torte mit einer glatten Optik oder mit einem Streifen- oder Spiralmuster (siehe S. 26, 31 und 32).

Banoffee-Tiramisu-Torte

—

ERGIBT EINE 3-SCHICHTEN-TORTE MIT 20 CM Ø; FÜR 12–15 PORTIONEN

DIESE ANGETÜDELTE BANANEN-ESPRESSO-TORTE stelle ich mir auf einer kleinen Gartenparty vor. Es ist dunkel, Lichterketten funkeln und die kunstvoll gespritzten Schichten aus Mascaponetupfen, beträufelt mit köstlicher Karamellsauce und bestreut mit feinen Schokoladenröllchen, ziehen erwartungsvolle Blicke auf sich. Auch nach der Vorspeise will der Gedanke an diese Köstlichkeit die Gäste nicht loslassen. Die Chiffon-Biskuit-Böden, verfeinert mit Vanille und Espresso und bestrichen mit Espresso-Rum-Sirup sind luftig und weich. Zusammen mit sahniger Mascarpone, frischen Bananen und vollmundiger, salziger Karamellsauce wird daraus ein verführerisches Gesamtkunstwerk, dem die Gäste auch noch nach dem üppigen Menü entgegenfiebern. Dann werde ich als Dessert-Heldin gefeiert – zumindest male ich es mir so aus. Auf jeden Fall ist diese Mischung aus dem englischem Banoffee Pie und dem italienischen Tiramisu das perfekte Dessert nach einem guten Menü.

Für den
VANILLE-ESPRESSO-CHIFFON-BISKUIT

Butter oder Cooking-Spray zum Einfetten

220 g Mehl Type 405

40 g Speisestärke

1 EL Instant-Espresso-Pulver

2 TL Backpulver

½ TL Salz

120 ml Traubenkernöl

275 g Zucker

Mark von 1 Vanilleschote

6 große Eigelb

120 ml Vollmilch

8 große Eiweiß

¾ TL Weinstein

Für die
RUM-ESPRESSO-SAUCE

100 g Zucker

2 TL Instant-Espresso-Pulver

60 ml brauner Rum

Für die
MASCARPONE-BUTTERCREME

150 ml Eiweiß

250 g Zucker

340 g weiche Butter, gewürfelt

180 g Mascarpone auf Zimmertemperatur

1 EL brauner Rum

1 TL Vanilleextrakt von echter Vanille

Zum
ZUSAMMENSETZEN DER TORTE

2–3 reife Bananen, schräg in 12 mm dicke Scheiben geschnitten

1 Menge Salzige Karamell-sauce (siehe S. 43)

Schokoladenlocken zum Dekorieren (nach Belieben, siehe S. 72)

Zubereitung des
VANILLE-ESPRESSO-CHIFFON-BISKUITS

1. Den Backofen auf 175 °C vorheizen. Drei runde Backformen (20 cm Ø) einfetten und den Boden mit Backpapier auslegen.

2. Mehl, Speisestärke, Espressopulver, Backpulver und Salz in eine Schüssel sieben und beiseitestellen.

3. Öl, 250 g Zucker und Vanillemark in der Rührmaschine mit dem Flachrührer 1 Minute auf mittlerer Stufe aufschlagen. Die Eigelbe einzeln zufügen und etwa 3 Minuten einarbeiten. Dabei vergrößert sich das Volumen und die Masse wird hell. Die Maschine ausschalten und an den Schüsselseiten anhaftenden Teig nach unten schieben.

4. Die Maschine auf kleine Stufe stellen und die Mehlmischung in drei Portionen abwechselnd mit der Milch zufügen; dabei mit Mehl beginnen und enden. Kurz (nicht länger als 30 Sekunden) auf mittlerer Stufe rühren, bis alle trockenen Zutaten eingearbeitet sind. Den Teig in eine große Schüssel geben und beiseitestellen.

5. Die Rührschüssel reinigen und gut abtrocknen. Das Eiweiß in die Schüssel geben und auf mittlerer bis kleiner Stufe mit dem Quirl schaumig aufschlagen. Den verbliebenen Zucker und den Weinstein einrieseln lassen und das Eiweiß auf hoher Stufe steif schlagen.

6. Den Eischnee behutsam, aber bewusst unter den Teig heben, den Teig gleichmäßig auf die vorbereiteten Formen verteilen. 23–25 Minuten backen, bis an einem mittig eingestochenen Spieß nichts mehr haften bleibt. In den Formen auf einem Kuchengitter abkühlen lassen, dann mit einem Schälmesser oder Metallspatel am Rand der Form entlangfahren und die Böden aus der Form lösen.

Zubereitung der
RUM-ESPRESSO-SAUCE

7. Zucker, Espressopulver und 60 ml Wasser in einem Topf zum Kochen bringen, dann bei geringer Hitze etwa 5 Minuten köcheln. Vom Herd nehmen und den Rum einrühren. Die Sauce vor der Verwendung etwa 5 Minuten leicht abkühlen lassen.

Zubereitung der
MASCARPONE-BUTTERCREME

8. Eiweiß und Zucker in einer hitzebeständigen Schüssel der Rührmaschine von Hand verquirlen. Einen mittelgroßen Topf ein paar Zentimeter mit Wasser füllen und auf mittlerer bis hoher Stufe erhitzen. Die Schüssel auf den Topf setzen; sie darf mit dem Wasser nicht in Kontakt kommen.

9. Das Eiweiß unter gelegentlichem Rühren erhitzen, bis das Zuckerthermometer 70 °C anzeigt oder das Eiweiß sich heiß anfühlt. Die Schüssel vorsichtig in die Rührmaschine setzen.

10. Das Eiweiß mit dem Quirl 8–10 Minuten auf hoher Stufe aufschlagen, bis sich mittelfeste Spitzen bilden. Das Baiser ist fertig, wenn die Außenseite der Schüssel Zimmertemperatur aufweist und aus der Schüssel keinerlei Restwärme mehr aufsteigt. Den Quirl durch den Flachrührer ersetzen. Unter Rühren auf kleiner Stufe die Butter würfelweise zufügen (siehe Wissenswertes). Dann auf mittlerer bis hoher Stufe 3–5 Minuten zu einer samtweichen Buttercreme aufschlagen. Die Maschine auf mittlere bis kleine Stufe stellen, Mascarpone, Rum und Vanilleextrakt einrühren.

TORTE ZUSAMMENSETZEN

11. Die Buttercreme in einen Spritzbeutel mit runder Tülle füllen und beiseitelegen.

12. Die abgekühlten Böden begradigen und großzügig mit der Rum-Espresso-Sauce bestreichen. Den Boden für die Unterseite der Torte auswählen und auf einen Tortenteller legen. Mithilfe einer Winkelpalette mit 120 ml Buttercreme bestreichen. Mit dem Spritzbeutel an der oberen Tortenkante einen Ring aus Tupfen (siehe S. 105) aufspritzen. Den Ring mit der Hälfte der Bananen und 60 ml Salziger Karamellsauce füllen. Den zweiten Boden aufsetzen, ebenfalls mit Buttercreme, Bananen und Karamellsauce füllen; den dritten Boden aufsetzen. Die Torte oben mit der verbliebenen Buttercreme bestreichen und nach Belieben mit Schokoladenlocken bestreuen. Zum Servieren die Tortenstücke mit etwas Karamellsauce beträufeln.

WISSENSWERTES

Falls die Buttercreme nach Zugabe der Butter gerinnt, einfach weiterrühren. Vermutlich war die Butter zu kalt und man benötigt etwas mehr Zeit, um sie einzuarbeiten (siehe Kapitel „Tipps und Tricks", Seite 42). Im Kühlschrank hält sich die Torte bis zu 3 Tage (siehe S. 25).

IN EINER INTERNATIONALEN STADT wie Vancouver zu leben, bietet unglaublich viele Möglichkeiten, insbesondere in der Gastronomie. Unweit von unserem Zuhause findet man ein Dutzend japanische Restaurants, ein Korean Barbecue, ein ukrainisches Café, afrikanische Küche und Ramen an jeder Ecke. Neben den vielen Läden mit frischen, regionalen Produkten gibt es einen Gewürzshop und viele Asia-Märkte direkt um die Ecke. Bei einer so großen Auswahl hat man natürlich Inspiration in Hülle und Fülle!

Eine Frucht, die ich erst vor Kurzem für mich entdeckt habe, ist die Yuzu, eine hocharomatische Zitrusfrucht aus Japan. Geschmacklich wird sie oft als Mischung von Mandarine und Zitrone beschrieben, sie erinnert in ihrer Herbheit aber auch an Grapefruit. Sie ist sehr geschmacksintensiv und eignet sich daher perfekt für eine spritzig-exotische Torte.

Für das **YUZU-CURD**	*Für den* **YUZU-BODEN**	*Zum* **ZUSAMMENSETZEN DER TORTE**
100 g weiche Butter, gewürfelt	Butter oder Cooking-Spray zum Einfetten	1 große Menge Italienische Buttercreme mit Vanillegeschmack (siehe S. 41)
200 g Zucker	365 g Mehl Type 405 plus etwas mehr zum Bestäuben	Gel-Lebensmittelfarbe *(nach Belieben)*
60 ml frisch gepresster Yuzu-Saft (siehe Wissenswertes S. 215)	60 g Speisestärke	
3 EL frisch gepresster Zitronensaft	2 TL Backpulver	
1 großes Vollei	¾ TL Natron	
3 große Eigelb	¼ TL Salz	
	400 g Zucker	
	2 EL fein abgeriebene Yuzu- oder Grapefruitschale	
	225 g weiche Butter	
	6 Eiweiß	
	3 EL frisch gepresster Yuzu-Saft (siehe Wissenswertes S. 215)	
	60 ml frisch gepresster Grapefruitsaft (von 1 Grapefruit)	
	240 ml Vollmilch	

Yuzu-Grapefruit-Torte

—

ERGIBT EINE 3-SCHICHTEN-TORTE MIT 20 CM Ø; FÜR 12–15 PORTIONEN

Zubereitung des
YUZU-CURD

1. Die Butter in eine hitzebeständige Schüssel geben und beiseitestellen.

2. In einem mittelgroßen Topf Zucker, Yuzusaft, Zitronensaft, Ei und Eigelbe verquirlen. Auf mittlerer Stufe unter ständigem Rühren (damit das Ei nicht stockt) 6–8 Minuten erhitzen, bis ein Zuckerthermometer 70 °C anzeigt oder die Masse dick genug ist, um einen Löffelrücken zu überziehen.

3. Vom Herd nehmen und durch ein feinmaschiges Sieb in die Schüssel mit der Butter abseihen, umrühren. Direkt auf dem Curd mit Frischhaltefolie abdecken, damit sich keine Haut bildet, und mindestens 4 Stunden oder über Nacht im Kühlschrank fest werden lassen.

Zubereitung
YUZU-BODEN

4. Den Backofen auf 175 °C vorheizen. Drei runde Backformen (20 cm Ø) einfetten und mit Mehl bestäuben.

5. Mehl, Speisestärke, Backpulver, Natron und Salz in eine Schüssel sieben und beiseitestellen.

6. Zucker und Yuzu-Schale in eine Schale geben und mit den Fingern verreiben, bis der Zucker das Aroma der Schale angenommen hat.

7. Die Butter in der Rührmaschine auf mittlerer Stufe mit dem Flachrührer cremig rühren. Die Zuckermischung zufügen und die Butter auf mittlerer bis hoher Stufe 3–5 Minuten aufschlagen. Die Maschine ausschalten und an den Schüsselseiten anhaftende Butter nach unten schieben.

8. Auf mittlere bis kleine Stufe stellen, dann die Eiweiße einzeln zufügen und einarbeiten. Yuzu- und Grapefruitsaft zugießen und unterziehen. Die Maschine ausschalten und an den Schüsselseiten anhaftenden Teig nach unten schieben.

9. Die Maschine auf kleine Stufe stellen und die Mehlmischung in drei Portionen abwechselnd mit der Milch zufügen und dabei mit Mehl beginnen und enden. Kurz (nicht länger als 30 Sekunden) auf mittlerer Stufe rühren, bis alle trockenen Zutaten eingearbeitet sind.

10. Den Teig gleichmäßig auf die vorbereiteten Formen verteilen. 23–25 Minuten backen, bis an einem mittig eingestochenen Spieß nichts mehr haften bleibt. 10–15 Minuten in den Formen abkühlen lassen, dann zum Auskühlen auf Kuchengitter stürzen.

TORTE ZUSAMMENSETZEN

11. Die Buttercreme mit unterschiedlichen Lebensmittelfarben nach Wahl einfärben.

12. Die abgekühlten Böden mit einem Messer begradigen, den Boden für die Tortenunterseite auswählen und auf einen Tortenteller legen. Einen Teil der verbliebenen Buttercreme in einen Spritzbeutel mit mittelgroßer runder Tülle füllen. An der Kante des unteren Bodens einen Ring aus Buttercreme aufspritzen (siehe S. 27) und diesen mit der Hälfte des Curds füllen. Den zweiten Boden aufsetzen und wie zuvor mit Buttercreme und mit dem restlichen Curd füllen. Dann den letzten Boden aufsetzen. Die Torte rundum mit der verbliebenen Buttercreme überziehen.

DEKORATION

Für eine Torte mit einem Schuppenmuster (siehe S. 33) wie auf dem Foto benötigen Sie eine große Rezeptmenge Italienische Buttercreme (siehe S. 41) und drei Spritzbeutel mit runder Tülle (je eine pro Farbe). Die Torte mit einem Crumb-Coat (siehe S. 27) einstreichen, die restliche Buttercreme auf drei Schüsseln verteilen und wie gewünscht einfärben. In die Spritzbeutel füllen, Buttercremetupfen aufspritzen und verstreichen (siehe S. 33). Dabei innerhalb der Reihe und in den einzelnen Reihen die Farben abwechseln, bis die gesamte Torte bedeckt ist. Für eine einfachere Verzierung ist eine mittlere Menge Buttercreme ausreichend.

WISSENSWERTES

Falls keine frischen Yuzu erhältlich sind, greifen Sie auf Yuzu-Saft aus der Flasche zurück. Dieser kann ein wenig salzig sein, kosten Sie ihn daher vor der Verwendung und dosieren Sie ihn umsichtig. Falls Sie aus diesem Grund weniger Yuzu-Saft verwenden, können Sie etwas Grapefruitsaft ergänzen, um die erforderliche Menge zu erreichen. Yuzu-Saft ist in Asia-Märkten oder im Internethandel erhältlich. Yuzu-Curd kann im Voraus zubereitet werden und hält sich in einem luftdicht verschlossenen Behälter im Kühlschrank bis zu einen Monat. Im Kühlschrank hält sich die Torte bis zu 3 Tage (siehe S. 25).

MEIN MANN UND ICH HABEN UNSERE HOCHZEIT im stilvollen, fünfstöckigen Atrium der Sacramento Library gefeiert. In dem lichtdurchfluteten Raum hat man aufgrund der vielen großen Fenster den Eindruck, im Freien zu sein, ist aber gleichzeitig vor der brütenden Sommerhitze geschützt. Um an meine hawaiianischen Wurzeln zu erinnern, haben wir den eleganten Raum mit tropischen Blüten geschmückt und erfrischende Cocktails serviert – ich entschied mich für Mojitos, Brett für Mai Tais. Die folgende Torte erinnert mich daher immer an meine Hochzeit, wird in Ihnen aber vielleicht eher die Sehnsucht nach endlosen Sandstränden und Palmen wecken. Spritzige Limette und kühle Minze setzen hier einen erfrischenden Kontrast zur vollmundigen Kokos-Rum-Buttercreme. Die Limetten-Minze-Zucker-Dekoration wirkt fast wie der Zuckerrand an einem Cocktailglas und macht diese Torte perfekt für einen festlichen Anlass.

Für den
LIMETTEN-MINZE-ZUCKER

100 g Zucker

1 EL frisch gehackte Minzeblätter

1 TL fein abgeriebene Limettenschale

Für den
LIMETTENBODEN

Butter oder Cooking-Spray zum Einfetten

5 große Eiweiß

1 TL Vanilleextrakt von echter Vanille

180 ml Vollmilch

275 g Mehl Type 405 plus etwas mehr zum Bestäuben

50 g Speisestärke

300 g Zucker

1 EL Backpulver

¾ TL Salz

1½ EL fein abgeriebene Limettenschale

170 g weiche Butter, gewürfelt

Für den
MINZE-RUM-SIRUP

100 g Zucker

60 ml weißer Rum

30 g frische Minzeblätter

Für die
LIMETTENFÜLLUNG

55 g Frischkäse auf Zimmertemperatur

1 mittlere Menge Italienische Buttercreme mit Vanillegeschmack (siehe S. 41)

2 TL frisch gepresster Limettensaft

1 TL fein abgeriebene Limettenschale

grüne Gel-Lebensmittelfarbe *(nach Belieben)*

Für die
KOKOS-RUM-BUTTERCREME

60 g Kokoscreme (siehe Wissenswertes S. 219)

1½ EL weißer Rum

Kokos-Mojito-Torte

ERGIBT EINE 3-SCHICHTEN-TORTE MIT 15 CM Ø; FÜR 8–10 PORTIONEN

Zubereitung des
LIMETTEN-MINZE-ZUCKERS

1. Zucker, Minze und Limettenschale in der Küchenmaschine mit der Pulsfunktion fein zerkleinern. Den Zucker auf einem Stück Backpapier verteilen und über Nacht trocknen lassen.

Zubereitung des
LIMETTENBODENS

2. Den Backofen auf 175 °C vorheizen. Drei runde Backformen (15 cm Ø) einfetten und mit Mehl bestäuben.

3. Eiweiß, Vanilleextrakt und 60 ml der Milch in einer Schale verquirlen; beiseitestellen.

4. Mehl, Speisestärke, Zucker, Backpulver und Salz in die Schüssel der Rührmaschine sieben. Die Limettenschale zufügen und mit dem Flachrührer auf kleiner Stufe untermischen. Butter und restliche 120 ml Milch zugeben und auf kleiner Stufe rühren, bis die trockenen Zutaten befeuchtet sind. Dann 1 Minute auf mittlerer bis hoher Stufe gründlich vermengen. Die Maschine ausschalten und an den Schüsselseiten anhaftenden Teig nach unten schieben.

5. Die Rührmaschine auf mittlere Stufe stellen. Die Eiweißmischung in drei Portionen zufügen, jeweils etwa 20 Sekunden einarbeiten und die Maschine nach jeder Zugabe anhalten und die Masse an den Schüsselseiten nach unten schieben.

6. Den Teig gleichmäßig auf die vorbereiteten Formen verteilen. 23–25 Minuten backen, bis an einem mittig eingestochenen Spieß nichts mehr haften bleibt. 10–15 Minuten in den Formen abkühlen lassen, dann zum Auskühlen auf Kuchengitter stürzen.

Zubereitung des
MINZE-RUM-SIRUPS

7. Zucker, Rum und 60 ml Wasser in einem Topf verquirlen. Bei mittlerer bis hoher Hitze zum Kochen bringen. Derweil die Minzeblätter in einer Schüssel mit einem Stößel leicht zerstoßen, damit sie ihre ätherischen Öl freigeben.

8. Die Hitze reduzieren, bis das Wasser nur noch köchelt, und die Minzeblätter hineingeben. Etwa 10 Minuten köcheln, bis die Mischung zu einem Sirup eingekocht ist. Vom Herd nehmen und durchziehen lassen, bis der Sirup abgekühlt ist. Den Sirup durch ein feinmaschiges Sieb in eine Schüssel absehen und die Minze entsorgen.

Zubereitung der
LIMETTENFÜLLUNG

9. Den Frischkäse in der Rührmaschine auf mittlerer Stufe mit dem Flachrührer cremig rühren. 300 ml der Buttercreme, Limettensaft samt Schale und Gelfarbe *(nach Belieben)* zufügen und einarbeiten. In eine separate Schüssel füllen und beiseitestellen. Die Rührschüssel säubern.

Zubereitung der
KOKOS-RUM-BUTTERCREME

10. 600 ml der Buttercreme in der Rührmaschine mit dem Flachrührer cremig rühren. Kokoscreme und Rum zufügen und einarbeiten.

TORTE ZUSAMMENSETZEN

11. Die abgekühlten Böden mit einem Messer begradigen und den Boden für die Tortenunterseite auswählen. Alle Böden großzügig mit dem Sirup bestreichen.

12. Die Tortenunterseite auf einen Tortenteller legen und mithilfe einer Winkelpalette mit der Hälfte der Limettenfüllung bestreichen. Den zweiten Boden aufsetzen, ebenfalls mit Füllung bestreichen und den dritten Boden aufsetzen. Die Torte rundum mit der Kokos-Rum-Buttercreme überziehen und mit dem Limetten-Minze-Zucker dekorieren.

DEKORATION

Mit einer Winkelpalette ein Spiralmuster in den Überzug ziehen (siehe S. 31) und auf an der Kante der Tortenoberseite einen Ring aus Limetten-Minze-Zucker aufstreuen.

WISSENSWERTES

Falls keine Kokoscreme erhältlich ist, können Sie sie durch 3 Esslöffel Kokosmilch ersetzen. Wenn sich in der Dose mit der Kokosmilch oben feste Bestandteile abgesetzt haben, verwenden sie 60 g davon. Im Kühlschrank hält sich die Torte bis zu 3 Tage. Sie kann auch eingefroren werden (siehe S. 25).

RESTE ÜBRIG?

Der Limetten-Minze-Zucker sollte in einem luftdicht verschlossenen Behälter aufbewahrt werden und eignet sich, um Drinks mit einem Zuckerrand zu dekorieren. Mit dem Minze-Rum-Sirup lassen sich frisch-fruchtige Cocktails süßen.

EINE MEINE LIEBLINGSBESCHÄFTIGUNGEN am Wochenende ist ein Besuch auf unserem Bauernmarkt. Im Sommer ziehen mich die Formen und Farben von frischen Sommerbeeren und Rhabarber magisch an. Und da Rhabarber und Erdbeeren ein perfektes Paar bilden, musste ich natürlich auch eine Torte mit diesem Dreamteam kreieren. Als weitere Spielkameraden kommen noch lieblicher Riesling und Knusperhaferflocken hinzu, die die Torte um eine erfrischende und eine knusprige Note bereichern. Servieren Sie dieses sommerliche Tortenmeisterwerk mit einem kühlen Glas Riesling und zusätzlichem Rhabarber-Erdbeer-Kompott.

Für den RIESLINGBODEN

Butter oder Cooking-Spray zum Einfetten

375 g Mehl Type 405 plus etwas mehr zum Bestäuben

50 g Speisestärke

1 EL plus ½ TL Backpulver

¾ TL Salz

225 g weiche Butter

400 g Zucker

2 TL Vanilleextrakt von echter Vanille

6 große Eiweiß

360 ml lieblicher Riesling

Für das RHABARBER-ERDBEER-KOMPOTT

225 g frische Erdbeeren, geputzt und geviertelt

115 g frischer Rhabarber, in 6 mm breite Stücke geschnitten

50 g Zucker

2 EL frisch gepresster Zitronensaft

Für die RHABARBERBUTTERCREME

2 mittlere Mengen Italienische Buttercreme mit Vanillegeschmack (siehe S. 41)

120 ml Rhabarber-Erdbeer-Kompott (siehe oben)

Für die KNUSPERHAFERFLOCKEN

45 g feine Haferflocken

25 g Mandelblättchen

55 g brauner Zucker

30 g Mehl Type 405

3 EL weiche Butter

2 EL Honig

½ TL Zimt

¼ TL Salz

Zum ZUSAMMENSETZEN DER TORTE

Gel-Lebensmittelfarbe *(nach Belieben)*

verbliebene Italienische Buttercreme

frische Erdbeeren zum Dekorieren *(nach Belieben)*

restliches Rhabarber-Erdbeer-Kompott zum Servieren *(nach Belieben)*

Riesling-Rhabarber-Knusper-Torte

—

ERGIBT EINE 3-SCHICHTEN-TORTE MIT 20 CM Ø; FÜR 12–15 PORTIONEN

Zubereitung des
RIESLINGBODENS

1. Den Backofen auf 175 °C vorheizen. Drei runde Backformen (20 cm Ø) einfetten und mit Mehl bestäuben.

2. Mehl, Speisestärke, Backpulver und Salz in eine Schüssel sieben und beiseitestellen.

3. Die Butter in der Rührmaschine auf mittlerer Stufe mit dem Flachrührer cremig rühren. Den Zucker zufügen und die Butter 3–5 Minuten auf mittlerer bis hoher Stufe luftig aufschlagen. Die Maschine ausschalten und an den Schüsselseiten anhaftende Butter nach unten schieben.

4. Auf mittlere bis kleine Stufe stellen, Vanilleextrakt und Eiweiße einzeln zufügen und einarbeiten. Die Maschine ausschalten und an den Schüsselseiten anhaftenden Teig nach unten schieben.

5. Die Maschine auf kleine Stufe stellen und die Mehlmischung in drei Portionen abwechselnd mit dem Riesling zufügen; dabei mit Mehl beginnen und enden. Kurz (nicht länger als 30 Sekunden) auf mittlerer Stufe rühren, bis alle trockenen Zutaten eingearbeitet sind.

6. Den Teig gleichmäßig auf die vorbereiteten Formen verteilen. 23–25 Minuten backen, bis an einem mittig eingestochenen Spieß nichts mehr haften bleibt. 10–15 Minuten in den Formen abkühlen lassen, dann zum Auskühlen auf Kuchengitter stürzen.

Zubereitung des
RHABARBER-ERDBEER-KOMPOTTS

7. Erdbeeren, Rhabarber, Zucker und Zitronensaft in einem mittelgroßen Topf auf mittlerer bis hoher Stufe unter gelegentlichem Rühren mit einem Holzlöffel erhitzen, bis der entstandene Saft köchelt. Auf geringe Hitze herunterschalten und 8–10 Minuten köcheln, bis die Früchte zu zerfallen beginnen. Vom Herd nehmen und leicht abkühlen lassen.

Zubereitung der
RHABARBERBUTTERCREME

8. 480 ml der Buttercreme in der Rührmaschine auf mittlerer Stufe mit dem Flachrührer cremig rühren. 120 ml des abgekühlten Rhabarberkompotts zufügen und unterziehen.

Zubereitung der
KNUSPERHAFERFLOCKEN

9. Den Backofen auf 190 °C vorheizen. Ein Backblech mit Backpapier auslegen.

10. Haferflocken, Mandeln, braunen Zucker, Mehl, Butter, Honig, Zimt und Salz in einer mittelgroßen Schüssel mit einem Holzlöffel verrühren. Die Mischung sollte klumpigem Sand ähneln. Auf dem Backblech verteilen und 8–10 Minuten goldbraun backen. Nach der Hälfte der Backzeit wenden. Abkühlen lassen und bei Bedarf in kleine Stücke zerteilen.

TORTE ZUSAMMENSETZEN

11. Die abgekühlten Böden mit einem Messer begradigen, den Boden für die Tortenunterseite auswählen und auf einen Tortenteller legen. Mithilfe einer Winkelpalette mit 240 ml der Rhabarberbuttercreme bestreichen und mit 50–75 g der Knusperhaferflocken bestreuen. Den zweiten Boden aufsetzen und wie zuvor mit Buttercreme bestreichen und den Haferflocken bestreuen. Dann den letzten Boden aufsetzen.

12. Die verbliebene Buttercreme nach Belieben mit Gelfarbe einfärben und rundum auf der Torte verstreichen. Nach Belieben mit frischen Erdbeeren dekorieren und mit dem restlichen Kompott servieren.

DEKORATION

Für das Schleifenmuster auf dem Foto einen Spritzbeutel mit Rosentülle mit der Buttercreme füllen. An der oberen Tortenkante beginnen und die schmale Seite der Tülle nach oben halten. Rund um den Tortenrand eine (umgekehrte) Schleifengirlande (siehe S. 36) in einer horizontalen Reihe aufspritzen. Die nächste Reihe so ansetzen, dass sie das untere Ende der oberen Reihe leicht überlappt. So fortsetzen, bis der gesamte Tortenrand verziert ist. Für eine einfachere Verzierung ist 1 große Rezeptmenge Buttercreme ausreichend.

WISSENSWERTES

Im Kühlschrank hält sich die Torte bis zu 4 Tage. Sie kann auch eingefroren werden (siehe S. 25).

Rotwein-Brombeer-Torte

—

ERGIBT EINE 3-SCHICHTEN-TORTE MIT 15 CM Ø; FÜR 8-10 PORTIONEN

DER FROSTED CAKE SHOP, meine ehemalige Bäckerei, lag genau zwischen einer Weinhandlung für regionalen Wein und einer der beliebtesten Kaffeeröstereien der Stadt. Wir eröffneten alle zur gleichen Zeit und schufteten Tag und Nacht, um unsere Geschäfte ins Rollen zu bringen.

Ich hatte also das Glück, täglich wundervollen, frisch gebrühten Kaffee serviert zu bekommen, und es lag natürlich auf der Hand, ihre unterschiedlichen Röstungen auch in meine Rezepte einfließen zu lassen. Deutlich länger dauerte es allerdings, bis ich auf die Idee kam, auch regionalen Wein in meine Rezepte einzubringen. Irgendwann schnappte ich mir aber einen kräftigen Rotwein von meinem lieben Nachbarn und kreierte diese dekadente Schokoladen-Brombeer-Torte mit einer Ganache aus Zartbitterschokolade und saftigen Brombeeren.

Für den
ROTWEINBODEN

Butter oder Cooking-Spray
    zum Einfetten

190 g Mehl Type 405 plus
    etwas mehr zum Bestäuben

55 g Kakaopulver

¾ TL Natron

½ TL Backpulver

½ TL Salz

170 g weiche Butter

300 g Zucker

1 TL Vanilleextrakt von
    echter Vanille

2 große Volleier

1 großes Eigelb

240 ml kräftiger Rotwein,
    z. B. Cabernet, Malbec
    oder Syrah

Für die
BROMBEERGANACHE

420 g frische Brombeeren

2 EL Zucker

170 g Zartbitterschokolade,
    gehackt

95 g Puderzucker, gesiebt

Zum
ZUSAMMENSETZEN DER TORTE

70–140 g frische Brombeeren

Zubereitung des ROTWEINBODENS

1. Den Backofen auf 175 °C vorheizen. Drei runde Backformen (15 cm Ø) einfetten und mit Mehl bestäuben.

2. Mehl, Kakao, Natron, Backpulver und Salz in eine Schüssel sieben und beiseitestellen.

3. Die Butter in der Rührmaschine auf mittlerer Stufe mit dem Flachrührer cremig rühren. Den Zucker zufügen und die Butter 3–5 Minuten auf mittlerer bis hoher Stufe luftig aufschlagen. Die Maschine ausschalten und an den Schüsselseiten anhaftende Butter nach unten schieben.

4. Die Maschine auf mittlere bis kleine Stufe stellen und den Vanilleextrakt zufügen. Dann Eier und Eigelb einzeln einrühren. Die Maschine ausschalten und an den Schüsselseiten anhaftenden Teig nach unten schieben.

5. Die Maschine auf kleine Stufe stellen und die Mehlmischung in drei Portionen abwechselnd mit dem Rotwein zufügen; dabei mit Mehl beginnen und enden. Kurz (nicht länger als 30 Sekunden) auf mittlerer Stufe rühren, bis alle trockenen Zutaten eingearbeitet sind.

6. Den Teig gleichmäßig auf die vorbereiteten Formen verteilen. 23–25 Minuten backen, bis an einem mittig eingestochenen Spieß nichts mehr haften bleibt. 10–15 Minuten in den Formen abkühlen lassen, dann zum Auskühlen auf Kuchengitter stürzen.

Zubereitung der BROMBEERGANACHE

7. Brombeeren und Zucker in einem Topf auf mittlerer bis hoher Stufe etwa 10 Minuten erhitzen, bis die Beeren zerfallen und der Saft austritt. Vom Herd nehmen und den Saft durch ein feinmaschiges Sieb in eine Schüssel abseihen. Die festen Bestandteile entsorgen.

8. Die Schokolade in eine hitzebeständige Schüssel füllen und beiseitestellen. 90 ml des Brombeersafts in einem Topf zum Köcheln bringen (den verbliebenen Saft zum Tränken der Böden beiseitestellen) und über die Schokolade gießen. 30 Sekunden schmelzen lassen, dann glatt rühren. Die Ganache auf Zimmertemperatur abkühlen lassen, bis sie fest, aber noch streichbar ist.

9. Die abgekühlte Ganache kurz aufschlagen und mit dem Puderzucker glatt rühren.

TORTE ZUSAMMENSETZEN

10. Die abgekühlten Böden mit einem Messer begradigen, den Boden für die Tortenunterseite auswählen. Die Böden großzügig mit dem verbliebenen Brombeersaft bestreichen. Den untersten Boden auf einen Tortenteller legen und mithilfe einer Winkelpalette mit etwa 80 ml Brombeerganache bestreichen (siehe Wissenswertes). Den zweiten Boden aufsetzen, ebenfalls mit Ganache bestreichen und den dritten Boden aufsetzen. Die Torte rundum mit der restlichen Ganache überziehen und mit den Brombeeren dekorieren.

DEKORATION

Die Torte, als Kontrast zu den feinen Aromen, nicht komplett überziehen und ihr dadurch eine rustikalere Optik verleihen. Vor dem Servieren die Brombeeren nach Belieben auf der Torte verstreuen

WISSENSWERTES

Falls die Ganache zu fest geworden ist und sich nur schwer verstreichen lässt, kann man sie in 20-Sekunden-Intervallen vorsichtig in der Mikrowelle erhitzen, bis die gewünschte Konsistenz erreicht ist. Im Kühlschrank hält sich die Torte bis zu 4 Tage und kann auch eingefroren werden (siehe S. 25). Die empfindlichen Brombeeren separat lagern.

SCHNELLER ZUM ZIEL

Für die Ganache anstelle von selbst gemachtem Brombeersaft fertigen Brombeer-Nektar verwenden.

Kürbis-Vanille-Chai-Torte

—

ERGIBT EINE 3-SCHICHTEN-TORTE MIT 15 CM Ø; FÜR 8–10 PORTIONEN

GEHT ES NUR MIR SO, ODER SIND ALLE in meiner Kultur von Kürbissen besessen, sobald der September kommt? Ich liebe Kürbis in jeder Form, sei es süß oder herzhaft, und freue mich jedes Jahr auf meine septemberliche Kürbisdosis. Ich kann von Kürbis nie genug bekommen, spüre aber ab und zu den Drang, ihm auch einmal einen etwas moderneren Touch zu verleihen.

Wie schon gesagt, liebe ich außerdem Tee. Besonders Chai latte hat es mir angetan, der mit seinen Aromen von Zimt, Kardamom, Ingwer und Muskat geradezu perfekt zum cremigen Kürbis passt. Gekrönt wird das Ganze von selbst gemachten, würzigen Marshmallows – wie könnte man die Kürbiszeit besser feiern?

Für die
WÜRZIGEN MARSHMALLOWS

Butter oder Cooking-Spray
   zum Einfetten

Puderzucker zum Bestäuben

Speisestärke zum Bestäuben

2 ½ TL Gelatinepulver

300 g Zucker

240 ml heller Sirup

¼ TL Salz

Mark von 1 Vanilleschote

½ TL Zimt

½ TL frisch gemahlene
   Muskatnuss

Für den
VANILLE-CHAI-BODEN

240 ml Vollmilch

1 EL loser Chai-Tee

Butter oder Cooking-Spray
   zum Einfetten

255 g Mehl Type 405 plus
   etwas mehr zum Bestäuben

40 g Speisestärke

2 TL Backpulver

1 TL Zimt

1 TL Ingwerpulver

½ TL Salz

½ TL gemahlener Kardamom

¼ TL frisch gemahlene
   Muskatnuss

170 g weiche Butter

300 g Zucker

2 TL Vanillepaste

4 große Eigelb

Für die
KÜRBISGANACHE

340 g weiße Schokolade,
   gehackt

¼ TL Zimt

⅛ TL frisch gemahlene
   Muskatnuss

75 g Kürbispüree

2 ½ EL Sahne

1 TL Maissirup

1 EL Butter

Für die
KÜRBIS-CHAI-BUTTERCREME

170 g weiche Butter

2 EL loser Chai-Tee

440 g Puderzucker, gesiebt

80 g Kürbispüree

2 TL Vollmilch

1 TL Vanillepaste

½ TL Zimt

½ TL Ingwerpulver

¼ TL frisch gemahlene
   Muskatnuss

1. Eine Backform mit 23 x 33 cm Seitenlänge einfetten und großzügig mit einer Mischung aus Puderzucker und Speisestärke im Verhältnis 1:1 bestäuben.

2. Die Gelatine in der Schüssel der Rührmaschine in 120 ml Wasser einrühren und beiseitestellen.

3. Zucker, Sirup, Salz und 120 ml Wasser in einem Topf auf hoher Stufe erhitzen, bis ein Zuckerthermometer 114 °C anzeigt. Vom Herd nehmen.

4. Die Schüssel mit der Gelatine in die Rührmaschine einhaken und den Quirl einsetzen. Auf hoher Stufe aufschlagen und dabei nach und nach die Zuckermischung eingießen. 8–10 Minuten auf hoher Stufe weiterschlagen, bis die Außenseite der Schüssel Zimmertemperatur angenommen hat. Dann Vanillemark, Zimt und Muskat unterrühren.

5. Einen Teigspatel mit Cooking-Spray einfetten und damit die Marshmallow-Masse in die Form geben. Vorsichtig, aber rasch glatt streichen und mit Puderzucker bestäuben. Direkt auf der Oberfläche mit Frischhaltefolie abdecken und etwa 3 Stunden fest werden lassen.

6. Eine Messerklinge mit Cooking-Spray einfetten und die Marshmallow-Masse in Würfel schneiden. Jeden Würfel in Puderzucker wenden, damit die Oberfläche nicht klebt.

7. Die Milch in einem Topf auf mittlerer bis geringer Stufe bis zum Siedepunkt erhitzen. Den Tee zufügen, dann den Topf vom Herd nehmen. 8–10 Minuten ziehen lassen. Durch ein feinmaschiges Sieb in eine Schüssel abseihen und die Teeblätter entsorgen. Beiseitestellen und abkühlen lassen.

8. Den Backofen auf 175 °C vorheizen. Drei runde Backformen (15 cm Ø) einfetten und mit Mehl bestäuben.

9. Mehl, Speisestärke, Backpulver, Zimt, Ingwerpulver, Salz, Kardamom und Muskat in eine Schüssel sieben und beiseitestellen.

10. Die Butter in der Rührmaschine auf mittlerer Stufe mit dem Flachrührer cremig rühren. Den Zucker zufügen und die Butter 3–5 Minuten auf mittlerer bis hoher Stufe luftig aufschlagen. Die Maschine ausschalten und an den Schüsselseiten anhaftende Buttermischung nach unten schieben.

11. Die Maschine auf mittlere bis kleine Stufe stellen und Vanillepaste und Eigelbe einzeln einrühren. Die Maschine ausschalten und an den Schüsselseiten anhaftenden Teig nach unten schieben.

12. Die Maschine auf kleine Stufe stellen und die Mehlmischung in drei Portionen abwechselnd mit der Chai-Milch zufügen; dabei mit Mehl beginnen und enden. Kurz (nicht länger als 30 Sekunden) auf mittlerer Stufe rühren, bis alle trockenen Zutaten eingearbeitet sind.

13. Den Teig gleichmäßig auf die vorbereiteten Formen verteilen. 23–25 Minuten backen, bis an einem mittig eingestochenen Spieß nichts mehr haften bleibt. 10–15 Minuten in den Formen abkühlen lassen, dann zum Auskühlen auf Kuchengitter stürzen.

14. Die weiße Schokolade in eine hitzebeständige Schüssel geben, mit Zimt und Muskat bestreuen und beiseitestellen. Kürbispüree, Sahne und Sirup in einem Topf zum Köcheln bringen und ein paar Minuten bei mittlerer bis geringer Hitze köcheln lassen.

15. Vom Herd nehmen und über die weiße Schokolade gießen. Rühren, bis die Schokolade geschmolzen ist. Die Butter zufügen, schmelzen lassen und unterrühren. In einen hitzebeständigen Behälter füllen und 1–2 Stunden in den Kühlschrank stellen, bis die Ganache eine streichbare Konsistenz hat. Ab und zu umrühren.

16. Butter und Tee in einem mittelgroßen Topf auf mittlerer Stufe erhitzen, bis die Butter schmilzt. Dann 5 Minuten auf kleiner Stufe köcheln. Vom Herd nehmen und etwa 5 Minuten abkühlen lassen. Die Butter durch ein feinmaschiges Sieb in eine Schüssel abseihen, die Teeblätter entsorgen und die Butter 20–30 Minuten kühlen, bis sie die Konsistenz von weicher Butter hat. Kleine Reste von Teeblättern dürfen ruhig in der Butter verbleiben.

17. Die abgekühlte Butter in der Rührmaschine auf mittlerer Stufe mit dem Flachrührer cremig rühren.

Die Maschine auf mittlere bis kleine Stufe stellen, Puderzucker, Kürbispüree, Milch, Vanillepaste, Zimt, Ingwer und Muskat zufügen und einarbeiten. Dann auf mittlerer bis hoher Stufe zu einer luftigen Buttercreme aufschlagen.

TORTE ZUSAMMENSETZEN

18. Die abgekühlten Böden mit einem Messer begradigen, den Boden für die Tortenunterseite auswählen und auf einen Tortenteller legen. Mithilfe einer Winkelpalette mit der Hälfte der Kürbisganache bestreichen. Den zweiten Boden aufsetzen, mit der restlichen Ganache bestreichen und den dritten Boden aufsetzen. Die Torte rundum mit der Kürbis-Buttercreme überziehen und mit den Marshmallows dekorieren.

DEKORATION

Da die Kürbis-Buttercreme nicht so samtweich wie die Italienische Buttercreme ist, empfehle ich, hier mit einer Winkelpalette eine eher rustikale Optik zu kreieren (siehe S. 31). Spiralen, Schrägstreifen oder Ähnliches sind geeignet.

WISSENSWERTES

In einem luftdicht verschlossenen Behälter sind die Marshmallows bis zu 1 Woche haltbar. Im Kühlschrank hält sich die Torte bis zu 3 Tage (siehe S. 25).

RESTE ÜBRIG?

Die Marshmallows kann man auch in geschmolzene Schokolade tunken oder einfach so genießen.

FESTTAGSTORTEN

Um einen Feiertag oder festlichen Anlass gebührend zu feiern, ist eine Torte schon fast ein Muss. Läuten Sie das neue Jahr mit der goldenen Champagner-Festtagstorte ein oder verwöhnen Sie Ihren Liebsten/Ihre Liebste mit einer Erdbeer-Rosen-Valentinstorte. Die folgenden Torten sind perfekt, um all die vielen besonderen Anlässe im Leben genussvoll zu zelebrieren.

Schokoladen-Granatapfel-Torte

ERGIBT EINE 4-SCHICHTEN-TORTE MIT 20 CM Ø; FÜR 12–15 PORTIONEN

LEIDER HÖRT MAN SO ETWAS nicht so oft, aber ich habe wirklich die netteste Schwiegermutter, die man sich vorstellen kann. Pink ist ihr Name, und sie hat mich von Anfang an mit offenen Armen aufgenommen. Ich lernte Brett im Herbst kennen, und daher kannte mich seine Familie kaum (und umgekehrt), als wir unser erstes Weihnachten miteinander verbringen wollten. Ich hatte Brett im Vorfeld immer wieder gefragt, was ich denn für das Weihnachtsessen mitbringen oder zubereiten könnte, aber keine Antwort erhalten. Ich wusste, dass seine Mutter im Vorweihnachtsstress war und konnte daher nicht verstehen, warum mein Angebot ignoriert wurde – immerhin war das Tortenmachen ja mein Job.

In Wirklichkeit war es aber so: Ich wollte die Familie unbedingt mit einem extravaganten Tortenmeisterwerk beeindrucken, und Pink war zu höflich, um einen fast unbekannten Gast um Hilfe zu bitten. Sie wollte für mich alles so entspannt wie möglich gestalten, damit ich meine Tage dort genießen konnte. Ich brachte aber dennoch eine Torte mit und bin seitdem jedes Jahr für den Nachtisch zuständig. Es macht mir riesigen Spaß, alljährlich etwas Neues für sie zu kreieren, wie zum Beispiel diese Granatapfeltorte, deren Schokoladenböden mit köstlicher Granatapfel-Melasse getränkt und mit Ganache bestrichen werden. Abgerundet wird das Ganze von einer samtweichen Himbeer-Frischkäse-Füllung.

Für den
SAUERRAHM-SCHOKOLADEN-BODEN

Butter oder Cooking-Spray zum Einfetten

315 g Mehl Type 405 plus etwas mehr zum Bestäuben

95 g Kakaopulver

2½ TL Backpulver

1 TL Natron

1 TL Salz

180 ml Traubenkernöl

200 g Zucker

165 g brauner Zucker

2 TL Vanilleextrakt von echter Vanille

½ TL Mandelextrakt von echten Mandeln

2 große Volleier

1 großes Eigelb

240 g saure Sahne

360 ml heißer, starker Kaffee

Für die
GRANATAPFELMELASSE

480 ml Granatapfelsaft

50 g Zucker

2 TL frisch gepresster Zitronensaft

Für die
HIMBEER-FRISCHKÄSE-FÜLLUNG

85 g Frischkäse auf Zimmertemperatur

1 große Menge Italienische Buttercreme mit Vanillegeschmack (siehe S. 41)

3 EL Granatapfel-Melasse (siehe oben)

Zum
ZUSAMMENSETZEN DER TORTE

1 Menge dunkle Schokoladenganache (siehe S. 45)

verbliebene Italienische Buttercreme

Granatapfelkerne (nach Belieben)

Zubereitung
SAUERRAHM-SCHOKOLADEN-BODEN

1. Den Backofen auf 175 °C vorheizen. Zwei runde Backformen (20 cm Ø) einfetten und mit Mehl bestäuben.

2. Mehl, Kakao, Backpulver, Natron und Salz in eine Schüssel sieben und beiseitestellen.

3. Öl und beide Zuckersorten in der Rührmaschine 2 Minuten auf mittlerer Stufe mit einem Flachrührer aufschlagen. Die Maschine auf mittlere bis kleine Stufe stellen und Vanille- und Mandelextrakt zufügen. Dann Eier und Eigelb einzeln einrühren. Die Maschine ausschalten und an den Schüsselseiten anhaftenden Teig nach unten schieben.

4. Die Maschine auf kleine Stufe stellen und die Mehlmischung in drei Portionen abwechselnd mit der sauren Sahne zufügen; dabei mit Mehl beginnen und enden. Die Maschine ausschalten und an den Schüsselseiten anhaftenden Teig nach unten schieben. Auf kleine Stufe stellen und den Kaffee eingießen. 30 Sekunden auf kleiner bis mittlerer Stufe untermengen, keinesfalls länger.

5. Den Teig gleichmäßig auf die vorbereiteten Formen verteilen. 25–28 Minuten backen, bis an einem mittig eingestochenen Spieß nichts mehr haften bleibt. 10–15 Minuten in den Formen abkühlen lassen, dann zum Auskühlen auf Kuchengitter stürzen.

Zubereitung
GRANATAPFELMELASSE

6. Granatapfelsaft, Zucker und Zitronensaft in einem mittelgroßen Topf verrühren und bei mittlerer bis hoher Hitze zum Kochen bringen. Dann bei reduzierter Hitze etwa 45 Minuten köcheln, bis ein dicklicher Sirup entstanden ist (180 ml). Vom Herd nehmen und vor der Verwendung abkühlen lassen.

Zubereitung
GRANATAPFEL-FRISCHKÄSE-FÜLLUNG

7. Den Frischkäse in der Rührmaschine auf mittlerer Stufe mit dem Flachrührer cremig rühren. 480 ml der Buttercreme und 3 Esslöffel der Granatapfelmelasse unterrühren.

TORTE ZUSAMMENSETZEN

8. Die abgekühlten Böden mit einem langen Sägemesser horizontal halbieren und so vier gleich dicke Böden herstellen (siehe S. 27). Die Böden begradigen und den Boden für die Tortenunterseite auswählen. Alle Böden großzügig mit der Granatapfelmelasse bestreichen. Den untersten Boden auf einen Tortenteller legen und mithilfe einer Winkelpalette mit 80 ml der Ganache bestreichen. Darauf 160 ml der Frischkäsefüllung geben und glatt streichen. Den zweiten Boden aufsetzen und ebenso mit Ganache und Frischkäsefüllung bestreichen. Dann den letzten Boden aufsetzen. Die Torte rundum mit der restlichen Buttercreme überziehen und nach Belieben mit den Granatapfelkernen dekorieren.

DEKORATION

Verwenden Sie eine Winkelpalette, um der Torte eine glatte, gestreifte oder Spiraloptik zu verleihen (siehe S. 26, 32 und 31). Die verbliebene Buttercreme in einen Spritzbeutel mit Sterntülle füllen und damit an der Tortenkante eine Perlenbordüre (siehe S. 37) aufspritzen. Die Oberseite mit einem Ring aus Granatäpfeln verzieren.

WISSENSWERTES

Im Kühlschrank hält sich die Torte bis zu 3 Tage. Sie kann auch eingefroren werden (siehe S. 25).

Goldene Champagner-Festtagstorte

ERGIBT EINE 4-SCHICHTEN-TORTE MIT 15 CM Ø; FÜR 10–12 PORTIONEN

FÜR MICH GIBT ES KEINEN BESSEREN START ins neue Jahr als eine Vanille-Buttercreme-Torte. Inklusive Champagner natürlich! Diese samtweiche Torte enthält nur gute Dinge: echte Butter, Vanillemark, Eigelb und prickelnden Schaumwein – und mit einem Glas Champagner dazu schmeckt sie wie der Himmel auf Erden. Genießen Sie ein Stück dieser Torte und fangen Sie erst danach mit Ihren guten Vorsätzen an.

Für den
FEINEN VANILLE-RÜHRTEIGBODEN

Butter oder Cooking-Spray zum Einfetten

255 g Mehl Type 405 plus etwas mehr zum Bestäuben

40 g Speisestärke

2 TL Backpulver

½ TL Salz

170 g weiche Butter

300 g Zucker

Mark von 1 Vanilleschote

4 große Eigelb

240 ml Vollmilch

Für die
CHAMPAGNER-BUTTERCREME

1 mittlere Menge Italienische Buttercreme mit Vanillegeschmack (siehe S. 41)

120 ml Champagner oder anderer Schaumwein

Zum
ZUSAMMENSETZEN DER TORTE

essbares Blattgold, Zuckerperlen oder Metallic-Streusel *(nach Belieben)*

Zubereitung des
FEINEN VANILLE-RÜHRTEIGBODENS

1. Den Backofen auf 175 °C vorheizen. Vier runde Backformen (15 cm Ø) einfetten und mit Mehl bestäuben.

2. Mehl, Speisestärke, Backpulver und Salz in eine Schüssel sieben und beiseitestellen.

3. Die Butter in der Rührmaschine auf mittlerer Stufe mit dem Flachrührer cremig rühren. Zucker und Vanillemark zufügen. Die Maschine auf mittlere bis hohe Stufe stellen und alles 3–5 Minuten zu einer luftigen Masse aufschlagen. Die Maschine ausschalten und an den Schüsselseiten anhaftende Butter nach unten schieben.

4. Die Maschine auf mittlere bis kleine Stufe stellen und die Eigelbe einzeln einrühren. Die Maschine ausschalten und an den Schüsselseiten anhaftenden Teig nach unten schieben.

5. Die Maschine auf kleine Stufe stellen und die Mehlmischung in drei Portionen abwechselnd mit der Milch zufügen und dabei mit Mehl beginnen und enden. Kurz (nicht länger als 30 Sekunden) auf mittlerer Stufe rühren, bis alle trockenen Zutaten eingearbeitet sind.

6. Den Teig gleichmäßig auf die vorbereiteten Formen verteilen. 22–25 Minuten backen, bis an einem mittig eingestochenen Spieß nichts mehr haften bleibt. 10–15 Minuten in den Formen abkühlen lassen, dann zum Auskühlen auf Kuchengitter stürzen.

Zubereitung der
CHAMPAGNER-BUTTERCREME

7. Die Buttercreme in der Rührmaschine auf mittlerer Stufe mit dem Flachrührer cremig rühren. Langsam den Champagner eingießen und unterrühren.

TORTE ZUSAMMENSETZEN

8. Die abgekühlten Böden mit einem Messer begradigen, den Boden für die Tortenunterseite auswählen und auf einen Tortenteller legen. Mithilfe einer Winkelpalette mit 180 ml Buttercreme bestreichen. Den zweiten Boden aufsetzen, ebenfalls mit Buttercreme bestreichen und den dritten Boden aufsetzen. Die Torte rundum mit der restlichen Buttercreme überziehen. Nach Belieben mit essbarem Blattgold (siehe Wissenswertes), Zuckerperlen oder Metallic-Streuseln dekorieren.

DEKORATION

Verzieren Sie die Torte mit einer glatten Optik oder mit einem Streifen- oder Spiralmuster (siehe S. 26, 32 und 31). Mit glänzenden Elementen nach Wahl dekorieren.

WISSENSWERTES

Das essbare Blattgold mit der Spitze eines Schälmessers oder einer Pinzette auf die Torte geben, damit es nicht an den Fingern haften bleibt. Im Kühlschrank hält sich die Torte bis zu 3 Tage. Sie kann auch eingefroren werden (siehe S. 25).

AM VALENTINSTAG KOCHEN MEIN MANN BRETT und ich immer zusammen und genießen als Dessert eine besondere Tortenkreation. Das gefällt uns einfach besser, als einen Tisch in einem teuren Restaurant zu reservieren oder einander übertriebene Geschenke zu machen. Den bislang schönsten Valentinstag verlebten wir gemeinsam mit unserem damals drei Wochen alten Sohn. Wir hatten es tatsächlich geschafft, ein leckeres Menü zu zaubern und gleichzeitig auf einen Säugling aufzupassen, doch die Nachspeise musste diesmal ein klein wenig bescheidener ausfallen als sonst. Ich entschied mich für meinen vielfach erprobten, saftigen Sauerrahm-Schokoladen-Boden in Kombination mit einer Erdbeer-Rosen-Buttercreme – und mit den kunstvollen Rosetten erhalten Sie auch die nötige Portion Romantik.

Für den
SAUERRAHM-SCHOKOLADEN-BODEN

Butter oder Cooking-Spray zum Einfetten

220 g Mehl Type 405 plus etwas mehr zum Bestäuben

80 g Kakaopulver

1 ¾ TL Backpulver

¾ TL Natron

¾ TL Salz

135 ml Traubenkernöl

150 g Zucker

165 g brauner Zucker

2 große Volleier

1 TL Vanilleextrakt von echter Vanille

½ TL Mandelextrakt von echten Mandeln

240 g saure Sahne

180 ml heißer, starker Kaffee

Für die
ERDBEER-ROSEN-BUTTERCREME

6–8 mittelgroße frische Erdbeeren, geputzt und geviertelt

2 EL Zucker

⅛ TL Salz

1 mittlere Menge Italienische Buttercreme mit Vanillegeschmack (siehe S. 41)

½ TL Rosenextrakt

Erdbeer-Rosen-Valentinstorte

—

ERGIBT EINE 3-SCHICHTEN-TORTE MIT 15 CM Ø; FÜR 8–10 PORTIONEN

Zubereitung des SAUERRAHM-SCHOKOLADEN-BODENS

1. Den Backofen auf 175 °C vorheizen. Drei runde Backformen (15 cm Ø) einfetten und mit Mehl bestäuben.

2. Mehl, Kakao, Backpulver, Natron und Salz in eine Schüssel sieben und beiseitestellen.

3. Öl und beide Zuckersorten in der Rührmaschine 2 Minuten auf mittlerer Stufe mit einem Flachrührer aufschlagen. Eier, Vanille- und Mandelextrakt unterrühren. Die Maschine ausschalten und an den Schüsselseiten anhaftenden Teig nach unten schieben.

4. Die Maschine auf kleine Stufe stellen und die Mehlmischung in drei Portionen abwechselnd mit der sauren Sahne zufügen; dabei mit Mehl beginnen und enden. Die Maschine ausschalten und an den Schüsselseiten anhaftenden Teig nach unten schieben. Auf kleine Stufe stellen und den Kaffee eingießen. 30 Sekunden auf kleiner bis mittlerer Stufe untermengen, keinesfalls länger.

5. Den Teig gleichmäßig auf die vorbereiteten Formen verteilen. 24–26 Minuten backen, bis an einem mittig eingestochenen Spieß nichts mehr haften bleibt. 10–15 Minuten in den Formen abkühlen lassen, dann zum Auskühlen auf Kuchengitter stürzen.

Zubereitung der ERDBEER-ROSEN-BUTTERCREME

6. Erdbeeren, Zucker und Salz in einer Küchenmaschine mit der Pulsfunktion fein pürieren.

7. Die Buttercreme in der Rührmaschine auf mittlerer Stufe mit dem Flachrührer cremig rühren. Nach und nach 120 ml des Erdbeerpürees und den Rosenextrakt zufügen und unterrühren.

TORTE ZUSAMMENSETZEN

8. Die abgekühlten Böden mit einem Messer begradigen, den Boden für die Tortenunterseite auswählen und auf einen Tortenteller legen. Mithilfe einer Winkelpalette mit 80 ml der Buttercreme bestreichen. Den zweiten Boden aufsetzen, ebenfalls mit Buttercreme bestreichen und den dritten Boden aufsetzen. Die Torte rundum mit der verbliebenen Buttercreme überziehen.

DEKORATION

Für die Rosenoptik einen Spritzbeutel mit mittelgroßer Sterntülle mit Buttercreme füllen. Rund um die Torte Rosetten (siehe S. 37) aufspritzen, die versetzt angeordnet sind und sich leicht überlappen. Alle freien Stellen mit kleinen Sternen auffüllen (siehe S. 37).

WISSENSWERTES

Im Kühlschrank hält sich die Torte bis zu 4 Tage. Sie kann auch eingefroren werden (siehe S. 25). Wer die Torte nur mit einer glatten Optik versehen möchte, erhöht die Füllung zwischen den Tortenböden auf 165 ml.

SCHNELLER ZUM ZIEL

Für die Buttercreme anstelle des Erdbeerpürees fertige Erdbeerkonfitüre verwenden. Zunächst 60 ml zufügen und dann langsam an den gewünschten Geschmack herantasten.

DIES IST EIN HERRLICH UNKOMPLIZIERTES TORTENREZEPT mit einem etwas ungewöhnlichen Karottenboden. Während der herkömmliche Karottenkuchen oft mit Nüssen, Rosinen und weiteren Köstlichkeiten überladen ist, begnügt sich mein Karottenboden mit einer Prise Zimt und zerdrückten Ananasstücken. Diese Lieblingstorte meiner Familie kommt bereits seit 10 Jahren regelmäßig zu Ostern auf den Tisch und hat auch schon viele Hochzeitsgäste glücklich gemacht. Durch die Zitronen-Frischkäse-Füllung ist sie herrlich erfrischend und eignet sich besonders als Frühlingstorte. Den echten Wow-Faktor erhält sie durch ein aufgelegtes, selbst hergestelltes Zuckernest.

Für den
KAROTTENBODEN

Butter oder Cooking-Spray
zum Einfetten

280 g Mehl Type 405 plus
etwas mehr zum Bestäuben

2 TL Backpulver

2 TL Natron

2 TL Zimt

¾ TL Salz

180 ml Traubenkernöl

250 g Zucker

110 g brauner Zucker

4 große Volleier

330 g geraspelte Karotten

1 Dose Ananasstücke
(Füllgewicht 227 g),
abgetropft

Für die
ZITRONEN-FRISCHKÄSE-FÜLLUNG

115 g Frischkäse auf
Zimmertemperatur

115 g weiche Butter

440–500 g Puderzucker,
gesiebt

2 TL fein abgeriebene
Zitronenschale

2 TL frisch gepresster
Zitronensaft

½ TL Vanilleextrakt von
echter Vanille

Zum
ZUSAMMENSETZEN DER TORTE

1 mittlere Menge Italienische
Buttercreme mit Vanille-
geschmack (siehe S. 41)

Gel-Lebensmittelfarbe
(nach Belieben)

Für das
ZUCKERNEST (NACH BELIEBEN)

400 g Zucker

120 ml heller Sirup

Zitronen-Karotten-Torte

—

ERGIBT EINE 3-SCHICHTEN-TORTE MIT 20 CM Ø; FÜR 12–15 PORTIONEN

Zubereitung des
KAROTTENBODENS

1. Den Backofen auf 175 °C vorheizen. Drei runde Backformen (20 cm Ø) einfetten und mit Mehl bestäuben.

2. Mehl, Backpulver, Natron, Zimt und Salz in eine Schüssel sieben und beiseitestellen.

3. Öl und beide Zuckersorten in der Rührmaschine auf mittlerer Stufe mit einem Flachrührer 2 Minuten aufschlagen. Die Maschine auf mittlere bis kleine Stufe stellen und die Eier einzeln einrühren. Die Maschine ausschalten und an den Schüsselseiten anhaftenden Teig nach unten schieben.

4. Die Maschine auf mittlere bis kleine Stufe stellen und die Mehlmischung in zwei Portionen zufügen. Nur kurz einarbeiten. Karotten und Ananas zufügen und 30 Sekunden auf kleiner bis mittlerer Stufe untermengen, keinesfalls länger.

5. Den Teig gleichmäßig auf die vorbereiteten Formen verteilen. 25–28 Minuten backen, bis an einem mittig eingestochenen Spieß nichts mehr haften bleibt. 10–15 Minuten in den Formen abkühlen lassen, dann zum Auskühlen auf Kuchengitter stürzen.

Zubereitung der
ZITRONEN-FRISCHKÄSE-FÜLLUNG

6. Frischkäse und Butter in der Rührmaschine mit dem Flachrührer auf mittlerer Stufe cremig rühren. Auf kleine Stufe stellen, nach und nach Puderzucker, Zitronenschale, Zitronensaft und Vanilleextrakt zufügen und unterrühren. Dann auf mittlerer bis hoher Stufe zu einer luftigen Creme aufschlagen.

TORTE ZUSAMMENSETZEN

7. Die Buttercreme nach Belieben mit Lebensmittelfarbe nach Wahl einfärben.

8. Einen der abgekühlten Böden für die Tortenunterseite auswählen und auf einen Tortenteller legen. Mithilfe einer Winkelpalette mit der Hälfte der Zitronenfüllung bestreichen. Den zweiten Boden aufsetzen, ebenfalls mit der Füllung bestreichen und den dritten Boden aufsetzen. Die Torte rundum mit der Vanille-Buttercreme überziehen. Nach Belieben kurz vor dem Servieren ein Zuckernest herstellen.

Zubereitung des
ZUCKERNESTS
(nach Belieben)

9. Kurz vor dem Servieren des Kuchens den Fußboden vor Ihrer Arbeitsfläche mit Backpapier auslegen. Ein paar Holzlöffel so an die Kante der Arbeitsfläche legen, dass die Griffe über die Kante hinausragen, und mit Kreppband fixieren. Alternativ die Löffel so befestigen, dass ihre Griffe über einer großen, tiefen Spüle hängen.

10. Zucker, Sirup und 120 ml Wasser in einem Topf mit dickem Topfboden verquirlen. 10–15 Minuten auf mittlerer bis hoher Stufe erhitzen, bis ein Zuckerthermometer 150 °C anzeigt.

11. Derweil in einer großen Schüssel ein Eiswasserbad vorbereiten und beiseitestellen.

12. Den Topf vom Herd nehmen, sobald der Zucker eine Temperatur von 150 °C erreicht hat, und behutsam ins Eiswasserbad stellen, um den Kochvorgang zu stoppen. Etwa 1 Minute ruhen lassen, dann die Konsistenz prüfen. Hierzu den Zucker von einem Schneebesen oder einer Gabel fließen lassen. Wenn sich dabei keine Tropfen, sondern lange Fäden bilden, kann der Zucker zu einem Nest verarbeitet werden.

13. Einen Schneebesen oder die Zinken einer großen Metallgabel in den heißen Zucker tauchen. Rasch, aber planvoll vorgehen und den Zucker in einer gleichmäßigen Bewegung von links nach rechts über die Holzlöffelgriffe bewegen (mit einem Abstand von mindestens 20–30 cm). Testen Sie, ob ausladende Armbewegungen oder kurze Bewegungen aus dem Handgelenk das beste Ergebnis erzielen.

14. Die Zuckerfäden sammeln und zu einem Nest formen.

WISSENSWERTES

Der Zucker ist zu Beginn sehr, sehr heiß, gehen Sie daher vorsichtig zu Werke. Bei hoher Luftfeuchtigkeit lösen sich Zuckernester rasch auf. Zuckerfäden nicht in den Kühlschrank stellen. Falls es Ihnen nicht auf Anhieb gelingt, Zuckerfäden herzustellen, lassen Sie den Zucker leicht abkühlen und starten Sie einen erneuten Versuch. Sobald der Zucker abzukühlen beginnt, wird er schnell unbrauchbar, bereiten Sie also alles gut vor und arbeiten Sie zügig. Im Kühlschrank hält sich die Torte bis zu 3 Tage (siehe S. 25).

DEKORATION

Einen Spritzbeutel mit runder Tülle mit Buttercreme füllen und damit ein dekoratives Tupfenmuster auf-spritzen (siehe S. 37) – zum Beispiel ein Girlandenmuster wie auf dem Foto. Abschließend an der unteren Tortenkante eine Perlenbordüre (siehe S. 37) auftragen.

Karamell-Apfel-Torte

ERGIBT EINE 3-SCHICHTEN-TORTE MIT 20 CM Ø; FÜR 12–15 PORTIONEN

IN MEINEM FROSTED CAKE SHOP war das Herbstsortiment immer das mit Abstand beliebteste. Spitzenreiter war diese unglaublich saftige, aromatische Karamell-Apfel-Torte, die gerade an kühlen Herbsttagen Balsam für die Seele ist. Damals habe ich die Torte nur mit einer Karamellfüllung verfeinert, doch für diese Version bin ich noch einen Schritt weitergegangen: mit ultracremiger Dulce-de-leche-Buttercreme und Apfelwein-Karamell-Sauce. Damit fällt der Abschied vom Sommer deutlich leichter.

Für den
WÜRZIGEN APFELBODEN

Butter oder Cooking-Spray zum Einfetten

375 g Mehl Type 405 plus etwas mehr zum Bestäuben

2 TL Backpulver

2 TL Zimt

1 TL Ingwerpulver

1 TL Natron

½ TL Salz

½ TL frisch gemahlene Muskatnuss

150 ml Traubenkernöl

200 g Zucker

220 g brauner Zucker

4 große Volleier

180 g ungesüßtes Apfelmus

240 g geschälte, fein gewürfelte Äpfel, z. B. Granny Smith, Boskoop oder Pink Lady

Für die
DULCE-DE-LECHE-BUTTERCREME

1 große Menge Italienische Buttercreme mit Vanillegeschmack (siehe S. 41)

120 ml Dulce de leche (siehe Wissenswertes S. 252)

Für die
APFELWEIN-KARAMELL-SAUCE

240 ml Apfelwein

110 g brauner Zucker

1 EL heller Sirup

2 EL Butter, gewürfelt

Zum
ZUSAMMENSETZEN DER TORTE

verbliebene Italienische Buttercreme mit Vanillegeschmack

Zubereitung des
WÜRZIGEN APFELBODENS

1. Den Backofen auf 175 °C vorheizen. Drei runde Backformen (20 cm Ø) einfetten und mit Mehl bestäuben.

2. Mehl, Backpulver, Zimt, Ingwerpulver, Natron, Salz und Muskat in eine Schüssel sieben und beiseitestellen.

3. Öl und beide Zuckersorten in der Rührmaschine 3–5 Minuten auf mittlerer Stufe mit dem Flachrührer aufschlagen. Die Maschine auf mittlere bis kleine Stufe stellen und die Eier einzeln einrühren. Die Maschine ausschalten und an den Schüsselseiten anhaftenden Teig nach unten schieben.

4. Die Maschine auf kleine Stufe stellen und die Mehlmischung in drei Portionen abwechselnd mit dem Apfelmus zufügen; dabei mit Mehl beginnen und enden. Nur kurz einarbeiten. Die Äpfel zufügen und 30 Sekunden auf kleiner Stufe untermengen, keinesfalls länger.

5. Den Teig gleichmäßig auf die vorbereiteten Formen verteilen. 24–26 Minuten backen, bis an einem mittig eingestochenen Spieß nichts mehr haften bleibt. 10–15 Minuten in den Formen abkühlen lassen, dann zum Auskühlen auf Kuchengitter stürzen.

Zubereitung der
DULCE-DE-LECHE-BUTTERCREME

6. 480 ml Buttercreme in der Rührmaschine auf mittlerer Stufe mit dem Flachrührer cremig rühren. Dulce de leche zufügen und unterziehen.

TORTE ZUSAMMENSETZEN

7. Die abgekühlten Böden mit einem Messer begradigen, den Boden für die Tortenunterseite auswählen und auf einen Tortenteller legen. Mithilfe einer Winkelpalette mit der Hälfte der Dulce-de-leche-Buttercreme bestreichen. Den zweiten Boden aufsetzen, ebenfalls mit Buttercreme bestreichen und den dritten Boden aufsetzen. Die Torte rundum mit der restlichen Buttercreme überziehen, ein wenig Buttercreme für die Dekoration aufbewahren.

Zubereitung der
APFELWEIN-KARAMELL-SAUCE

8. Den Apfelwein in einem Topf aufkochen, dann bei geringer Hitze auf 60 ml reduzieren.

9. Braunen Zucker und Sirup unterrühren und bei hoher Temperatur erhitzen, bis ein Zuckerthermometer 116 °C anzeigt. Vom Herd nehmen und die Butter unterziehen. Die Sauce in einem hitzebeständigen Behälter leicht abkühlen lassen, aber noch warm verwenden (siehe Wissenswertes). Die Karamellsauce vorsichtig mittig auf die Torte gießen und mit einer Winkelpalette gleichmäßig verstreichen. Dabei auch Sauce am Tortenrand hinablaufen lassen.

DEKORATION

Mit einer Winkelpalette ein Spiralmuster in die Buttercreme ziehen (siehe S. 31). Die verbliebene Buttercreme in einen Spritzbeutel mit Rosentülle füllen und damit an der Tortenkante eine Schleifenbordüre (siehe S. 36) aufspritzen.

WISSENSWERTES

Im Rezept wird zwar Dulce de leche als Fertigprodukt verwendet, man kann sie aber auch leicht selbst herstellen. Hierzu reichlich Wasser in einem Topf zum Kochen bringen. Das Etikett einer Dose mit gezuckerter Kondensmilch (z. B. Milchmädchen) ablösen und die Dose auf der Seite liegend im Topf platzieren, damit sie ganz vom Wasser bedeckt ist. 3 Stunden kochen und immer wieder prüfen, ob die Dose noch vom Wasser bedeckt ist. Die Dose sehr vorsichtig mit einer Zange aus dem Wasser heben und vor dem Öffnen vollständig auskühlen lassen. Apfelwein-Karamell-Sauce kühlt viel rascher ab als gewöhnliche Karamellsauce und lässt sich auch nicht gut aufwärmen. Setzen Sie die Torte daher zusammen, bevor Sie die Apfelsauce zubereiten, damit sie aufgetragen werden kann, bevor sie zu fest wird. Lassen Sie ein paar „Testtropfen" an der Seite der Torte hinunterlaufen, die Sie anschließend nach hinten wenden, um sicherzustellen, dass die Sauce nicht zu heiß ist. Im Kühlschrank hält sich die Torte bis zu 4 Tage. Sie kann auch eingefroren werden (siehe S. 25).

Würzige Kürbis-Keks-Torte

—

ERGIBT EINE 2-SCHICHTEN-TORTE MIT 25 CM Ø; FÜR 12-15 PORTIONEN

HIER KOMMT MEINE ULTIMATIVE LIEBLINGSTORTE! Es ist vielleicht ein wenig ungeschickt, sie aus all den köstlichen Rezepten in diesem Buch so hervorzuheben, doch wer Kürbis und weihnachtliche Gewürze mag, liegt mit dieser Torte definitiv goldrichtig. Besonders im Herbst und Winter kann man sich mit dieser Tortenschönheit auch die ungemütlichsten Tage versüßen.

Für den
KÜRBISBODEN

Butter oder Cooking-Spray zum Einfetten

375 g Mehl Type 405 plus etwas mehr zum Bestäuben

1 EL Backpulver

2 TL Zimt

½ TL frisch gemahlene Muskatnuss

½ TL Ingwerpulver

½ TL Salz

¼ TL gemahlene Gewürznelken

210 ml Traubenkernöl

330 g brauner Zucker

100 g Zucker

4 große Volleier

480 g Kürbispüree

Für die
KEKSDEKORATION (NACH BELIEBEN)

1 Rolle fertiger süßer Mürbeteig aus der Kühltheke

frisch gemahlene Muskatnuss zum Bestäuben

Für die
BRAUNE-BUTTER-FÜLLUNG

170 g weiche Butter

345 g Puderzucker, gesiebt

2 EL Sahne oder Vollmilch

½ TL Vanilleextrakt von echter Vanille

Für den
KEKSÜBERZUG

1 mittlere Menge Italienische Buttercreme mit Vanillegeschmack (siehe S. 41)

120 g Vollkornbutterkekse, zerbröselt

½ TL Zimt

Zum
ZUSAMMENSETZEN DER TORTE

Schlagsahne zum Dekorieren (nach Belieben; oder ½ Menge des Sahneüberzugs S. 185)

Zubereitung des
KÜRBISBODENS

1. Den Backofen auf 175 °C vorheizen. Zwei runde Backformen (25 cm Ø) einfetten und mit Mehl bestäuben.

2. Mehl, Backpulver, Zimt, Muskat, Ingwerpulver, Salz und Nelken in eine Schüssel sieben und beiseitestellen.

3. Öl und beide Zuckersorten in der Rührmaschine auf mittlerer Stufe 2 Minuten mit dem Flachrührer aufschlagen. Die Maschine auf mittlere bis kleine Stufe stellen und die Eier einzeln einrühren. Die Maschine ausschalten und an den Schüsselseiten anhaftenden Teig nach unten schieben.

4. Die Maschine auf kleine Stufe stellen, das Mehl in zwei Portionen zugeben und nur kurz einarbeiten. Das Kürbispüree zufügen und 30 Sekunden auf kleiner Stufe untermengen, keinesfalls länger.

5. Den Teig gleichmäßig auf die vorbereiteten Formen verteilen. 23–25 Minuten backen, bis an einem mittig eingestochenen Spieß nichts mehr haften bleibt. 10–15 Minuten in den Formen abkühlen lassen, dann zum Auskühlen auf Kuchengitter stürzen.

Zubereitung der
MÜRBETEIGKEKSE (NACH BELIEBEN)

6. Den Backofen auf 200 °C vorheizen. Ein Backblech mit Backpapier auslegen.

7. Den Mürbteig entrollen und Kekse in der gewünschten Form ausstechen. Ich mag kleine Sterne, aber auch andere kleine Formen sind geeignet. Den ausgestochenen Teig auf dem Backblech verteilen und mit etwas Muskat bestäuben. Etwa 5 Minuten backen, bis die Kekse an den Rändern goldbraun geworden sind. Vor der Verwendung auf einem Kuchengitter abkühlen lassen.

Zubereitung der
BRAUNE-BUTTER-FÜLLUNG

8. Die Butter in einem Topf auf mittlerer Stufe etwa 8 Minuten erhitzen, bis sie braun geworden ist. Währenddessen den Topf gelegentlich schwenken. Anfangs beginnt die Butter zu schäumen und am Ende sind am Topfboden dunkle Bestandteile zu sehen; die Butter sollte nussig duften. Den Topf vom Herd nehmen und die Butter in einen hitzebeständigen Behälter füllen. 20–30 Minuten in den Kühlschrank stellen, bis sie die Konsistenz von weicher Butter angenommen hat.

9. Die Butter in der Rührmaschine auf mittlerer bis kleiner Stufe mit dem Flachrührer cremig rühren. Puderzucker, Sahne und Vanilleextrakt zufügen und auf kleiner Stufe einarbeiten. Auf mittlere bis hohe Stufe stellen und rühren, bis eine cremige Masse entstanden ist.

Zubereitung des
KEKSÜBERZUGS

10. Die Buttercreme in der Rührmaschine auf mittlerer Stufe mit dem Flachrührer cremig rühren. Keksbrösel und Zimt zufügen und untermengen.

TORTE ZUSAMMENSETZEN

11. Einen der abgekühlten Böden für die Tortenunterseite auswählen und auf einen Tortenteller legen. Mithilfe einer Winkelpalette mit der Braune-Butter-Füllung bestreichen. Die Torte rundum mit dem Keksüberzug bestreichen und mit Schlagsahne sowie nach Belieben mit den Deko-Keksen verzieren.

DEKORATION

Nach Belieben die Schlagsahne in einen Spritzbeutel mit mittelgroßer Sterntülle füllen und damit an der Tortenkante Rosetten (siehe S. 37) aufspritzen. Abschließend nach Belieben je einen Keks auf die Rosetten setzen.

WISSENSWERTES

Man kann den Teig für den Boden auch in zwei oder drei Backformen mit 20 cm Ø backen. Die Backzeit beträgt dann allerdings 22–26 Minuten. Im Kühlschrank hält sich die Torte bis zu 4 Tage. Sie kann auch eingefroren werden (siehe S. 25). Die Deko-Kekse separat aufbewahren.

Pekannuss-Birnen-Knusper-Torte

ERGIBT EINE 2-SCHICHTEN-TORTE MIT 20 CM Ø; FÜR 10-12 PORTIONEN

WENN ES UM DAS GESCHÄFTLICHE UND UM ZAHLEN GEHT, ist mein Vater ein kleiner Einstein, doch beim Essen endet bei ihm vieles unfreiwillig in einer Art Slapstick-Nummer. Im Restaurant sucht er sich immer die merkwürdigsten Dinge aus (einmal hat er einen Garnelencocktail und einen Eisbecher gleichzeitig als Snack bestellt), und wenn er versucht, Aromen aus Gerichten herauszuschmecken, führt das bei uns meistens zu schallendem Gelächter. Er behauptet zwar, dass Birnen sein Lieblingsobst seien, kommt vom Obsthändler aber immer mit Papayas und Ähnlichem zurück (okay, ich gebe zu, es ist auch nicht so einfach, eine gute Birne zu finden). Weil mein lieber Dad also selten in den Genuss seiner Leibspeisen kommt, habe ich für seinen Geburtstag im November diese Pekannuss-Birnen-Crunch-Torte entwickelt.

Die saftig-würzigen Böden sind mit geraspelten Birnen verfeinert und schmecken in Kombination mit den Pekannüssen und der braunen Butter einfach wundervoll herbstlich. Aber auch in der Weihnachtszeit ist diese Torte ein echter Hochgenuss.

Für den WÜRZIGEN BIRNENBODEN

Butter oder Cooking-Spray zum Einfetten

315 g Mehl Type 405 plus etwas mehr zum Bestäuben

1 ½ TL Backpulver

1 TL Natron

1 TL Zimt

1 TL Ingwerpulver

½ TL gemahlener Kardamom

½ TL Salz

2–3 reife Birnen, z. B. Conference, Concorde oder Grüne Anjou

150 ml Traubenkernöl

165 g brauner Zucker

100 g Zucker

1 TL Vanilleextrakt von echter Vanille

2 große Volleier

1 großes Eigelb

120 g saure Sahne

Für die BUTTER-RUM-PEKANNÜSSE

180 g Pekannusskerne, gehackt

1 großes Eiweiß

2 EL brauner Rum

2 EL brauner Zucker

½ TL Zimt

1 EL Butter, zerlassen

2 EL Zucker

Für die BUTTER-RUM-PEKANNUSS-KNUSPERFÜLLUNG

480 ml Italienische Buttercreme mit Vanillegeschmack (siehe S. 41)

½ Menge Butter-Rum-Pekannüsse (siehe oben)

Für die BUTTERCREME MIT BRAUNEM ZUCKER

150 g Eiweiß

220 g brauner Zucker

1 TL Vanilleextrakt von echter Vanille

450 g weiche Butter, gewürfelt

Zum ZUSAMMENSETZEN DER TORTE

restliche Butter-Rum-Pekannüsse zum Dekorieren (siehe oben)

Zubereitung des
WÜRZIGEN BIRNENBODENS

1. Den Backofen auf 175 °C vorheizen. Zwei runde Backformen (20 cm Ø) einfetten und mit Mehl bestäuben.

2. Mehl, Backpulver, Natron, Zimt, Ingwer, Kardamom und Salz in eine Schüssel sieben und beiseitestellen.

3. So viele Birnen schälen und grob raspeln, bis 115 g erreicht sind (siehe Wissenswertes). In einem feinmaschigen Sieb mit einem Kunststoff-Teigspatel gut ausdrücken. Beiseitestellen. So viele Birnen schälen und würfeln, bis 180 g erreicht sind. Beiseitestellen.

4. Öl und beide Zuckersorten in der Rührmaschine 2 Minuten auf mittlerer Stufe mit einem Flachrührer aufschlagen. Die Maschine ausschalten und an den Schüsselseiten anhaftenden Teig nach unten schieben.

5. Die Maschine auf mittlere bis kleine Stufe stellen und den Vanilleextrakt zufügen. Dann Eier und Eigelb einzeln einrühren. Die Maschine ausschalten und an den Schüsselseiten anhaftenden Teig nach unten schieben.

6. Die Maschine auf kleine Stufe stellen und die Mehlmischung abwechselnd mit der sauren Sahne zufügen; dabei mit Mehl beginnen und enden. Die geraspelten Birnen zufügen. Kurz (nicht länger als 30 Sekunden) auf mittlerer Stufe rühren, bis alle trockenen Zutaten eingearbeitet sind. Die gewürfelten Birnen unterheben.

7. Den Teig auf die vorbereiteten Formen verteilen. 24–26 Minuten backen, bis an einem mittig eingestochenen Spieß nichts mehr haften bleibt. 10–15 Minuten in den Formen abkühlen lassen, dann zum Auskühlen auf Kuchengitter stürzen.

Zubereitung der
BUTTER-RUM-PEKANNÜSSE

8. Die Ofentemperatur auf 150 °C senken. Ein Backblech mit Backpapier auslegen.

9. Die Pekannüsse in eine Schüssel geben. Das Eiweiß schaumig aufschlagen und über die Nüsse gießen. Rum, braunen Zucker und Zimt in einer separaten Schüssel verrühren. Zu den Nüssen geben und rühren, bis diese gleichmäßig von der Mischung umzogen sind. Die Nüsse auf dem Backblech verteilen und 20–25 Minuten backen, bis sie duften und leicht geröstet sind. Nach der Hälfte der Zeit wenden.

10. Die heißen Nüsse in der Butter wenden und mit dem Zucker bestreuen. Vor der Verwendung auf Zimmertemperatur abkühlen lassen.

Zubereitung der
BUTTER-RUM-PEKANNUSS-KNUSPERFÜLLUNG

11. Die Buttercreme in der Rührmaschine auf mittlerer Stufe mit dem Flachrührer cremig rühren. Die Hälfte der Butter-Rum-Pekannüsse unterheben.

Zubereitung der
BUTTERCREME MIT BRAUNEM ZUCKER

12. Eiweiß und braunen Zucker in einer hitzebeständigen Schüssel der Rührmaschine von Hand verquirlen. Einen mittelgroßen Topf ein paar Zentimeter mit Wasser füllen und auf mittlerer bis hoher Stufe erhitzen. Die Schüssel auf den Topf setzen; sie darf mit dem Wasser nicht in Kontakt kommen.

13. Das Eiweiß unter gelegentlichem Rühren erhitzen, bis das Zuckerthermometer 70 °C anzeigt. Die Schüssel vorsichtig in die Rührmaschine setzen.

14. Das Eiweiß mit dem Quirl 8–10 Minuten auf hoher Stufe aufschlagen bis sich mittelfeste Spitzen bilden. Das Baiser ist fertig, wenn die Außenseite der Schüssel Zimmertemperatur aufweist und aus der Schüssel keinerlei Restwärme mehr aufsteigt. Die Maschine ausschalten und den Quirl durch den Flachrührer ersetzen.

15. Bei langsam laufender Maschine Vanilleextrakt und würfelweise Butter zufügen (siehe Wissenswertes). Wenn sie eingearbeitet ist, auf mittlerer bis hoher Stufe 3–5 Minuten zu einer samtweichen Buttercreme aufschlagen.

TORTE ZUSAMMENSETZEN

16. Die abgekühlten Böden mit einem Messer begradigen, den Boden für die Tortenunterseite auswählen und auf einen Tortenteller legen. Mithilfe einer Winkelpalette mit der Butter-Rum-Pekannuss-Knusperfüllung bestreichen. Dann den zweiten Boden aufsetzen. Die Torte rundum mit der Buttercreme mit braunem Zucker bestreichen und mit den restlichen Butter-Rum-Pekannüssen dekorieren.

WISSENSWERTES

Zum Raspeln der Birnen die grobe Seite einer Vierkantreibe verwenden und dabei um das Kerngehäuse herum arbeiten. Falls die Buttercreme nach Zugabe der Butter gerinnt, einfach weiterrühren. In diesem Fall war vermutlich die Butter zu kalt und es dauert länger, sie einzuarbeiten. Im Kühlschrank hält sich die Torte bis zu 4 Tage. Sie kann auch eingefroren werden (siehe S. 25).

DEKORATION

Mit einer Winkelpalette eine rustikale Optik gestalten (siehe S. 31). Die verbliebene Buttercreme in einen Spritzbeutel mit mittelgroßer Sterntülle füllen. Damit am Tortenrand Rosetten (siehe S. 37) aufspritzen. Die Butter-Rum-Pekannüsse am unteren Tortenrand andrücken und dabei jeweils immer nur eine kleine Menge in die Hand nehmen.

Winterliche Pfefferminztorte

—

ERGIBT EINE 3-SCHICHTEN-TORTE MIT 15 CM Ø; FÜR 8-10 PORTIONEN

EIN GLAS HEISSER GLÜHWEIN, der Duft von Tannennadeln und frisch gerösteten Maronen, die an einem Straßenstand verkauft werden – das ist für mich wahres Glück. Auch die Erinnerungen an meinen Dad, wie er unser Haus in weiße Lichterketten gehüllt und an kalten Abenden den Kamin angefeuert hat, gehören dazu. Eigentlich ist der Herbst meine liebste Jahreszeit, das mag aber auch daran liegen, dass er die Weihnachtszeit mit all ihren Freuden einläutet.

In dieser Torte habe ich auf die altbewährte Kombination von Schokolade und Minze zurückgegriffen, denn sie ist warm und gleichzeitig erfrischend – wie ein kalter Wintertag, an dem man sich in dicke Wollsachen einmummelt. Die Kristallzucker-Dekoration wirkt zudem wie eine feine Schneedecke und die Rosmarinzweige wie ein kleiner Tannenwald.

Für die
WEISSE-SCHOKOLADE-MINZE-GANACHE

120 g Sahne

50 g frische Pfefferminze

200 g weiße Schokolade, gehackt

¼ – ½ TL Pfefferminzextrakt von echter Pfefferminze *(nach Belieben)*

Für den
SCHOKOLADENBODEN

Butter oder Cooking-Spray zum Einfetten

235 g Mehl Type 405 plus etwas mehr zum Bestäuben

70 g Kakaopulver

1 ½ TL Backpulver

1 TL Natron

¾ TL Salz

120 ml Traubenkernöl

300 g Zucker

1 TL Vanilleextrakt von echter Vanille

½ TL Mandelextrakt von echten Mandeln

2 große Volleier

180 ml Vollmilch

240 ml heißer, starker Kaffee

Für die
VANILLE-MINZE-BUTTERCREME

1 kleine Menge Italienische Buttercreme mit Vanillegeschmack (siehe S. 41)

Mark von ½ Vanilleschote

¾ TL Pfefferminzextrakt von echter Pfefferminze

Zum
ZUSAMMENSETZEN DER TORTE

220–330 g weißer Kristallzucker zum Dekorieren *(nach Belieben)*

frische Rosmarinzweige zum Dekorieren *(nach Belieben)*

Zubereitung der WEISSE-SCHOKOLADEN-MINZE-GANACHE

1. Die Sahne in einem Topf auf mittlerer bis kleiner Stufe bis zum Siedepunkt erhitzen. Unterdessen die Pfefferminze in einem Mörser sanft zerstoßen. Den Topf vom Herd nehmen, die Minze einrühren und etwa 10 Minuten ziehen lassen. In einen hitzebeständigen Behälter füllen und im Kühlschrank weitere 2–3 Stunden ziehen lassen.

2. Die Sahne durch ein feinmaschiges Sieb abseihen und die Minze entsorgen. Die weiße Schokolade in eine hitzebeständige Schüssel füllen und beiseitestellen. 90 ml der Sahne in einem mittelgroßen Topf bei mittlerer bis geringer Hitze bis zum Siedepunkt bringen. Über die Schokolade gießen, 30 Sekunden schmelzen lassen, dann glatt rühren. Die Ganache in einen hitzebeständigen Behälter füllen und im Kühlschrank 2 Stunden abkühlen lassen. Sie sollte fest, aber streichfähig sein.

3. Die Ganache in der Rührmaschine mit dem Quirl oder mit dem Handmixer zu einer luftigen, weißen Masse aufschlagen. Nach Belieben den Pfefferminzgeschmack mit etwas Pfefferminzextrakt intensivieren.

Zubereitung des SCHOKOLADENBODENS

4. Den Backofen auf 175 °C vorheizen. Drei runde Backformen (15 cm Ø) einfetten und mit Mehl bestäuben.

5. Mehl, Kakao, Backpulver, Natron und Salz in eine Schüssel sieben und beiseitestellen.

6. Öl und Zucker in der Rührmaschine 2 Minuten auf mittlerer Stufe mit dem Flachrührer aufschlagen. Vanilleextrakt, Mandelextrakt und die Eier einzeln zufügen. Die Maschine ausschalten und an den Schüsselseiten anhaftenden Teig nach unten schieben.

7. Die Maschine auf kleine Stufe stellen und die Mehlmischung in drei Portionen abwechselnd mit der Milch zufügen; dabei mit Mehl beginnen und enden. Ausschalten und an den Schüsselseiten anhaftenden Teig nach unten schieben. Auf kleine Stufe stellen und den heißen Kaffee eingießen. 30 Sekunden auf kleiner bis mittlerer Stufe untermengen, keinesfalls länger.

8. Den Teig gleichmäßig auf die vorbereiteten Formen verteilen. 25–28 Minuten backen, bis an einem mittig eingestochenen Spieß nichts mehr haften bleibt. 10–15 Minuten in den Formen abkühlen lassen, dann zum Auskühlen auf Kuchengitter stürzen.

Zubereitung der VANILLE-MINZE-BUTTERCREME

9. Die Buttercreme in der Rührmaschine auf mittlerer Stufe mit dem Flachrührer cremig rühren. Vanillemark und Pfefferminzextrakt unterziehen.

TORTE ZUSAMMENSETZEN

10. Die abgekühlten Böden mit einem Messer begradigen, den Boden für die Tortenunterseite auswählen und auf einen Tortenteller legen. Mithilfe einer Winkelpalette mit der Hälfte der weißen Schokoladenganache bestreichen. Einen zweiten Boden aufsetzen, mit der restlichen Ganache bestreichen und den dritten Boden aufsetzen.

11. Die Torte rundum mit der Buttercreme überziehen und nach Belieben mit Kristallzucker bedecken. Nach Belieben mit frischen Rosmarinzweigen dekorieren.

DEKORATION

Über einem Backblech oder einem großen Stück Backpapier arbeiten und jeweils eine Handvoll Kristallzucker an der Tortenoberseite und dem Tortenrand andrücken. Heruntergefallenen Zucker aufsammeln und nochmals andrücken, bis die gesamte Torte bedeckt ist. Die Rosmarinzweige in unterschiedliche Längen schneiden und aufrecht wie einen kleinen Tannenwald in die Tortenoberseite stecken.

WISSENSWERTES

Im Kühlschrank hält sich die Torte bis zu 3 Tage. Sie kann auch eingefroren werden (siehe S. 25). Kristallzucker und Rosmarin getrennt aufbewahren.

Lebkuchen-Kaffee-Toffee-Torte

ERGIBT EINE 4-SCHICHTEN-TORTE MIT 20 CM Ø; FÜR 12–15 PORTIONEN

OHNE DIE INGWERKEKSE meiner Großmutter ist in meiner Familie die Weihnachtszeit nicht komplett. Traditionsgemäß streiten sich mein Bruder, mein Cousin und ich um diese Kekse, die weich, ein wenig zäh und mit Zucker bestreut sind. Meist sind sie schneller weggefuttert als alle anderen Weihnachtsleckereien.

Ich konnte einfach kein Backbuch schreiben, ohne die genialen Kekse meiner Oma wenigstens zu erwähnen. Und da meine Versuche nie an ihre Ingwerkekse heranreichen konnten, habe ich die köstlichen Aromen ihrer Kekse einfach in eine Torte verwandelt und mit Mokkabuttercreme und Toffeesauce überzogen. Die Torte ist eine wahre Weihnachtswonne und kommt bei Groß und Klein gleichermaßen gut an.

Für den
LEBKUCHENBODEN

Butter oder Cooking-Spray
zum Einfetten

315 g Mehl Type 405 plus
etwas mehr zum Bestäuben

2 ½ TL Backpulver

2 TL Ingwerpulver

1 ½ TL Zimt

½ TL Salz

150 ml Traubenkernöl

165 g brauner Zucker

100 g Zucker

1 EL frisch geriebene Ingwerwurzel *(nach Belieben)*

120 ml Zuckerrübensirup

2 TL Vanilleextrakt von
echter Vanille

2 große Volleier

240 ml Vollmilch

Zum
ZUSAMMENSETZEN DER TORTE

1 Menge Französische Mokkabuttercreme (siehe S. 69)

50 g weiche Karamellbonbons,
in kleinen Stücken

1 mittlere Menge Italienische
Buttercreme mit Vanille-
geschmack (siehe S. 41)

Für die
TOFFEE-SAUCE

80 g Butter, zerlassen

165 g brauner Zucker

2 EL Zuckerrübensirup

120 g Sahne

Mark von ½ Vanilleschote

¼ TL Salz

Zubereitung des
LEBKUCHENBODENS

1. Den Backofen auf 175 °C vorheizen. Zwei runde Backformen (20 cm Ø) einfetten und mit Mehl bestäuben.

2. Mehl, Backpulver, Ingwerpulver, Zimt und Salz in eine Schüssel sieben und beiseitestellen.

3. Öl und beide Zuckersorten in der Rührmaschine auf mittlerer Stufe 2 Minuten mit einem Flachrührer aufschlagen. Die Maschine ausschalten und an den Schüsselseiten anhaftenden Teig nach unten schieben.

4. Die Maschine auf mittlere bis kleine Stufe stellen und geriebenen Ingwer *(nach Belieben),* Sirup und Vanilleextrakt zufügen. Die Eier einzeln einrühren und alles gut verrühren. Die Maschine ausschalten und an den Schüsselseiten anhaftenden Teig nach unten schieben.

5. Die Maschine auf kleine Stufe stellen und die Mehlmischung in drei Portionen abwechselnd mit der Milch zufügen; dabei mit Mehl beginnen und enden. Kurz (nicht länger als 30 Sekunden) auf mittlerer Stufe rühren, bis alle trockenen Zutaten eingearbeitet sind.

6. Den Teig gleichmäßig auf die vorbereiteten Formen verteilen. 24–26 Minuten backen, bis an einem mittig eingestochenen Spieß nichts mehr haften bleibt. 10–15 Minuten in den Formen abkühlen lassen, dann zum Auskühlen auf Kuchengitter stürzen.

TORTE ZUSAMMENSETZEN

7. Die abgekühlten Böden mit einem langen Sägemesser horizontal halbieren und so vier gleich dicke Böden herstellen (siehe S. 25). Die Böden begradigen, den Boden für die Tortenunterseite auswählen und auf einen Tortenteller legen. Mithilfe einer Winkelpalette mit 180 ml Mokkabuttercreme bestreichen und mit etwa 2 Esslöffeln der Karamellbonbonstücke bestreuen. Den zweiten Boden aufsetzen, bestreichen und bestreuen und dies mit dem folgenden Boden wiederholen. Dann den letzten Boden aufsetzen.

8. Die Torte rundum mit der Vanille-Buttercreme überziehen und 15–20 Minuten im Kühlschrank fest werden lassen.

Zubereitung der
TOFFEE-SAUCE

9. Die Butter in einer kleinen Pfanne bei mittlerer Hitze zerlassen. Braunen Zucker und Sirup zufügen und rühren, bis der Zucker aufgelöst ist. Zum Kochen bringen und 2–3 Minuten kochen lassen. Vom Herd nehmen und die Sahne unterziehen. Vanillemark und Salz unterrühren und bei mittlerer bis geringer Hitze 3–5 Minuten unter ständigem Rühren köcheln, bis die Sauce eindickt. Vom Herd nehmen und abkühlen lassen.

10. Die Toffee-Sauce mittig auf die Torte gießen, mit einer Winkelpalette vorsichtig verstreichen und am Tortenrand hinunterlaufen lassen.

WISSENSWERTES

Um zu prüfen, ob die Sauce die richtige Temperatur hat, kann man ein paar Tropfen an der Seite der Torte hinunterlaufen lassen, die man später nach hinten wendet. Im Kühlschrank hält sich die Torte bis zu 3 Tage. Sie kann auch eingefroren werden (siehe S. 25).

Würzige Zartbitter-Orangen-Torte

—

ERGIBT EINE 3-SCHICHTEN-TORTE MIT 20 CM Ø; FÜR 12-15 PORTIONEN

ICH STEHE MEINER FAMILIE SEHR NAH und bin daher überglücklich, einen Mann an meiner Seite zu haben, den alle mögen. Meine Mutter und mein Mann haben mir in den vergangenen Jahren oft bei meinen Tortenlieferungen unter die Arme gegriffen oder die Hunde für mich ausgeführt. Meine Mutter macht anderen gern eine Freude, und sobald sie weiß, was jemand besonders gern oder auch gar nicht mag, achtet sie fast übertrieben darauf, diese Vorlieben oder Abneigungen stets zu berücksichtigen. Als sie Bretts Vorliebe für diese speziellen Schokoladen-Orangen entdeckte, die wie eine richtige Orange geformt sind, hat sie sie jedes Jahr in seinen Nikolausstiefel gesteckt. Ich bin mir gar nicht sicher, ob er sie wirklich so sehr liebt, doch ich finde, es ist einfach eine sehr schöne Geste von ihr. Und diese Geschichte hat mich zu dieser Torte inspiriert.

Sie besteht aus einem würzigen Orangen-Mandel-Boden, der auf der Zunge zergeht, und einem genialen Zartbitterschokoladenüberzug – eine wundervolle Wintertorte, die mit ein paar Meersalzflocken bestreut noch großartiger schmeckt.

Für den
ORANGEN-MANDEL-BODEN

Butter oder Cooking-Spray zum Einfetten

315 g Mehl Type 405 plus etwas mehr zum Bestäuben

115 g gemahlene Mandeln

2 TL Backpulver

1 ½ TL Zimt

½ TL gemahlene Gewürznelken

½ TL Natron

½ TL Salz

225 g weiche Butter

400 g Zucker

2 EL fein abgeriebene Orangenschale

1 TL Vanilleextrakt von echter Vanille

½ TL Mandelextrakt von echten Mandeln

4 große Volleier

240 ml Buttermilch

60 ml frisch gepresster Orangensaft (von 1–2 Orangen)

Für den
DUNKLEN SCHOKOLADENÜBERZUG

225 g Zartbitterschokolade, geschmolzen

115 g weiche Butter

250 g Puderzucker, gesiebt

25 g Kakaopulver

¼ TL Salz

1 TL Vanilleextrakt von echter Vanille

180 g saure Sahne

Zum
ZUSAMMENSETZEN DER TORTE

Meersalzflocken zum Bestreuen *(nach Belieben)*

Zubereitung des ORANGEN-MANDEL-BODENS

1. Den Backofen auf 175 °C vorheizen. Drei runde Backformen (20 cm Ø) einfetten (siehe Wissenswertes) und die Böden mit Backpapier auslegen.

2. Mehl, Mandeln, Backpulver, Zimt, Nelken, Natron und Salz in eine Schüssel sieben und beiseitestellen.

3. Die Butter in der Rührmaschine auf mittlerer Stufe mit dem Flachrührer cremig rühren. Zucker und Orangenschale zufügen. Die Maschine auf mittlere bis hohe Stufe stellen und 3–5 Minuten zu einer luftigen Masse aufschlagen. Die Maschine ausschalten und an den Schüsselseiten anhaftende Butter nach unten schieben.

4. Auf mittlere bis kleine Stufe stellen, Vanille- und Mandelextrakt zufügen. Dann die Eier einzeln einrühren. Die Maschine ausschalten und an den Schüsselseiten anhaftenden Teig nach unten schieben.

5. Die Maschine auf kleine Stufe stellen und die Mehlmischung in drei Portionen abwechselnd mit der Buttermilch zufügen; dabei mit Mehl beginnen und enden. Den Orangensaft eingießen und auf mittlerer Stufe höchstens 30 Sekunden unterrühren.

6. Den Teig gleichmäßig auf die vorbereiteten Formen verteilen. 24–26 Minuten backen, bis an einem mittig eingestochenen Spieß nichts mehr haften bleibt. 10–15 Minuten in den Formen abkühlen lassen, dann zum Auskühlen auf Kuchengitter stürzen.

Zubereitung des DUNKLEN SCHOKOLADENÜBERZUGS

7. Die Schokolade in eine hitzebeständige Schüssel geben und über einem Wasserbad mit leicht siedendem Wasser schmelzen.

8. Derweil die Butter in der Rührmaschine auf mittlerer Stufe mit dem Flachrührer cremig rühren. Auf kleine Stufe stellen, nach und nach Zucker, Kakao, Salz und Vanilleextrakt zufügen und unterrühren. Auf mittlerer bis hoher Stufe weiterrühren, bis ein luftiger Überzug entstanden ist. Die Maschine ausschalten und an den Schüsselseiten anhaftende Masse nach unten schieben.

9. Die saure Sahne unter die abgekühlte Schokolade rühren. Auf kleine Stufe stellen und die Schokoladenmischung zufügen. Auf mittlerer Stufe weiterrühren, bis eine cremige Masse entstanden ist.

TORTE ZUSAMMENSETZEN

10. Die abgekühlten Böden mit einem Messer begradigen, den Boden für die Tortenunterseite auswählen und auf einen Tortenteller legen. Mithilfe einer Winkelpalette mit 180–240 ml des Schokoladenüberzugs bestreichen. Den zweiten Boden aufsetzen, ebenfalls mit dem Überzug bestreichen und den dritten Boden aufsetzen.

11. Die Torte rundum mit dem verbliebenen Überzug bestreichen. Nach Belieben die Tortenoberseite mit ein paar Meersalzflocken bestreuen.

DEKORATION

Mit einer Winkelpalette ein Spiralmuster in den Überzug ziehen (siehe S. 31).

WISSENSWERTES

Im Kühlschrank hält sich die Torte bis zu 3 Tage. Sie kann auch eingefroren werden (siehe S. 25).

Extrabonbon: Dreistöckige Hochzeitstorte

—

ERGIBT EINE DREISTÖCKIGE TORTE MIT JEWEILS 3 SCHICHTEN; FÜR BIS ZU 65 PORTIONEN

JETZT HABEN WIR UNS GEMEINSAM durch eine breite Palette an umwerfenden Torten gebacken und sind nun reif für die Meisterprüfung: eine mehrstöckige Torte! Das grundlegende Know-how haben wir bereits, fehlen nur noch ein paar Tortenscheiben und Stützstäbe zum Stabilisieren.

Für eine mehrstöckige Torte eignen sich übrigens nicht alle Böden. Empfehlenswert sind der Klassische Schokoladenboden (siehe S. 49), der Vanilleboden (siehe S. 170) und die verschiedenen Buttermilchböden (siehe S. 62, 65, 146, 173, 180 und 200) – gerade für Anfänger. Weiche, weniger stabile Böden, wie Chiffon-Biskuit und Karottenboden, oder auch Füllungen, wie Kuchencreme, Sahne und Ähnliches, sind nicht geeignet. Insbesondere bei Hochzeitstorten, die eine Weile ohne Kühlung überdauern müssen, sollte möglichst mit Buttercremefüllungen, Schokoladenganache und Konfitüren gearbeitet werden. Viele der Böden in meinem Buch sind also geeignet, wenn es etwas höher hinausgehen soll, ich stelle für die folgende „nackte" Hochzeitstorte noch ein paar weitere etagentaugliche Rezepte vor.

Für den
ZITRONEN-INGWER-BODEN (15 CM Ø)

Butter oder Cooking-Spray zum Einfetten

275 g Mehl Type 405 plus etwas mehr zum Bestäuben

50 g Speisestärke

1 ½ TL Backpulver

¾ TL Natron

¾ TL Ingwerpulver

½ TL Salz

170 g weiche Butter

300 g Zucker

1 EL plus 1 TL fein abgeriebene Zitronenschale

½ TL frisch geriebene Ingwerwurzel

¾ TL Vanilleextrakt von echter Vanille

1 großes Vollei

3 große Eigelb

240 ml Buttermilch

1 ½ EL frisch gepresster Zitronensaft

85 g kandierter Ingwer, gewürfelt

Für den
ZITRONEN-INGWER-BODEN (25 CM Ø)

Butter oder Cooking-Spray zum Einfetten

440 g Mehl Type 405 plus etwas mehr zum Bestäuben

80 g Speisestärke

2 ½ TL Backpulver

1 ¼ TL Natron

1 ¼ TL Ingwerpulver

¾ TL Salz

280 g weiche Butter

500 g Zucker

1 EL plus 2 TL fein abgeriebene Zitronenschale

¾ TL frisch geriebene Ingwerwurzel

1 ¼ TL Vanilleextrakt von echter Vanille

2 große Volleier

5 große Eigelb

360 ml Buttermilch

2 ½ EL frisch gepresster Zitronensaft

125 g kandierter Ingwer, gewürfelt

Für den
FEINEN RÜHRTEIGBODEN (20 CM Ø)

Butter oder Cooking-Spray zum Einfetten

365 g Mehl Type 405 plus etwas mehr zum Bestäuben

60 g Speisestärke

1 EL Backpulver

¾ TL Salz

225 g weiche Butter

400 g Zucker

1 EL Vanilleextrakt von echter Vanille

6 große Eigelb

360 ml Vollmilch

Für die
WEISSE-SCHOKOLADE-BUTTERCREME

1 große Menge Italienische Buttercreme mit Vanillegeschmack (siehe S. 41)

155 g weiße Schokolade, geschmolzen und abgekühlt

Für die
HONIGBUTTERCREME

1 kleine Menge Italienische Buttercreme mit Vanillegeschmack (siehe S. 41)

90 ml flüssiger Honig

Zum
ZUSAMMENSETZEN DER TORTE

120–240 g Aprikosenkonfitüre

frische Blumen (*nach Belieben; siehe S. 39*)

Zum
STAPELN DER ETAGEN

1 Tortenscheibe mit 15 cm Ø

1 Tortenscheibe mit 20 cm Ø

1 Tortenteller mit 30,5 cm Ø

14 Holzstäbe

Sägemesser oder kleine Handsäge

Lebensmittelstift

Wasserwaage (*nach Belieben*)

Zubereitung des
ZITRONEN-INGWER-BODENS
(15 CM Ø)

1. Den Backofen auf 175 °C vorheizen. Drei runde Backformen (15 cm Ø) einfetten und mit Mehl bestäuben.

2. Mehl, Speisestärke, Backpulver, Natron, Ingwerpulver und Salz in eine Schüssel sieben und beiseitestellen.

3. Die Butter in der Rührmaschine auf mittlerer Stufe mit dem Flachrührer cremig rühren. Zucker, Zitronenschale und geriebenen Ingwer zufügen und alles auf mittlerer bis hoher Stufe 3–5 Minuten zu einer luftigen Masse aufschlagen. Die Maschine ausschalten und an den Schüsselseiten anhaftende Butter nach unten schieben.

4. Die Maschine auf mittlere bis kleine Stufe stellen und den Vanilleextrakt zufügen. Dann Eier und Eigelbe einzeln einrühren. Die Maschine ausschalten und an den Schüsselseiten anhaftenden Teig nach unten schieben.

5. Auf kleine Stufe stellen und die Mehlmischung in drei Portionen abwechselnd mit der Buttermilch zufügen; dabei mit Mehl beginnen und enden. Den Zitronensaft zugeben und auf mittlerer Stufe höchstens 30 Sekunden unterrühren. Den kandierten Ingwer unterheben.

6. Den Teig gleichmäßig auf die vorbereiteten Formen verteilen. 22–24 Minuten backen, bis an einem mittig eingestochenen Spieß nichts mehr haften bleibt. 10–15 Minuten in den Formen abkühlen lassen, dann zum Auskühlen auf Kuchengitter stürzen.

7. Für die Zubereitung des Zitronen-Ingwer-Bodens mit 25 cm Ø den Schritten 1–6 folgen, jedoch Formen mit 25 cm Ø verwenden und die Böden 24–28 Minuten backen.

Zubereitung des
FEINEN RÜHRTEIGBODENS

8. Den Backofen auf 175 °C vorheizen. Drei runde Backformen (20 cm Ø) einfetten und mit Mehl bestäuben.

9. Mehl, Speisestärke, Backpulver und Salz in eine Schüssel sieben und beiseitestellen.

10. Die Butter in der Rührmaschine auf mittlerer Stufe mit dem Flachrührer cremig rühren. Den Zucker zufügen und die Butter 3–5 Minuten auf mittlerer bis hoher Stufe luftig aufschlagen. Die Maschine ausschalten und an den Schüsselseiten anhaftende Butter nach unten schieben.

11. Auf mittlere bis kleine Stufe stellen die und Eigelbe einzeln einrühren. Die Maschine ausschalten und an den Schüsselseiten anhaftenden Teig nach unten schieben.

12. Auf kleine Stufe stellen und die Mehlmischung in drei Portionen abwechselnd mit der Milch zufügen; dabei mit Mehl beginnen und enden. Kurz (nicht länger als 30 Sekunden) auf mittlerer Stufe rühren, bis alle trockenen Zutaten eingearbeitet sind.

13. Den Teig gleichmäßig auf die vorbereiteten Formen verteilen. 23–25 Minuten backen, bis an einem mittig eingestochenen Spieß nichts mehr haften bleibt. 10–15 Minuten in den Formen abkühlen lassen, dann zum Auskühlen auf Kuchengitter stürzen.

Zubereitung der
WEISSE-SCHOKOLADEN-
BUTTERCREME

14. Die Buttercreme in der Rührmaschine auf mittlerer Stufe mit dem Flachrührer cremig rühren. Die abgekühlte Schokolade zufügen und unterziehen.

Zubereitung der
HONIGBUTTERCREME

15. Die Buttercreme in der Rührmaschine auf mittlerer Stufe mit dem Flachrührer cremig rühren. Den Honig zufügen und unterziehen.

BÖDEN ZUSAMMENSETZEN

16. Die abgekühlten Böden begradigen und den Boden für die Tortenunterseiten der verschiedenen Etagen auswählen. Den untersten Zitronen-Ingwer-Boden (15 cm Ø) auf die passende Tortenscheibe legen. Mithilfe einer Winkelpalette mit 80 ml weißer Schokoladenbuttercreme bestreichen. Den zweiten Boden aufsetzen, ebenso bestreichen und den dritten Boden aufsetzen. Die Tortenetage mit 180 ml weißer Schokoladenbuttercreme dünn einstreichen, um die Krümel zu binden. Beiseitestellen.

17. Den untersten Zitronen-Ingwer-Boden (25 cm Ø) auf die passende Tortenscheibe legen. Mithilfe einer Winkelpalette mit 360 ml weißer Schokoladenbuttercreme bestreichen. Den zweiten Boden aufsetzen, ebenso bestreichen und den dritten Boden aufsetzen. Die verbliebene weiße Schokoladenbuttercreme (ca. 300 ml) nutzen, um die Krümel zu binden. Beiseitestellen.

18. Den untersten feinen Rührteigboden (20 cm Ø) auf die passende Tortenscheibe legen. Die Honigbuttercreme in einen Spritzbeutel mit runder Tülle füllen und damit am Rand des Bodens einen Ring aus Buttercreme aufspritzen (siehe S. 27). Diesen mit der Hälfte der Aprikosenkonfitüre füllen. Den zweiten Boden aufsetzen, wie zuvor Buttercreme aufspritzen und mit der restlichen Konfitüre füllen. Dann den letzten Boden aufsetzen. Die verbliebene Honig-

buttercreme nutzen, um die Krümel zu binden.

ETAGEN ZUSAMMENSETZEN

19. Die Torte mit 25 cm Ø auf eine Tortenscheibe oder einen Tortenteller mit 30,5 cm Ø setzen. Mit der Wasserwaage prüfen, ob die Torte gerade ist, und gegebenenfalls begradigen. Zum Stabilisieren der Torte einen Holzstab mittig oder am höchsten Punkt einstechen (falls die Torte nicht ganz gerade ist). Die Stelle, an der der Stab aus der Torte tritt, mit einem Lebensmittelstift markieren, und den Stab entfernen. Den Stab an der Markierung zerteilen, damit er später nicht über die Torte hinausragt. Für die große Tortenetage (25 cm Ø) benötigen Sie neun dieser Stäbe, die alle genau gleich lang sein müssen. Einen Stab in der Mitte der Torte platzieren, die restlichen gleichmäßig in der Torte verteilen und bis zur Tortenkante einen Abstand von 2,5 cm einhalten.

20. Dies mit der Tortenetage mit 20 cm Ø wiederholen, hier aber 5 Stäbe verteilen. Dieses Stockwerk mittig auf die große Tortenetage setzen. Auf dieser Etage mittig die kleinste Torte (15 cm Ø) platzieren. Lücken zwischen den einzelnen Stockwerken mit Buttercreme ausfüllen oder rund um die einzelnen Tortenkanten eine Buttercremebordüre aufspritzen. Nach Belieben mit frischen Blumen dekorieren.

WISSENSWERTES

Wenn Sie eine mehrstöckige Torte transportieren müssen, sollten Sie jede Etage vor dem Transport mit Stäben versehen, die einzelnen Etagen aber erst an Ort und Stelle zusammensetzen. Die Etagen mithilfe einer Winkelpalette transportieren und stapeln. Tortenscheiben und Holzstäbe sind im Internethandel oder in gut sortierten Haushaltswarengeschäften erhältlich. Um die gesamte Torte mit Buttercreme zu überziehen, benötigen Sie zusätzlich 1280–1390 ml Buttercreme oder 2 große Mengen Italienische Buttercreme mit Vanillegeschmack (siehe S. 41). Im Kühlschrank hält sich die Torte bis zu 4 Tage. Sie kann auch eingefroren werden (siehe S. 25).

KREATIV KOMBINIERT

———

Mit *Tortenzeit* möchte ich nicht nur spannende Rezepte sowie Tipps und Tricks zur Herstellung von Torten, sondern auch Inspiration für eigene Tortenideen liefern. Kombinieren sie munter drauflos und probieren Sie unterschiedliche Verzierungstechniken aus, um Ihre ganz persönlichen Tortenhighlights zu kreieren. Zur Anregung hier ein paar Beispiele:

NEUKREATION	BODEN	FÜLLUNG	ÜBERZUG	HINWEIS
Vanille-Cappuccino-Torte	feiner Vanille-Rührteigboden	Espresso-Ganache	Espressobuttercreme	*Auf der Torte Sahnerosetten aufspritzen und mit Kakaopulver bestäuben.*
Sommerliche Basilikum-Pfirsich-Torte	Polenta-Olivenöl-Boden	Basilikumsahne	frische Pfirsiche	*Die ultimative Torte für eine Grillparty im Hochsommer.*
Schokoladen-Malz-Torte	Devil's-Food-Boden	Schokoladen-Malz-Füllung	Fudgeüberzug	*Mit ganzen oder gehackten Malz-Schokoladen-Kugeln (z. B. Maltesers) dekorieren.*
Erdnussbutter-Bananen-Torte	Bananenboden	Erdnussbutter-Frischkäse-Füllung	Baiserüberzug	*Mit dem Baiserüberzug wirkt die Torte wie ein riesiger Marshmallow. Die Böden in drei runden Backformen 25–28 Minuten backen.*
Erdbeer-Champagner-Torte	weißer Schokoladenboden	Erdbeer-Sahne-Füllung	Champagner-buttercreme	*Mit weißen Schokoladen-locken dekorieren.*
Eisbombe	klassischer Schokoladenboden	Eiscreme nach Wahl	Baiserüberzug	*Der Anleitung für den Aufbau der Bananensplit-Eistorte folgen und diese mit Baiser überziehen. 30–60 Minuten gefrieren lassen, dann mit einem Hand-Gasbrenner leicht anbräunen.*
Pink Lemonade Cake	Zitronenboden	Erdbeer-Sahne-Füllung	Vanillebuttercreme	*Für einen zusätzlichen Geschmackskick die Böden vor dem Zusammensetzen mit Limoncello bestreichen.*
Victoria-Biskuit-Torte	Chiffon-Biskuit	Himbeerkonfitüre und Schlagsahne	Sahneüberzug	*Nur die Oberseite mit Sahne bestreichen und mit Lieblingsbeeren belegen.*
Kürbis-Latte-Torte	Kürbisboden	Karamell-Frischkäse-Füllung	Espresso-Ganache	*Die Ganachemenge verdoppeln, um die Torte komplett zu überziehen.*
Schokolierte Erdbeertorte	klassischer Schokoladenboden	Erdbeer-Sahne-Füllung	Erdbeer-Rosen-Buttercreme	*Die Torte glatt mit Buttercreme überziehen und mit Schokoladenglasur beträufeln.*
Cookies-Torte	feiner Vanille-Rührteigboden	Braune-Butter-Füllung	Vanillebuttercreme	*Vor dem Backen noch 100 g Mini-Chocolate-Chip-Cookies unter den Teig heben.*
Spumoni-Torte	klassischer Schokoladenboden	Kirschkonfitüre und Pistazienbuttercreme	Vanillebuttercreme	*Die Torte mit Schokoladen-glasur, Buttercremerosetten und kandierten Kirschen dekorieren.*
Key-Lime-Torte	Limettenboden	Limettenfüllung	Keksüberzug	*Die Torte mit Sahnetupfen und frischer Limettenschale dekorieren.*
Zitronen-Blaubeer-Torte	Blaubeer-Buttermilch-Boden	Lemon Curd	Vanillebuttercreme	*Die Torte mit reichlich Blaubeeren oder kandierten Zitronenscheiben dekorieren. Perfekte Frühlingstorte!*

ICH SAGE DANKE

———

Ich wusste natürlich, dass es nicht einfach sein würde, ein Backbuch zu schreiben. Doch dass das Ganze so arbeitsintensiv werden würde, hätte ich nicht gedacht. Ganz alleine habe ich das natürlich nicht geschafft, und daher möchte ich all denen danken, ohne die dieses Buch niemals das Licht der Welt erblickt hätte. Folgenden Menschen bin ich unendlich dankbar.

Meiner Agentin Melissa Server White: Danke für deine Unterstützung und dafür, dass du von Anfang an fest an dieses Projekt geglaubt hast. Du hast mich als unerfahrene Autorin durch das mir unbekannte Fahrwasser der Verlagswelt navigiert und immer an meinen Erfolg geglaubt.

Meiner Lektorin Laura Dozier: Danke für deine unermüdliche Unterstützung und Hilfe während des gesamten Entstehungsprozesses. Du hast mir bei der Entwicklung meiner Ideen geholfen und ein positives Umfeld für meine kreativen Ideen geschaffen. Danke an Sally Knapp, Deb Wood und das Team bei Abrams Books – ihr habt meine Texte und Fotos in etwas Wunderschönes, Greifbares verwandelt. Danke, dass ihr mir die kreative Freiheit gegeben habt, ein ganz persönliches Buch zu schaffen. Und danke für euer Know-how, durch das dieses Buch besser wurde, als ich es je für möglich gehalten hätte.

Meinem Mann Brett: Danke für deine Geduld und deine bedingungslose Liebe. Danke dafür, dass du unzählige Stapel Geschirr gespült, Zutaten auf den letzten Drücker besorgt und zig Torten probegegessen hast. Du warst meine Stimme der Vernunft – sogar mitten in der Nacht hast du meine Zweifel ausgeräumt.

Meinen Eltern: Danke, dass ihr mich immer ermutigt habt, meine Träume zu verwirklichen, und mich immer in allem unterstützt habt. Danke für eure Hilfe bei meiner ersten Bäckerei – beim Einreichen der Genehmigung bei der Stadtverwaltung, beim Streichen der Wände und sogar beim Herstellen von Fondantblumen.

Meinem Bruder Ryan: Danke für die Kamera, die für meine Karriere einen wichtigen Wendepunkt bedeutete. Vielen Dank für die langen Gespräche darüber, wie man seinen Neigungen folgt und gleichzeitig damit Geld verdienen kann. Danke, dass du mich immer wieder erdest.

Meinen Schwiegereltern Bob und Pink: Ihr seid die besten Schwiegereltern, die man sich wünschen kann, und unterstützt mich immer. Danke, dass ihr meine ersten Entwürfe für die Rezepte und Einleitungstexte überarbeitet habt.

Meinen Freunden und Verwandten: Danke für die Inspiration, die ihr mir für meine Anekdoten und für viele der Torten in diesem Buch geliefert habt.

Meinem Sohn Everett: Danke, dass du im wahrsten Sinne des Wortes vom ersten Foto und getesteten Rezept bis zur Abgabe des ersten Manuskripts (ein paar Tage vor deiner Geburt) bei mir warst. Danke, dass du mich immer wieder darin erinnerst, was im Leben wirklich wichtig ist, und dass ich durch dich eine Liebe kennengelernt habe, dich ich bis dahin nicht kannte.

REGISTER

Kursiv gesetzte Seitenzahlen beziehen
sich auf Abbildungen.

A

Alkohol
  Butterscotch-Bourbon-Torte
    200, *201, 202,* 203
  Erdbeer-Champagner-
    Torte *279*
  Erdnuss-Whisky-Torte *88, 89,
    90, 91*
  Französische Opern-Torte *68,
    69, 70, 71*
  Goldene Champagner-
    Festtagstorte *238, 239,
    240,* 241
  Himbeer-Stout-Torte 194,
    195, 196
  Karamell-Apfel-Torte *250,*
    251, 252
  Kokos-Mojito-Torte 216, *217,
    218,* 219
  Riesling-Rhabarber-
    Knusper-Torte 220,
    221, 222, 223
  Rotwein-Brombeer-Torte
    224, *225, 226, 227*
  Schokoladen-Malz-Torte
    279
  Schokoladentorte mit roten
    Johannisbeeren 103,
    104, 105
Ananas
  Hummingbird-Cake 150,
    151, 152, 153
  Zitronen-Karotten-Torte 246,
    247, 248, *249*
Äpfel
  Apfel-Honig-Torte 120, 121,
    122
  Karamell-Apfel-Torte *250,*
    251, 252
Aprikosen: Aprikosen-Karotten-
  Torte 139, *140,* 141

B

Baiser
  Eisbombe *279*
  Rosa-Pfeffer-Kirsch-Torte
    204, 205, 206, 207
  S'mores-Torte 180, *181,
    182, 183*
Bananen
  Bananensplit-Eistorte *184,*
    185, *186,* 187
  Banoffee-Tiramisu-Torte 208,
    209, 210, 211
  Erdnussbutter-Bananen-Torte
    279
  Hummingbird-Cake 150,
    151, 152, 153
  Bananentorte 170, *171, 172*

Basilikum
  Erdbeertorte 55, *56,* 57
  Sommerliche Basilikum-
    Pfirsich-Torte *279*
Birnen
  Pekannuss-Birnen-Knus-
    per-Torte *256,* 257, 258,
    259
Blaubeeren
  Blaubeerpfannkuchen-Torte
    173, *174,* 175
  Zitronen-Blaubeer-Torte *279*
Blutorangen-Thymian-Torte 146,
  147, 148, 149
Böden
  Apfelboden 120
  Aprikosen-Karotten-
    Boden 139
  Bananenboden 185
  Blaubeer-Buttermilch-
    Boden 173
  Bourbon-Boden 200
  Buttermilchboden 62, 146
  Chiffon-Biskuit 55
  Devil's-Food-Boden 77
  Eifreier Schokoladen-
    boden 115
  Erdbeer-Konfetti-Boden 188
  Erdnuss-Porter-Boden 89
  Espresso-Walnuss-Boden
    142
  Feiner Mandel-Rührteig-
    boden 204
  Feiner Rührteigboden 52
  Gewürzboden 136
  Kaffee-Mandel-Biskuit 69
  Karottenboden 246
  Klassischer Schokoladen-
    boden 49, 82, 93, 100, 111
  Kleiner klassischer Schoko-
    ladenboden 97
  Kürbisboden 253
  Lebkuchenboden 264
  Limettenboden 216
  Luftiger Zitronenboden 65
  Mandel-Biskuit-Boden 129
  Matcha-Boden 93
  Mohn-Orangen-Boden 176
  Muskovado-Boden 163
  Orangen-Mandel-Boden 268
  Polenta-Olivenöl-Boden 125
  Red-Velvet-Boden 58
  Regenbogenböden 156
  Rieslingboden 220
  Rotweinboden 224
  Sauerrahm-Schoko-
    laden-Boden 72, 235, 242
  Schokoladenboden 107, 260
  Schokoladen-Cassis-
    Boden 103
  Schokoladen-Stout-
    Boden 194
  Vanilleboden 170

Vanille-Chai-Boden 229
Vanille-Espresso-Chiffon-
  Biskuit 208
Vanille-Kokos-Boden 166
Vanille-Konfetti-Boden 188
Weißer Schokoladen-
  boden 49
Würziger Apfelboden 251
Würziger Birnenboden 257
Würziger Mokkaboden 85
Yuzu-Boden 212
Zimt-Buttermilch-Boden 180
Zimtschneckenboden 158
Zitronenboden 133
Zitronen-Ingwer-Boden 273
Zitronen-Olivenöl-
  Boden 197
Zucchiniboden 122
Boston Cream Pie 62, *63,* 64
Brombeeren
  Rotwein-Brombeer-Torte
    224, *225, 226, 227*
Brooklyn Blackout Cake 76, *77,
  78, 79*
Buttercreme
  Ahornsirup-Buttercreme
    173
  Bourbon-Butterscotch-Butter-
    creme 200
  Buttercreme mit braunem
    Zucker 257
  Dulce-de-leche-Buttercreme
    251
  Earl-Grey-Buttercreme 111
  Erdbeer-Rosen-Buttercreme
    242
  Espressobuttercreme 142
  Französische Mokkabutter-
    creme 69
  Himbeerbuttercreme 146
  Honigbuttercreme 273
  Honig-Sauerrahm-Butter-
    creme 120
  Italienische Buttercreme 41
  Johannisbeer-Buttercreme
    103
  Kardamom-Mokka-Butter-
    creme 85
  Kokos-Rum-Buttercreme 216
  Konfetti-Buttercreme 188
  Kürbis-Chai-Buttercreme 229
  Maracuja-Buttercreme 176
  Mascarpone-Buttercreme
    208
  Milchschokoladen-Butter-
    creme 72
  Nuss-Nugat-Buttercreme 97
  Pistazien-Buttercreme 129
  Rhabarberbuttercreme 220
  Rosa-Pfeffer-Buttercreme 204
  Sauerrahm-Buttercreme 142
  Sweet-Tea-Buttercreme 133
  Vanillebuttercreme 133

Vanille-Minze-Buttercreme 260

Weiße-Schokolade-Butter-creme 273

Butterscotch-Bourbon-Torte 200, *201, 202,* 203

C

Champagner-Festtagstorte, Goldene *238,* 239, 240, 241

Cookie-Dough-Torte 162, *163, 164, 165*

Cookies-and-Cream-Cake *106,* 107, 108, *109*

Cookies-Torte 279

Coulis *siehe* Saucen

Crumb-Coat 27

D

Dekorationen
Ahornsirup-Erdnuss-Krokant 89
Getrocknete Ananas-Blumen 150
Himbeer-Schokoladen-Plättchen 194
Kandierte Pekannüsse 150
Kandierte Zitronen 133
Keksdekoration 253
Limetten-Minze-Zucker 216
Lockenmuster 32
Ombré-Muster 34
Schleifenmuster 33
Schokolierte Erdbeeren 49
Schuppenmuster 33
Spachtelmuster 31
Spiralmuster 31
Streifenmuster 30
Zuckernest 246

Die weltbeste Zitronentorte 65, 66, *67*

Dreistöckige Hochzeitstorte 272, 273, 274, *275, 276, 277*

Dunkle Schokoladenganache *44,* 45

E

Earl-Grey-Schokoladentorte *110,* 111, 112, *113*

Eisbombe *279*

Eisbombe für Erdnussfans 100, *101,* 102

Eiscreme
Bananensplit-Eistorte *184,* 185, 186, 187
Eisbombe *279*
Eisbombe für Erdnussfans 100, *101,* 102

Erdbeeren
Erdbeer-Champagner-Torte *279*
Erdbeer-Konfetti-Torte 188, *189, 190,* 191
Erdbeer-Rosen-Valentinstorte 242, *243, 244,* 245
Erdbeertorte 55, *56,* 57

Neapolitaner Torte *48,* 49–51

Pink Lemonade Cake *279*

Riesling-Rhabarber-Knus-per-Torte 220, *221, 222,* 223

Schokolierte Erdbeeren *49*

Schokolierte Erdbeertorte *279*

Erdnussbutter-Bananen-Torte *279*

Erdnuss-Whisky-Torte *88,* 89, *90,* 91

Espresso-Walnuss-Torte 142, *143, 144, 145*

F

Feigen: Honig-Feigen-Torte 125, *126, 127*

Französische Opern-Torte *68,* 69, 70, *71*

Frischkäse
Cookies-and-Cream-Cake *106,* 107, 108, *109*
Cookie-Dough-Torte 162, *163,* 164, *165*
Eisbombe für Erdnussfans 100, *101,* 102
Erdbeer-Konfetti-Torte 188, *189, 190,* 191
Erdnuss-Whisky-Torte *88,* 89, *90,* 91
Himbeer-Stout-Torte 194, *195,* 196
Hummingbird-Cake 150, *151, 152,* 153
Kokos-Mojito-Torte 216, *217, 218,* 219
Mango-Kokoscreme-Torte 166, *167, 168,* 169
Schokoladen-Granatapfel-Torte *234, 235, 236, 237*
Würzige Pfirsichtorte 136, *137,* 138
Zimtschneckentorte 158, *159, 160,* 161
Zitronen-Karotten-Torte 246, *247,* 248, *249*
Zitronen-Zucchini-Torte 122, *123,* 124

Füllungen
Bananencreme 170
Basilikumsahne 55
Bourbon Butterscotch 200
Braune-Butter-Füllung 253
Butter-Rum-Pekannuss-Knusperfüllung 257
Erdbeercreme 188
Erdnussbutter-Frischkäse-Füllung 89
Frischkäsecreme 150, 158
Haferkeksteig-Creme 163
Himbeer-Frischkäse-Füllung 194, 235
Johannisbeer-Himbeer-Curd 103
Karamell-Frischkäse-Füllung 136

Karamell-Marshmallow-Füllung 82

Kokos-Frischkäse-Füllung 115

Lemon Curd 65

Limettenfüllung 216

Schokoladencreme 52, 77

Schokoladen-Fudge-Füllung 180

Schokoladen-Malz-Füllung 185

Vanillecreme 62

Weiße-Schokoladen-Frischkäse-Füllung 107

Yuzu-Curd 212

Ziegenkäsefüllung 122

Zimt-Mascarpone-Füllung 139

Zitronen-Frischkäse-Füllung 246

G

Ganache
Brombeerganache 224
Dunkle Schokoladenganache *44,* 45
Espresso-Ganache 142
Kirschganache 72
Kürbisganache 229
Mango-Ganache 166
Matcha-Ganache 93
Weiße-Schokolade-Minze-Ganache 260

Gâteau aux Framboises *128,* 129, 130, *131*

Geburtstagstorte 52, *53,* 54

Glasur
Blutorangenguss 146
Erdnussbutter-Schokoladen-Glasur 100
Frischkäseguss 163
Kokos-Karamell-Glasur 115
Pfirsichglasur 136
Samtige Schokoladenglasur 63
Schokoladenglasur 49
Whisky-Espresso-Glasur 89
Zitronenguss 122

Goldene Champagner-Festtags-torte *238,* 239, 240, 241

Granatapfel: Schokoladen-Granatapfel-Torte *234,* 235, 236, *237*

Grapefruit: Yuzu-Grapefruit-Torte 212, *213, 214,* 215

Guss *siehe* Glasur

H

Haferflocken
Apfel-Honig-Torte 120, 121, 122
Cookie-Dough-Torte 162, *163,* 164, *165*
Riesling-Rhabarber-Knus-per-Torte 220, *221, 222,* 223

Heritage-Überzug 58
Himbeeren
 Blutorangen-Thymian-Torte 146, *147*, *148*, 149
 Gâteau aux Framboises *128*, 129, 130, *131*
 Himbeer-Stout-Torte 194, *195*, 196
 Schokoladentorte mit roten Johannisbeeren 103, 104, *105*
 Victoria-Biskuit-Torte *279*
Hochzeitstorte, dreistöckige 272, 273, 274, *275*, 276, *277*
Honig
 Apfel-Honig-Torte 120, 121, 122
 Aprikosen-Karotten-Torte 139, *140*, 141
 Bananensplit-Eistorte *184*, 185, 186, 187
 Cookie-Dough-Torte 162, *163*, 164, *165*
 Dreistöckige Hochzeitstorte 272, 273, 274, *275*, 276, *277*
 Honig-Feigen-Torte 125, 126, *127*
 Riesling-Rhabarber-Knusper-Torte 220, *221*, *222*, 223
 Würzige Pfirsichtorte 136, *137*, 138
 Zimtschneckentorte 158, *159*, *160*, 161
Hummingbird-Cake 150, *151*, *152*, 153

I
Ingwer
 Dreistöckige Hochzeitstorte 272, 273, 274, *275*, 276, *277*
 Karamell-Apfel-Torte *250*, 251, 252
 Kürbis-Vanille-Chai-Torte *228*, 229, 230, 231
 Lebkuchen-Kaffee-Toffee-Torte 264, *265*, *266*, 267
 Mokka-Gewürz-Torte 85, 86, *87*
 Pekannuss-Birnen-Knusper-Torte *256*, 257, 258, *259*
 Würzige Kürbis-Keks-Torte 253, 254, *255*
 Würzige Pfirsichtorte 136, *137*, 138
Italienische Buttercreme mit Vanillegeschmack 41, 42
 Apfel-Honig-Torte 120, 121, 122
 Bananentorte 170, *171*, 172
 Blutorangen-Thymian-Torte 146, *147*, *148*, 149

Braune-Butter-Füllung *253*
Butterscotch-Bourbon-Torte 200, *201*, *202*, 203
Die weltbeste Zitronentorte 65, 66, *67*
Dreistöckige Hochzeitstorte 272, 273, 274, *275*, 276, *277*
Erdbeer-Konfetti-Torte 188, *189*, *190*, 191
Erdbeer-Rosen-Valentinstorte 242, *243*, *244*, 245
Espresso-Walnuss-Torte 142, *143*, *144*, 145
Gâteau aux Framboises *128*, 129, 130, *131*
Goldene Champagner-Festtagstorte *238*, *239*, *240*, 241
Himbeer-Stout-Torte 194, *195*, 196
Karamell-Apfel-Torte *250*, 251, 252
Kokos-Mojito-Torte 216, *217*, *218*, 219
Lebkuchen-Kaffee-Toffee-Torte 264, *265*, *266*, 267
Matcha-Schokoladen-Torte 92, 93, 94, *95*
Mokka-Gewürz-Torte 85, 86, *87*
Neapolitaner Torte *48*, 49–51
Nuss-Nugat-Torte *96*, 97, 98, 99
Orangen-Maracuja-Torte 176, *177*, *178*, 179
Pekannuss-Birnen-Knusper-Torte *256*, 257, 258, *259*
Regenbogentorte 156, *157*
Riesling-Rhabarber-Knusper-Torte 220, *221*, *222*, 223
Bananensplit-Eistorte *184*, 185, *186*, 187
Schokoladen-Granatapfel-Torte *234*, 235, 236, *237*
Schokoladen-Marshmallow-Torte 82, *83*, 84
Schwarzwälder Kirschtorte *72*, *73*, *74*, 75
Sweet Tea Cake *132*, 133, 134, *135*
Winterliche Pfefferminztorte 260, *261*, *262*, 263
Würzige Kürbis-Keks-Torte 253, 254, *255*
Würzige Pfirsichtorte 136, *137*, 138
Yuzu-Grapefruit-Torte 212, *213*, *214*, 215
Zitronen-Karotten-Torte 246, *247*, 248, *249*

J
Joghurt
 Aprikosen-Karotten-Torte 139, *140*, 141
 Honig Feigen-Torte 125, 126
Johannisbeeren: Schokoladentorte mit roten Johannisbeeren 103, 104, *105*

K
Kaffee
 Banoffee-Tiramisu-Torte 208, *209*, *210*, 211
 Cookies-and-Cream-Cake *106*, 107, 108, *109*
 Earl-Grey-Schokoladentorte *110*, 111, 112, *113*
 Erdbeer-Rosen-Valentinstorte 242, *243*, *244*, 245
 Erdnuss-Whisky-Torte *88*, 89, 90, *91*
 Espresso-Walnuss-Torte 142, *143*, *144*, 145
 Französische Opern-Torte *68*, 69, 70, *71*
 Himbeer-Stout-Torte 194, *195*, 196
 Kokos-Schokoladen-Torte *114*, 115, 116, *117*
 Kürbis-Latte-Torte *279*
 Matcha-Schokoladen-Torte 92, 93, 94, *95*
 Mokka-Gewürz-Torte 85, 86, *87*
 Neapolitaner Torte *48*, 49–51
 Nuss-Nugat-Torte *96*, 97, 98, 99
 Schokoladen-Granatapfel-Torte *234*, 235, 236, *237*
 Schokoladen-Marshmallow-Torte 82, *83*, 84
 Schokoladentorte mit roten Johannisbeeren 103, 104, *105*
 Vanille-Cappuccino-Torte *279*
 Winterliche Pfefferminztorte 260, *261*, *262*, 263
Karamell-Apfel-Torte *250*, 251, 252
Karamellsauce, Salzige 43, *44*
Karotten
 Aprikosen-Karotten-Torte 139, *140*, 141
 Zitronen-Karotten-Torte 246, *247*, 248, *249*
Kekse
 Bananentorte 170, *171*, 172
 Cookies-and-Cream-Cake *106*, 107, 108, *109*
 Cookies-Torte *279*
 Key-Lime-Torte *279*
 Schokoladen-Marshmallow-Torte 82, *83*, 84

Würzige Kürbis-Keks-Torte
253, 254, *255*
Key-Lime-Torte 279
Kirschen
Bananensplit-Eistorte *184*,
185, *186*, 187
Schwarzwälder Kirschtorte
72, *73, 74*, 75
Knusperhaferflocken 120, 220
Kokos
Kokos-Mojito-Torte 216, *217,
218*, 219
Kokos-Schokoladen-Torte
114, 115, 116, *117*
Mango-Kokoscreme-Torte
166, *167, 168*, 169
Konfetti, essbares 188
Konfitüre
Dreistöckige Hochzeitstorte
272, 273, 274, *275*, 276,
277
Neapolitaner Torte *48*, 49–51
Rhabarber-Erdbeer-Kompott
220
Bananensplit-Eistorte *184*,
185, *186*, 187
Spumoni-Torte 279
Victoria-Biskuit-Torte 279
Kürbis
Kürbis-Latte-Torte 279
Kürbis-Vanille-Chai-Torte
228, 229, 230, 231
Würzige Kürbis-Keks-Torte
253, 254, *255*

L
Lavendel-Olivenöl-Torte 197,
198, *199*
Lebkuchen-Kaffee-Toffee-Torte
264, *265*, 266, 267
Limetten
Key-Lime-Torte 279
Kokos-Mojito-Torte 216, *217,
218*, 219
Lockenmuster 32

M
Mango: Mango-Kokoscreme-
Torte 166, *167, 168*,
169
Maracuja: Orangen-Maracuja-
Torte 176, *177, 178*, 179
Marshmallows
Kürbis-Vanille-Chai-Torte
228, 229, 230, 231
Schokoladen-Marshmallow-
Torte 82, *83*, 84
Matcha-Schokoladen-Torte *92*,
93, 94, 95
Minze
Kokos-Mojito-Torte 216, *217,
218*, 219
Winterliche Pfefferminztorte
260, *261, 262*, 263
Mohn: Orangen-Maracuja-Torte
176, *177, 178*, 179
Mokka-Gewürz-Torte 85, 86, *87*

N
Neapolitaner Torte *48*, 49–51
Nugat: Nuss-Nugat-Torte *96*,
97, 98, *99*
Nüsse
Apfel-Honig-Torte *118*, 120,
121, 122
Bananensplit-Eistorte *184*,
185, 186, 187
Erdnussbutter-Bananen-Torte
279
Erdnuss-Whisky-Torte *88*, 89,
90, 91
Espresso-Walnuss-Torte 142,
143, 144, 145
Hummingbird-Cake 150,
151, 152, 153
Nuss-Nugat-Torte *96*, 97,
98, *99*
Pekannuss-Birnen-
Knusper-Torte *256*,
257, 258, *259*

O
Olivenöl
Lavendel-Olivenöl-Torte 197,
198, *199*
Sommerliche Basilikum-Pfir-
sich-Torte 279
Ombré-Muster 34
Orangen
Blutorangen-Thymian-Torte
146, *147, 148*, 149
Orangen-Maracuja-Torte
176, *177, 178*, 179
Würzige Zartbitter-
Orangen-Torte 268,
269, 270, 271

P
Pekannuss-Birnen-Knusper-Torte
256, 257, 258, 259
Pfirsich
Sommerliche Basilikum-
Pfirsich-Torte 279
Würzige Pfirsichtorte 136,
137, 138
Pinienkerne: Würzige Pfir-
sichtorte 136, *137*, 138
Pink Lemonade Cake 279
Polenta
Honig-Feigen-Torte 125,
126, *127*
Sommerliche Basilikum-
Pfirsich-Torte 279

R
Red Velvet Cake 58, *59*, 60, *61*
Regenbogentorte 156, *157*
Rhabarber: Riesling-Rhabar-
ber-Knusper-Torte 220,
221, 222, 223
Riesling-Rhabarber-Knusper-Torte
220, *221, 222*, 223
Rosa-Pfeffer-Kirsch-Torte 204,
205, 206, 207
Rosmarin-Pinienkerne 136

Rotwein-Brombeer-Torte 224,
225, 226, 227

S
Saucen
Apfelwein-Karamell-Sauce
251
Granatapfelmelasse 235
Himbeer-Coulis 194
Honig-Karamell-Sauce 139
Rum-Espresso-Sauce 208
Salzige Karamellsauce 43, *44*
Toffee-Sauce 264
Schleifenmuster 33
Schokolade
Boston Cream Pie 62, *63*, 64
Brooklyn Blackout Cake 76,
77, 78, 79
Cookies-and-Cream-Cake
106, 107, 108, *109*
Dreistöckige Hochzeitstorte
272, 273, 274, *275*, 276,
277
Dunkle Schokoladenganache
44, 45
Eisbombe für Erdnussfans
100, *101*, 102
Espresso-Walnuss-Torte 142,
143, 144, 145
Französische Opern-Torte
68, 69, 70, *71*
Geburtstagstorte 52, *53*, 54
Himbeer-Stout-Torte 194,
195, 196
Kokos-Schokoladen-Torte
114, 115, 116, *117*
Kürbis-Vanille-Chai-Torte
228, 229, 230, 231
Mango-Kokoscreme-Torte
166, *167, 168*, 169
Matcha-Schokoladen-Torte
92, 93, 94, 95
Neapolitaner Torte *48*, 49-51
Nuss-Nugat-Torte *96*, 97,
98, *99*
Red Velvet Cake 58, *59*, 60,
61
Rotwein-Brombeer-Torte
224, *225, 226*, 227
Schokoladencreme 53
Schokoladenlocken 58, *60*,
72, *73, 74*, 75,
Schokoladen-Granatap-
fel-Torte *234*, 235, 236,
237
Schokoladen-Malz-Torte 279
Schokoladen-Marshmallow-
Torte 82, *83*, 84
Schokoladentorte mit roten
Johannisbeeren 103,
104, 105
Schokolierte Erdbeertorte
279
S'mores-Torte 180, *181*,
182, *183*
Spumoni-Torte 279

Würzige Zartbitter-Orangen-Torte 268, *269, 270,* 271
Schuppenmuster 33
Schwarzwälder Kirschtorte 72, *73, 74,* 75
Sirup
   Blutorangen-Thymian-Sirup 146
   Kaffeesirup 69
   Kardamom-Mokka-Sirup 85
   Lavendelsirup 197
   Minze-Rum-Sirup 216
   Thymiansirup 125
   Zimtsirup 158
   Zitronensirup 65
S'mores-Torte 180, *181,* 182, *183*
Sommerliche Basilikum-Pfirsich-Torte 279
Spachtelmuster 31
Spiralmuster 31
Spumoni-Torte 279
Streifenmuster 30
Sweet Tea Cake *132,* 133, 134, *135*

T
Tee
   Earl-Grey-Schokoladentorte *110,* 111, 112, *113*
   Kürbis-Vanille-Chai-Torte *228,* 229, 230, 231
   Matcha-Schokoladen-Torte *92,* 93, 94, *95*
   Sweet Tea Cake *132,* 133, 134, *135*
Thymian
   Blutorangen-Thymian-Torte 146, *147, 148,* 149
   Honig-Feigen-Torte 125, 126, *127*
Tiramisu: Banoffee-Tiramisu-Torte 208, *209, 210,* 211
Tortenboden *siehe* Boden
Tortenguss *siehe* Glasur

U
Überzüge
   Dunkler Schokoladenüberzug 268
   Heritage-Überzug 58
   Kokos-Frischkäse-Überzug 166
   Lavendelsahne 197
   Nuss-Nugat-Fudge-Überzug 97
   Sahneüberzug 185
   Samtige Schokoladenglasur 62
   Schokoladencreme 52
   Schokoladenganache-Überzug 82
   Schokoladenglasur 49

V
Vanille
   Bananentorte 170, *171,* 172

Banoffe-Tiramisu-Torte 208
Boston Cream Pie 62, *63,* 64
Goldene Champagner-Festtagstorte *238, 239, 240,* 241
Italienische Buttercreme mit Vanillegeschmack 41, 42
Kürbis-Vanille-Chai-Torte *228,* 229, 230, 231
Lebkuchen-Kaffee-Toffee-Torte 264, *265, 266,* 267
Mango-Kokoscreme-Torte 166, *167, 168,* 169
Vanillecreme 63
Vanille-Cappuccino-Torte 279
Winterliche Pfefferminztorte 260, *261, 262,* 263
Victoria-Biskuit-Torte 279

W
Weiße Schokoladenlocken 58
Winterliche Pfefferminztorte 260, *261, 262,* 263
Würzige Kürbis-Keks-Torte 253, 254, *255*
Würzige Pfirsichtorte 136, *137,* 138
Würzige Zartbitter-Orangen-Torte 268, *269, 270,* 271

Y
Yuzu-Grapefruit-Torte 212, *213, 214,* 215

Z
Zimt
   Apfel-Honig-Torte *118,* 120, 121, 122
   Aprikosen-Karotten-Torte *139, 140,* 141
   Blaubeerpfannkuchen-Torte 173, *174,* 175
   Cookie-Dough-Torte 162, *163,* 164, *165*
   Hummingbird-Cake 150, *151, 152,* 153
   Karamell-Apfel-Torte *250,* 251, 252
   Kokos-Schokoladen-Torte *114,* 115, 116, *117*
   Kürbis-Vanille-Chai-Torte *228,* 229, 230, 231
   Lebkuchen-Kaffee-Toffee-Torte 264, *265, 266,* 267
   Mokka-Gewürz-Torte 85, 86, *87*
   Pekannuss-Birnen-Knusper-Torte 256, 257, 258, *259*
   Riesling-Rhabarber-Knusper-Torte 220, *221, 222,* 223
   S'mores-Torte 180, *181,* 182, *183*
   Würzige Kürbis-Keks-Torte 253, 254, *255*

Würzige Zartbitter-Orangen-Torte 268, *269, 270,* 271
Würzige Pfirsichtorte 136, *137,* 138
Zimtsahne 173
Zimtschneckentorte 158, *159, 160,* 161
Zitronen-Karotten-Torte 246, *247,* 248, *249*
Zitronen-Zucchini-Torte *123,* 124
Zitronen
   Apfel-Honig-Torte 120, 121, 122
   Blaubeerpfannkuchen-Torte 173, *174,* 175
   Die weltbeste Zitronentorte 65, 66, *67*
   Dreistöckige Hochzeitstorte 272, 273, 274, *275,* 276, *277*
   Gâteau aux Framboises *128,* 129, 130, *131*
   Himbeer-Stout-Torte 194, *195,* 196
   Lavendel-Olivenöl-Torte 197, 198, *199*
   Pink Lemonade Cake 279
   Riesling-Rhabarber-Knusper-Torte 220, *221, 222,* 223
   Rosa-Pfeffer-Kirsch-Torte 204, 205, 206, 207
   Schokoladen-Granatapfel-Torte *234,* 235, 236, *237*
   Sweet Tea Cake *132,* 133, 134, *135*
   Yuzu-Grapefruit-Torte 212, *213, 214,* 215
   Zitronen-Blwwaubeer-Torte 279
   Zitronen-Karotten-Torte 246, *247,* 248, *249*
   Zitronen-Zucchini-Torte *123,* 124
Zucchini: Zitronen-Zucchini-Torte *123,* 124

1. Auflage
© der deutschsprachigen Ausgabe 2016 by Südwest Verlag, einem
Unternehmen der Verlagsgruppe Random House GmbH, Neumarkter
Straße 28, 81673 München

Text and photographs copyright © 2016 Tessa Huff
Photographs on page 1, 28, 29, 31, 32, 33 and 34 © Ryan Lindow

Die Originalausgabe erschien 2016 unter dem Titel
„Layered – Baking, building, and styling spectacular cakes"
bei Harry N. Abrams, Incorporated, New York.
(All rights reserved in all countries by Harry N. Abrams, Inc.)

Coverfoto: © 2016 Tessa Huff

Redaktionsleitung: Silke Kirsch
Projektleitung: Joana Lück, Esther Szolnoki
Übersetzung: Melanie Schirdewahn, Köln
Redaktion & Satz: trans texas publishing services GmbH, Köln
Umschlaggestaltung: Eva Salzgeber
Druck & Verarbeitung: Neografia, Martin

Dieses Werk wurde vermittelt durch die Literarische Agentur
Thomas Schlück GmbH, 30827 Garbsen

Printed in Slovakia

Verlagsgruppe Random House FSC® N001967

FSC
www.fsc.org

MIX
Papier aus verantwor-
tungsvollen Quellen
FSC® C020353

ISBN 978-3-517-09539-4